工匠精神

中国制造业高质量发展之魂

马永伟◎著

中共中央党校出版社
国家行政管理出版社

图书在版编目（CIP）数据

工匠精神：中国制造业高质量发展之魂/马永伟著. --北京：国家行政管理出版社：中共中央党校出版社，2022.3

ISBN 978-7-5150-2617-6

Ⅰ.①工…　Ⅱ.①马…　Ⅲ.①职业道德-关系-制造工业-产业发展-研究-中国　Ⅳ.①B222.9 ②F426.4

中国版本图书馆 CIP 数据核字（2021）第 281059 号

工匠精神：中国制造业高质量发展之魂

责任编辑　任丽娜　牛琴琴
责任印制　陈梦楠
责任校对　王　微
出版发行　中共中央党校出版社
地　　址　北京市海淀区长春桥路 6 号
电　　话　（010）68922815（总编室）　（010）68922233（发行部）
传　　真　（010）68922814
经　　销　全国新华书店
印　　刷　中煤（北京）印务有限公司
开　　本　710 毫米×1000 毫米　1/16
字　　数　281 千字
印　　张　18.5
版　　次　2022 年 3 月第 1 版　2022 年 3 月第 1 次印刷
定　　价　68.00 元

微 信 ID：中共中央党校出版社　**邮　箱**：zydxcbs2018@163.com

目　　录

第一章

绪　论

第一节　工匠精神与我国制造业高质量发展的背景

一、国际背景

（一）新一轮技术革命和产业变革正孕育兴起

工业革命以来，人类历史上的每次重大科技创新都会引发产业变革，导致大国地位变迁和世界格局调整。历史上制造业的每一次实质性跃迁，都离不开技术创新的推动和牵引，技术创新是制造业发展的驱动性力量。从全球视域来看，当前世界制造业的发展面临资源、能源、环境和健康等一系列瓶颈制约，而科技进步是破解瓶颈制约①、推进制造业高质量发展的重要途径。正孕育兴起的新一轮技术革命，将进一步深化国际产业分工，催生制造领域的新兴产业，使制造业全球市场的竞争更为激烈，并在很大程度上改变世界制造业的发展格局。传统制造强国可以凭借其先发优势，利用领先的技术研发条件和人才优势在智能化、柔性化、网络化的先进制造领域中抢占先机，巩固和扩大其制造强国地位。发展中国家则发挥自身在世界制造格局中的资源、劳动力等生产要素成本优势，参与国际分工并提升本国制造能力和技术水平。在这一历史时期，成本优势逐渐丧失、先进生产能力并未完全形成的中国制造，面临着制造强国的先进制造和发展中国家低成本制造的“双向挤压”。

（二）发达国家“再工业化”发展的态势逐渐增强

2008 年的世界金融危机，强力冲击了实体经济日趋弱化而虚拟经济不断庞大的欧美发达国家。“再工业化”成为众多发达国家重振本国经济、摆脱经济衰退的战略性举措，一度被边缘化的制造业再获新生。

① 陈和生：《创新引领重大科技基础设施建设，孕育新科学发现》，《中国科学院院刊》2019 年第 34 期。

美国提出《先进制造业国家战略计划》，将部分高端制造业重新迁至美国，以增加就业和促进制造业高端化的进一步发展。德国发布《实施“工业 4.0”战略建议书》，提升国内制造业智能化水平，开拓国际市场。[①] 2019 年第 4 季度，美国和欧洲经济增长继续放缓，制造业采购经理人指数（PMI）均长时间处于荣枯线之下，12 月份美国制造业 PMI 为 47.2，欧元区为 46.3，工业产出下滑幅度加大[②]。当前，世界竞争格局深刻变化，制造业领域的博弈成为国际产业竞争的焦点，发达国家的“再工业化”战略纷纷升级。2018 年 11 月美国发布《美国先进制造业领导力战略》；2019 年 2 月德国发布《国家工业战略 2030》，两国都试图加强对先进制造业的前瞻性布局（见表 1—1），以抢占未来产业竞争制高点。发达国家“再工业化”战略的实施，促使全球产业分工下的制造业回流，通过转化和改造新的制造业技术，扩大其国内制造业的供应链能力，在一定程度上阻止了相关产业在全球价值链内分工的进一步深化，使发展中国家利用本国成本优势从低端嵌入全球价值链，并谋求通过“干中学”机制向价值链高端攀升的发展路径收窄。

表 1—1　美国和德国制造业发展战略

项目 内容	美国再工业化发展战略		德国工业发展战略	
	初始阶段	升级阶段	初始阶段	升级阶段
战略背景	2008 年世界金融危机导致美国失业率上升和制造业产业空心化	全球经济放缓，美国经济景气程度呈现高位下行	美国再工业化战略、亚洲制造业崛起、德国信息技术国际竞争力弱化	过去 20 年缺少大量世界领先的大企业
战略提出	2010 年 8 月《美国制造业促进法案》；2012 年 2 月《先进制造业国家战略计划》	2018 年 10 月《先进制造业领导力战略》；2019 年 2 月《未来工业发展规划》	2010 年 7 月《高技术战 2020》；2013 年 4 月《实施“工业 4.0”战略建议书》	2019 年 2 月《国家工业战略 2030》

① 苗圩：《大力推动制造业高质量发展》，《求是》2019 年第 6 期。

② 中国社会科学院世界经济与政治研究所：《全球宏观经济发展报告：2019 冬季全球宏观经济运行与分析》，2020 年 1 月 16 日。

续　表

项目 内容	美国再工业化发展战略		德国工业发展战略	
	初始阶段	升级阶段	初始阶段	升级阶段
战略定位	制造业回归的重要组成	保持制造业领先地位；重塑全球产业布局和贸易格局	国家工业升级	确保德国的科技领先地位
战略主题	智能制造	人工智能、先进制造、量子科技和5G	智能工厂、生产和物流	电动汽车和人工智能
战略目标	推动制造业高端化发展，开拓新技术革命的最新前沿领域	开发和转化新的制造技术；扩大国内制造业供应链的能力	主导智能制造技术；开拓信息物理融合（CPS）技术新的应用市场	扶持重点工业领域，保证全球竞争力

资料来源：1. 根据西门子研究院：《工业 4.0 实践——装备制造业数字化之道》的相关内容整理。2. 吕薇：《以创新引领制造业高质量发展》，《经济日报》2019 年 7 月 9 日。3. 郑春荣：《德国国家工业战略 2030 及启示》，《人民论坛》2019 年第 1 期。

（三）国际产业向更具成本优势的发展中国家转移

世界经济全球化之始，国际制造业生产的空间布局随着各国生产优势的演进与变化，始终处于动态生成和转移过程之中。在我国经济快速发展的同时，人力资本也在迅速积聚，劳动力成本优势日渐消退。国际资本为寻求更高的利润空间，将生产制造转移到劳动力和其他生产成本更为低廉的区域，这是世界经济在全球化时代发展的显著特征。国际金融危机后，投入中国的外资和中国东南沿海地区的制造业资本，因劳动力等要素成本的上升，转移至生产要素价格更为廉价的越南、印度尼西亚和泰国等东盟国家。本次产业转移客观上促进了承接转移产业国家经济的快速发展，中国制造业虽遭遇了“东盟挑战”，但短期内仍难以撼动其因产业价值链和劳动力素质优势衍生的主导地位。

根据国际货币基金组织（IMF）2020 年 1 月 21 日发布的《世界经济展望报告》，当前全球经济增长缓慢，国际市场呈现出投资和需求萎缩下滑的趋势，世界经济下行风险依然突出。[①] 在国际需求仍然呈现疲弱的态势下，特别是在发达国家“再工业化”战略升级的影响下，制造业国际竞争愈发激烈。一直倚仗成本优势参与国际竞争的中国制造业，面临着原有优势产业转移抑或消亡的巨大挑战。从 2018 年开始，美国奉行极端贸易单边主义和利己主义，滥用关税等贸易保护措施，提高了贸易双方交易成本，特别是关税的增加，加快了产业链的回迁与转移，促使国际产业链上的加工制造环节流向东南亚国家，而资本、技术含量较高的生产环节则向日韩或欧美转移。很多日本企业无法承受输入美国的产品关税增至 25％的负担，将生产环节从中国迁至日本及泰国，而东盟国家则借助国际产业链和生产网络调整时机，承接部分产业链的跨国转移，推进国内产业结构调整。在中美贸易战背景下，中间产品及产业链成本大幅提高，劳动密集型产业的生产工序向更具成本优势的国家转移态势可能会进一步加速，关税产生的交易成本是这一趋势产生的重要原因[②]。

（四）制造业国际市场竞争力弱化

在全球生产网络格局下，制造业的国际竞争力来自制造业增加值的创造能力。通过观察我国制造业发展演进的历程可以发现，发展之初我国凭借成本优势嵌入全球价值链低端参与国际竞争，在产业链的生产工序创造价值，并通过“边干边学”，累积发展经验、生产技术，塑造民族品牌。根据内生增长理论，劳动投入、资本积累和全要素生产率提高是经济增长的内生动力。改革开放至今，我国制造业凭借劳动力等要素成本的比较优势，成为世界制造产出最大的国家，产品遍布全球。随着我国经济的快速发展，劳动力成本上升，2018 年我国城镇职工平均工资为 82461 元，与发达国家相比仍有成本优势，但已超过其他发展中国家。根据第一财经研究院发布的《中国与全球竞争力（2018）》报告显示，金融危机后我国劳动力成本上升，与全球平均劳动力成本的差距缩

① 吴乐珺：《强化多边合作，推动世界经济增长》，《人民日报》2020 年 1 月 22 日。

② 张茉楠：《贸易战对全球价值链、产业链、供应链的冲击破坏及中国对策》，《国际商务财会》2019 年第 6 期。

小，导致制造业国际市场竞争优势相对下滑[①]。

2019年，中国制造业GDP已达269175.1亿元[②]，是世界制造业产出最大的国家。然而，规模优势并不能掩盖中国制造业长期积存的结构性矛盾，特别是技术创新能力与制造大国的地位、贸易发展水平不相匹配。在我国制造业创新发展过程中，主要以应用性、模仿性和跟随性创新为主，缺少基础创新和前沿技术的颠覆性创新。这也是在当前国际经济竞争格局下，劳动力成本上升，致使我国制造业市场竞争力弱化的重要原因。从高新技术产业发展来看，虽然已占我国制造业比重的42%左右，但与世界先进国家相比仍有差距，德国、美国和日本等国家高新技术产业占比都在60%以上。[③] 从贸易出口产品来看，传统制造业仍是我国参与国际市场竞争的主要领域，制造业出口增加值的创造能力并未有实质性提高，出口扩张主要依靠劳动力、资源和环境等要素消耗，缺乏核心技术支撑。2018年，美国掀起中美贸易争端，出台的"中兴禁令"[④] 导致"中兴危机"，凸显了我国制造业产业基础能力的短板，关键核心零部件和产业技术存在明显的"卡脖子"现象，极大地抑制了我国制造业的国际市场竞争力。

二、国内背景

（一）《中国制造2025》规划与创新驱动战略的提出

当前，世界经济格局正在发生深刻变化，我国制造业正面临着发达国家和发展中国家的"双向挤压"。由于我国工业化的历史起点和发展特点，现下我国制造业仍处于世界产业价值链低端环节，依靠资源、环境和劳动力等资源禀赋形成的竞争优势逐渐消退，特别是传统的制造业发展模式已经达到资源和环境承载力的临界点，制造业发展亟须由要素

① 后歆桐：《新兴市场经济体制造业强势崛起，中国排名第4》，《第一财经日报》2018年4月10日。

② 数据来源：国家统计局网站，http：//www.stats.gov.cn/tjsj/，2020年3月20日。

③ 黄汉权：《先进制造业：落实高质量发展的关键》，《中国经济时报》2019年10月1日。

④ 2018年4月，美国商务部工业与安全局宣布制裁中兴，禁止中兴在未来7年内购买美国元器件公司的产品、技术和服务。

驱动转向创新驱动，转变经济发展方式，推动我国制造业高质量发展。2015 年 5 月，国务院制定的《中国制造 2025》规划（见表 1—2）提出，到 2025 年制造业整体素质大幅提升，创新能力显著增强，全员劳动生产率明显提高，两化（工业化和信息化）融合迈上新台阶，重点行业单位工业增加值能耗、物耗及污染物排放达到世界先进水平①，成为未来 10 年中国制造业发展的顶层设计和发展战略。2016 年 5 月，中共中央、国务院印发《国家创新驱动发展战略纲要》，提出建设创新型国家的发展战略，并指出要增强原始创新能力，提升我国科学发展、技术发明和产品产业创新的整体水平，支撑产业变革和保障国家安全。2019 年 11 月，党的十九届四中全会提出："加快建设创新型国家，强化国家战略科技力量，健全国家实验室体系，构建社会主义市场经济条件下关键核心技术攻关新型举国体制"②。实施创新驱动创新战略，建设创新型国家，亟须推动制造业领域的科技创新，摆脱依赖成本优势嵌入全球价值链中低端的发展状态，促进转变我国经济发展方式。

表 1—2　《中国制造 2025》战略规划

项目＼年份	2025	2035	2045
战略目标	制造强国行列	世界强国中等水平	世界制造强国前列
目标特征	提升信息化水平、掌握重点领域核心技术、提高产品质量	重点领域取得重大突破、优势行业形成全球创新引领能力等	具有创新引领能力和明显竞争优势、建成全球领先技术产业体系
战略任务	提高国家制造业创新能力、推进信息化与工业化深度融合、强化工业基础能力、加强质量品牌建设、全面推行绿色制造、大力推动重点领域突破、深入推进制造业结构调整、发展服务型制造和生产性服务业		
战略支撑与保障	深化机制体制改革、营造公平竞争市场环境、完善金融扶持政策、加大财税政策支持力度、健全多层次人才培养体系、完善中小微企业政策、进一步扩大制造业对外开放、健全组织实施机制		

① 《国务院关于印发〈中国制造 2025〉的通知》，《人民日报》2015 年 5 月 20 日。

② 《中共中央关于坚持和完善中国特色社会主义制度　推进国家治理体系和治理能力现代化若干重大问题的决定》，《人民日报》2019 年 11 月 6 日。

《中国制造 2025》规划和创新驱动战略的实施，是我国在世界经济环境变迁、国内资源和环境约束的条件下，推进我国制造业高质量发展的现实诉求，是我国经济发展方式由依靠消耗资源、环境向依靠技术创新拉动转型的战略举措。从根本上来说，转变经济发展方式就是转换经济增长动力，利用技术创新推动经济发展，以减少资源消耗和环境污染，提高产品的国际竞争力。改革开放后，我国实行制造业出口导向发展战略，选择符合我国资源禀赋的产业区段，从加工环节嵌入国际产业价值链，极大地促进了制造业生产规模的快速增长。2019 年，我国第二产业同比增速为 5.7%，增加值达到 386165 亿元，而制造业的增加值有望连续 10 年稳居世界首位[①]。在制造业规模突飞猛进的同时，我国制造业门类更加齐全，产业体系也趋向完整，成为当今世界的制造业大国。但由于低成本的赶超战略，长期重视生产规模而忽视产品质量和技术创新，这使我国制造业并未沿着顺向演进的路径前进，在当前呈现出一定的结构性问题和矛盾。

（二）我国制造业发展中存在的结构性问题

制造业产能过剩抑制制造业高质量发展。产能过剩现象与现代市场经济的发展相伴相生，是社会生产过程中总供给与总需求不平衡的现实表现。我国社会主义市场经济体制建立以来，由于规模化和粗放型的经济增长方式，产能过剩现象在实体经济发展过程中已出现多次。2008 年世界金融危机后，我国拉动内需增长的产业投资计划，使大量本应为市场淘汰的落后产能苟延生存，导致产能过剩现象更加凸显，并呈现出全面性、绝对性和长期性的特点。经济进入新常态后，我国经济下行压力逐渐增大，产能过剩问题已经开始向战略性新兴制造业蔓延，并日渐成为最重要的宏观经济风险之一。鉴于产能过剩对我国制造业高质量发展产生的负面影响，我国将“去产能”列为供给侧结构性改革的首要任务。根据西方发达国家制造业发展的经验和历史数据，产能利用率达到

---

① 宁吉喆:《中国经济再谱新篇章（经济形势理性看）》,《人民日报》2020 年 1 月 22 日。

82%以上为合理水平[①]，低于这一数据则视为存在一定程度的产能过剩。2020年第1季度，我国工业产能利用率回落到67.3%，降至近几年以来的最低点，随后产能利用率一直攀升，第4季度达到78.0%，但仍未进入合意区间，节能过剩问题仍然存在。

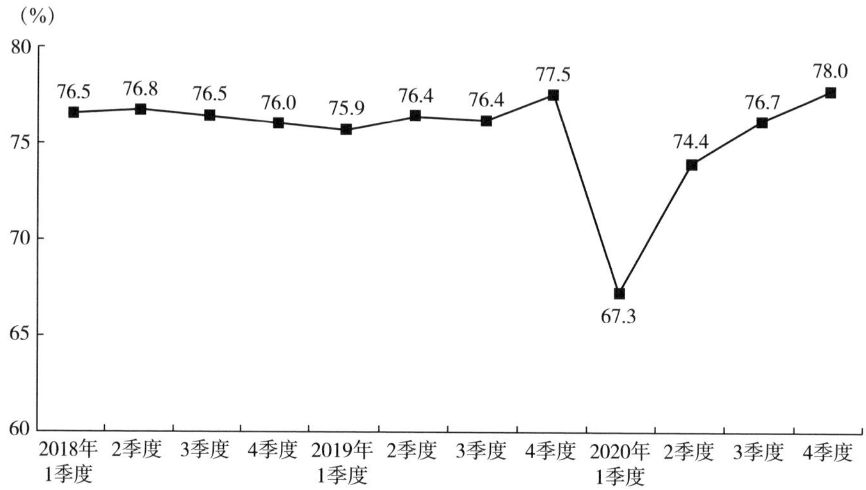

图1—1　2018年至2020年我国工业产能利用率

制造业供给与需求存在结构性失衡的问题。在经济新常态背景下，我国经济已经步入增速调整和动能转换的发展阶段，经济发展亟须由过度依赖“投资+出口”的增长方式转向以创新驱动和消费拉动为主的发展模式。根据世界银行统计数据，2018年我国人均国民总收入（GNI）达9732美元，高于中等收入国家平均水平。摩根士丹利预测在产业价值链升级的前提下，我国人均收入预计在2027年达1.29万美元，进入高收入国家行列[②]。从“收入—消费”互动机制来看，收入是影响消费需求的重要因素，劳动者收入提高将在一定程度上催生消费结构升级。但由于国内制造业产品供给的结构性缺失，无效和低档供给泛滥市场，而中高端消费品则严重不足，导致国内“产能过剩”和“消费抑制”这

---

① 钟春平、潘黎：《产能过剩的误区——产能利用率及产能过剩进展、争议及现实判断》，《经济学动态》2014年第3期。

② 《摩根士丹利预言中国新“黄金时代”》，《参考消息》2017年2月16日。

一矛盾现象共存，致使大量消费需求外溢。2018 年中国海淘用户超过 1 亿人，跨境电商交易规模达到 9.1 万亿元，预计 2020 年海淘人数将达 2.11 亿人，跨境交易规模达 12.7 万亿元[①]。产品供给结构与消费者需求结构的偏离现象，导致消费外溢和产品积压的现象同时出现，实质上反映了制造业供给能力缺口的存在，技术含量高、品牌影响大的高附加值产品的供给步伐已经落后于消费者需求结构升级的速度。

金融资本“脱实向虚”造成制造业发展资金短缺。纵观世界经济发展史，制造业强国的崛起都离不开金融的强有力支撑。现代市场经济条件下，金融资本承担着生产资金的筹集和融通、为制造业发展提供资金的重要功能。近年来，我国房地产和金融业显著活跃，经济发展中已呈现出“过度金融化”的迹象，发展资金在实体经济之外的金融体系内空转，弱化了金融服务实体经济的能力，导致制造业发展资金短缺，利润持续下降。资本的逐利性是金融资本“脱实向虚”的重要原因。据测算，我国工业平均利润率仅为 6%左右，而证券、银行业的利润率在 30%左右[②]。2019 年在防范金融风险“去杠杆”的背景下，金融业增加值占 GDP 比重达 7.2%，相比于 2016 年的 8.3%[③]，呈现下降的发展趋势，但仍在高位运行（高于英国、美国、德国和法国等发达国家的比重）。2019 年中国金融资产已达 251.31 万亿元[④]，而工业总资产利润率从 2011 年的 9.09%下降为 5.20%[⑤]，制造业企业主营业务收入利润率，从 2017 年的 6.35%下降到 6%以下[⑥]。同时，制造业生产要素成本不断上升，房地产市场持续升温，房产价格的强势走高对实

① 《2019 上半年中国跨境电商市场研究报告》，https://www.iimedia.cn/c400/65637.html，2019 年 8 月 8 日。

② 费洪平：《促进实体经济与虚拟经济协调发展》，《人民日报》2017 年 2 月 16 日。

③ 董涛：《如何遏制资金“脱实向虚”》，《中国经济报告》2017 年第 7 期。

④ 王观、葛孟超：《央行发布 2019 年金融统计数据　银行体系流动性合理充裕》，《人民日报》2019 年 1 月 17 日。

⑤ 2019 年数据根据国家统计局公布的规上企业工业总资产和利润计算。2011 年数据参见郭朝先：《当前中国工业发展问题与未来高质量发展对策》，《北京工业大学学报》2019 年第 2 期。

⑥ 2017—2019 年规模以上制造业企业主营业务收入利润率数据，根据国家统计局公布的规模以上制造业企业主营业务收入和利润总额计算，http://www.stats.gov.cn/tjsj/zxfb/202002/t20200203_1724853.html.

体经济产生了“虹吸效应”，致使制造业中的大量资金流入房地产市场和金融领域。

（三）倡导和弘扬工匠精神已成为社会共识和政策指向

工匠精神的缺失，在一定程度上是我国制造业面临发展困境的重要原因之一。在我国经济转型的发展背景下，倡导和弘扬工匠精神，已经成为制造业高质量发展的深层次内生诉求。2016 年我国政府工作报告中首次提出“培育精益求精的工匠精神”；2017—2019 年连续提出“弘扬工匠精神”；2019 年党的十九届四中全会再次提出“弘扬科学精神和工匠精神”，工匠精神的价值被高度重视，工匠精神也从行业话语转化为政策话语，成为国家发展战略的重要组成部分。2021 年 4 月，习近平总书记强调：“各级党委和政府要加大制度创新、政策供给、投入力度，弘扬工匠精神，提高技术技能人才社会地位，为全面建设社会主义现代化国家、实现中华民族伟大复兴的中国梦提供有力人才和技能支撑。”[①] 工匠精神不只是代表一种生产理念，也是中国制造业转型发展的重要影响因素。中国制造业的发展，亟须在制造业发展的各个环节嵌入工匠精神，以摆脱中国制造业“一心逐利”的浮躁社会心态。重塑工匠精神，鼓励制造业企业潜心于技术创新、产品研制和品牌创造，在追求市场交换价值的同时，着力提升产品的使用价值，提升中国制造品质和国际竞争力，推动中国制造由大国到强国转变。

第二节　什么是工匠精神

一、概念界定

第二次社会大分工，使手工业者逐渐脱离农业劳动，成为专门利用手工技艺谋生的特定人群。我国古代历史典籍存留着众多关于“工匠”

① 《习近平对职业教育工作作出重要指示强调　加快构建现代职业教育体系　培养更多高素质技术技能人才能工巧匠大国工匠　李克强作出批示》，《人民日报》2021 年 4 月 14 日。

的记载和描述。《辞海》解释："工，匠也。凡执艺事成器物以利用者，皆谓之工。"作为研究范畴上的"工匠"，从集专门技术特长和艺术设计能力的角度来阐释，其内涵应该是具有专业技艺特长的手工业劳动者（余同元[①]，2005）。"工匠精神"一词衍生于传统手工业社会工匠的生产实践活动之中。一般而言，工匠或手工业劳动者凭借专业技艺在产品设计、生产过程中精益求精的态度，为技艺改进和产品制作竭尽全力的工作理念和精神，被称为"工匠精神"。综合现有研究文献，基本上从三个维度来界定"工匠精神"的概念。

一是将工匠精神界定为一种生产理想和信念，认为工匠精神是工匠或劳动者在生产过程中个体层面具有的优良品质、价值追求和行为表现（薛栋[②]，2013；刘志彪[③]，2016；庄西真[④]，2017）。工匠或劳动者在手工劳作或生产中表现出的行为习惯、工作状态和生产理念，被认为是组成工匠精神概念的重要界定维度。二是对工匠精神从工匠或劳动者从事职业的角度进行价值定位，认为工匠精神是一种职业伦理，是从业者内心在生产过程中坚守的职业品质、操作规范和价值理念（邹其昌[⑤]，2016；刘建军[⑥]，2016；李砚祖、潘天波[⑦]，2017）。工匠精神属于理念文化的内核部分，是人的内在价值追求理念不断在客体"作品"上得以外化的过程（南海[⑧]，2017）。三是将工匠精神界定为特定情境下的行为习惯，其形成需要嵌入一定的社会文化和社会制度结构之中（刘志彪[⑨]，2016；李金华[⑩]，2016），并根据社会情景或生产制度安排的不

---

① 余同元：《中国传统工匠现代转型问题研究——以江南早期工业化过程中工匠技术转型与角色转换为中心（1520—1920）》，复旦大学博士学位论文，2005年。

② 薛栋：《论中国古代工匠精神的价值意蕴》，《职教论坛》2013年第34期。

③ 刘志彪：《工匠精神：生于制度还是孕于文化》，《中国经贸导刊》2016年第6期。

④ 庄西真：《多维视角下的工匠精神：内涵解剖与解读》，《中国高教研究》2017年第5期。

⑤ 邹其昌：《论中华工匠文化体系之"工匠精神"》，《艺术探索》2016年第5期。

⑥ 刘建军：《工匠精神及其当代价值》，《思想教育研究》2016年第10期。

⑦ 李砚祖、潘天波：《工匠精神的社会化传承：一种文化心理学分析》，《南京艺术学院学报》2017年第6期。

⑧ 南海：《新时代工匠精神要强调创新》，《中国教育报》2017年12月5日。

⑨ 刘志彪：《工匠精神：生于制度还是孕于文化》，《中国经贸导刊》2016年第6期。

⑩ 李金华：《工匠精神的理性思辨》，《文汇报》2016年6月1日。

同，催生出不同类型的工匠精神（王星[1]，2018）。

综合已有研究文献对工匠精神概念的表述，从工匠个人的劳动理想和信念、工匠职业群体的职业伦理和社会情景性，将“工匠精神”界定为：在特定的生产方式和组织形式下，工匠或劳动者在生产过程中形成的认同、敬畏并专注于所从事行业的职业态度，追求精益生产的行为习惯，为技艺改进和生产创新竭尽全力的工作理念和精神。本书研究对象为工匠精神与制造业高质量发展问题，所讨论的“工匠精神”与制造业发展相结合，是由其狭义的内涵组成。本书第四章对工匠精神内涵的解构，紧紧围绕制造业高质量发展路径，仅限于与制造业发展相适应的要素结构。

二、国内相关研究

我国历史上从来不缺少工匠精神，根植于传统社会手工业生产的工匠精神，奠定了中国在世界制造史上的大国地位。然而，随着机器大工业时代的到来，我国手工业时代的工匠悄然隐退，再加上经济社会发展的历史和客观原因，导致工匠精神日渐衰微，在一定程度上影响到我国制造业的供给质量和技术创新能力的提升。在世界经济格局深刻变化、国内制造业高质量发展的背景下，为发挥工匠精神对制造业升级转型发展的促进作用，工匠精神由行业话语转变为政策话语，国内学界对工匠精神的研究日益增多并不断深化。

（一）关于工匠精神内涵的论述

工匠精神成为当下中国制造业发展语境下的重要概念，凸显了其在我国由制造大国向制造强国转变中的重要作用。当前，国内理论界关于工匠精神内涵的认知和理论体系并未形成。对工匠精神的研究之初，更多的是从理性的角度阐述工匠精神本身应包含的内容，研究文献大多从价值取向、技艺物质和产生条件等维度分析工匠精神的内在意蕴。

从工匠或社会的价值取向阐释工匠精神的内涵。从现有文献来看，

---

① 王星：《我们需要怎么样的工匠精神》，《光明日报》2018 年 6 月 9 日。

大多数研究者都认为工匠精神是一种价值取向，是生产过程中的精益求精、追求完美和细节的精神（黄群慧[①]，2017），对职业充满敬畏、对工作专注执着、对人生止于至善（李宏昌[②]，2016），蕴含尊重科学，恪守匠人准则、自律自重的精神品质（谢阳举[③]，2018）。工匠精神在价值取向上，还包括中国古代工匠精神善美境界、德艺兼求、心传体知等多层意涵（薛栋[④]，2013），是尊师重道的师道精神和求富立德的创业精神（李宏伟[⑤]，2015）。从“现实层”和“超越层”两个维度观察工匠精神，“超越层”从工匠现实活动中抽离，表现为价值信仰、生存方式或工作态度（邹其昌[⑥]，2017）。

从工匠本身的技艺特质阐发工匠精神的内涵。目前学界关于工匠精神内涵的诠释并未收敛，仍处于发散状态，但对工匠精神是知识、技能、能力和其他特征的集成和外显（郭会斌[⑦]，2018），正成为理论界的主流认知。工匠精神“现实层”的基本要素包括“巧、饰、法、和”，四种要素同时出现即为“工匠精神”的物态化（邹其昌[⑧]，2017）；工匠精神就是要对职业高度认同，要有技术、技能运用所追求的合理、科学的技巧（姜汉荣[⑨]，2016），并表现为外在技能与内在崇尚技艺统一，是理性高度的认同感并具有主动钻研、勇于献身的品质（李德富[⑩]，2016）。

从工匠生产活动的外在特征解释工匠精神的内涵。工匠精神的产生与时代文化密切相关，工匠精神的内涵也随着时代的变迁不断丰富。工

---

① 黄群慧：《培育现代工匠精神提高制造业供给质量》，《中国工业评论》2017 年第 7 期。

② 李宏昌：《供给侧改革背景下培育与弘扬工匠精神问题研究》，《职教论坛》2016 年第 16 期。

③ 谢阳举：《培育新时代工匠精神》，《中国社会科学报》2018 年 8 月 3 日。

④ 薛栋：《论中国古代工匠精神的价值意蕴》，《职教论坛》2013 年第 34 期。

⑤ 李宏伟：《工匠精神的历史传承与当代培育》，《自然辩证法研究》2015 年第 8 期。

⑥ 邹其昌：《论中华工匠文化体系之“工匠精神”》，《艺术探索》2016 年第 5 期。

⑦ 郭会斌、郑展、单秋朵等：《工匠精神的资本化机制：基于八家“百年老店”多层次构型解释》，《南开管理评论》2018 年第 2 期。

⑧ 邹其昌：《论中华工匠文化体系之“工匠精神”》，《艺术探索》2016 年第 5 期。

⑨ 姜汉荣：《势之所趋：工匠精神的时代意义与内涵解构》，《中国职业技术教育》2016 年第 16 期。

⑩ 李德富：《中德日工匠精神的演进与启示》，《中国高校科技》2016 年第 7 期。

匠在生产制造中的内在精神特质和外在技术表现的凝结（朱厚望[①]，2017），在特定的历史时期呈现出的外在特征存在差异。从需求方面看，工匠精神的特征表现为不断地改进产品质量和性能，满足消费者挑剔需求的长期化行为方式（刘志彪[②]，2016）。从社会生产和制度结构的角度来看，工匠精神是劳动者在特定的社会制度结构和行业中形成的行为习惯与内化于心的操作规范，同时也是生产经验的程序性积累（王星[③]，2018）。

（二）关于工匠精神与制造业发展关系的研究

当下，西方制造强国的工匠精神为国人推崇，并希冀借鉴学习以恢复我国制造业的工匠精神传统。德国、日本和美国等发达国家之所以成为技术领先的制造强国，与其一直秉持的工匠精神不无关系。根据前文对工匠精神内涵的解读，工匠精神内涵的价值理念，是我国制造业技术创新、品牌培育和价值链迈向中高端的精神力量。

创新是工匠精神的重要结构组成。已有研究文献拓展了工匠精神的原有结构内容，认为创新是工匠精神的外延和灵魂（曹祎遐[④]；李海舰等[⑤]，2016），是工匠精神的重要内在价值。手工业时代创新从属于精益求精，是有限度的创新，而当今时代创新演变为工匠精神最重要的价值内涵，起统领作用且创新广度和深度与日俱增（刘建军[⑥]，2016）。工匠精神并不是因循守旧，而是除旧布新，是在传统工艺的基础上不断创造新工艺、新技术的过程，是传承与创新的并存（庄西真[⑦]，2017）；匠心，即创新，技艺上的创新性是工匠精神最重要的组成部分（付守永[⑧]，2018）。

---

① 朱厚望：《论工匠精神的价值意蕴及其培育路径》，《中国职业技术教育》2017年第33期。
② 刘志彪：《工匠精神：生于制度还是孕于文化》，《中国经贸导刊》2016年第6期。
③ 王星：《我们需要怎么样的工匠精神》，《光明日报》2018年6月9日。
④ 曹祎遐：《工匠精神的延伸》，《解放日报》2016年4月12日。
⑤ 李海舰：《工匠精神与工业文明》，《中国经济学人》2016年第4期。
⑥ 刘建军：《工匠精神及其当代价值》，《思想教育研究》2016年第10期。
⑦ 庄西真：《多维视角下的工匠精神：内涵解剖与解读》，《中国高教研究》2017年第5期。
⑧ 付守永：《工匠精神——国家战略行动路线图》，北京大学出版社2018年版，第7页。

工匠精神对制造业发展的促进作用。学界对工匠精神与制造业发展内在关系的认知基本一致，即工匠精神是经济社会对于制造业高质量发展的深层次诉求（陶连飞[①]，2016）。一是从文化传统的角度来说，人类历史中沉淀下来的工匠精神与工匠文化，仍贯穿于现代化工业制造，并成为现代化工业制造的灵魂（付向核[②]，2016），是提升制造业实力、打造中国制造品牌、建设制造强国的关键（刘志彪[③]，2016；韩顺法[④]，2018）。二是从制造业供给质量的角度，将工匠精神视为推进制造业“品质革命”，提升制造业供给质量的精神动力（苗圩[⑤]，2016；黄庆畅[⑥]，2016）。三是从制造业能力提升的角度，认为科技创新、工业基础能力、信息化与工业化整合水平的正向演进，离不开工匠精神（潘竞男[⑦]，2017），弘扬工匠精神是制造业从速度到效益、从旧动力到新动力更迭转换的内在基础（张润君[⑧]，2018），是我国制造业迈向全球产业价值链高端及改善产品供给端与需求端不匹配的内生动力（任宇[⑨]，2016）。

工匠精神与制造业发展的实证研究。从 2016 年政府工作报告中提出“培育精益求精的工匠精神”后，学界对工匠精神与制造业发展的理性研究和价值判断较多，而实证的文献较少。程虹等[⑩]（2016）选取制造业企业数据，采用最小二乘法（OLS）实证检验了工匠精神与产品质量的现实关系，结果表明工匠精神内涵的专业精神、专业能力与制造业企业产品质量存在正相关关系。高宁广[⑪]（2018）运用计量模型实证，

---

① 陶连飞：《工业社会语境之下的工匠精神》，《吉林日报》2016 年 6 月 21 日。

② 付向核：《解读德国工匠精神　创新中国工业文化》，《中国工业评论》2016 年第 6 期。

③ 刘志彪：《工匠精神：生于制度还是孕于文化》，《中国经贸导刊》2016 年第 6 期。

④ 韩顺法：《培育新时代工匠精神》，《中国社会科学报》2018 年 8 月 3 日。

⑤ 苗圩：《弘扬工匠精神打造中国制造新名片》，《求是》2016 年第 17 期。

⑥ 黄庆畅：《时代呼唤工匠精神》，《人民日报》2016 年 4 月 19 日。

⑦ 潘竞男：《从时代需求看工匠精神的培育路径》，《国家治理》2017 年第 7 期。

⑧ 张润君：《弘扬工匠精神的时代意义》，《中国社会科学报》2018 年 9 月 13 日。

⑨ 任宇：《培育工匠精神　加快质量强国建设》，《中国党政干部论坛》2016 年第 5 期。

⑩ 程虹等：《工匠精神的不足导致产品质量不高——中国企业员工匹配数据调查》，《宏观经济质量》2016 年第 4 期。

⑪ 高宁广：《工匠精神对中国制造业出口竞争力的影响分析》，北京邮电大学硕士学位论文，2018 年。

分析了工匠精神与制造业出口竞争力的关联，从结果看工匠精神对增加制造业出口竞争力有显著的正向效应。唐国平[①]（2019）建立计量回归模型并利用倾向得分匹配法（PSM），对工匠精神与企业环境绩效之间的关系进行了数据验证，发现企业层面和员工层面践行的工匠精神，通过专注于环保投资和创新环境技术，显著提升了企业环境绩效。

（三）关于工匠精神形成逻辑的研究

工匠精神并非是随着工匠的出现而自然形成的，其产生于一定的经济社会环境之中，环境中的结构性激励机制，通过外在约束和内在激励催生了一个时代的工匠精神。

从考察西方工匠精神的形成过程看，工匠精神的形成蕴含于人们对工匠劳动观念认知不断解放、工匠劳动价值评价不断提高以及工匠传统影响不断外化的历史渐进过程之中。古希腊—罗马时期的技艺经验是工匠精神得以形成的技术前提，中世纪宗教改革的劳动观念转变是工匠精神生成的思想条件，手工业行会制度及其技术繁荣是工匠精神外化的社会动因（李宏伟[②]，2015）。而德国的工匠精神更是基于其勤于思考、崇尚科学的社会氛围和民族特性，是在市场竞争中由其内生激励机制重构激发而出，不是靠思想教育（姚先国[③]，2016）。

从社会契约和文化制度的角度来看，工匠精神是一种社会契约，它源自工匠个体的行动，是群体文化和商业机制的结晶，通过社会反应来获得评定并最终通过消费者来实现其自身的价值。工匠精神的形成，是一个复杂的社会文化建设过程（王晓明[④]，2016），要完善和健全社会相关分配和保障制度，使工匠得到社会制度的认可（贾向桐[⑤]，2018）。而工匠精神到底是生于制度还是孕于文化？刘志彪[⑥]（2016）认为工匠

① 唐国平、万仁新：《工匠精神提升了企业环境绩效》，《山西财经大学学报》2019 年第 5 期。

② 李宏伟：《工匠精神的历史传承与当代培育》，《自然辩证法研究》2015 年第 8 期。

③ 姚先国：《德国人的工匠精神是怎么炼成的》，《人民论坛》2016 年第 6 期。

④ 王晓明等：《探究工匠精神的本源》，《经济日报》2016 年 7 月 28 日。

⑤ 贾向桐：《培育新时代工匠精神》，《中国社会科学报》2018 年 8 月 3 日。

⑥ 刘志彪：《工匠精神：生于制度还是孕于文化》，《中国经贸导刊》2016 年第 6 期。

制度是在经济社会体制系统的长期运行中内生的，缺少工匠制度只是表面化的解释，工匠精神缺乏的深层次原因是支撑工匠精神的文化的缺失。

从工匠精神形成的生产场景来看，工匠精神属于工厂或实验室生产组织中的重要组成部分，需要依托于一定的行业，在实际的一线生产过程中才能逐步生成，不同类型的工匠精神寄生的生产场所存在差异，并且不同的生产制度安排会催生不同的工匠精神（王星[①]，2018）。工匠精神的形成是一个复杂的社会系统，它既依赖于工匠实现匠艺活动的空间（包括工具、工厂）的交互活动，也依赖于社会和消费者的反馈体系（王晓明[②]，2016）。

（四）关于如何培育和弘扬工匠精神的研究

在对倡导和弘扬工匠精神的研究中，学界从职业教育、技能形成和制度文化保障等研究角度和逻辑出发，提出培育和弘扬我国制造业工匠精神的发展举措。

1. 职业教育的角度

无论是作为官方职业教育的设官教民、职官科技教育、艺徒教育、职业专门学校，还是作为非官方职业教育途径的家传世学、私人授徒等职业教育，都是在劳动和工作过程中进行的，“心传体知”的教育过程是培养传统工匠精神的主要途径（薛栋[③]，2013）。当下传统的学徒制和高效的、体面的职业技术培训是培养工匠的主要方式，也是营造工匠精神滋生的土壤和环境（牛禄青[④]，2016），应尽快建立产学研相结合的学徒培养机制（任宇[⑤]，2016）。这就要求改革教育制度，尤其是职业技术教育体制，职业教育要与人文、科学教育相结合，加强对学生职业道德、文化和价值观的教育（贾向桐[⑥]，2018）；深化劳动力市场改

---

① 王星：《我们需要怎么样的工匠精神》，《光明日报》2018 年 6 月 9 日。

② 王晓明等：《探究工匠精神的本源》，《经济日报》2016 年 7 月 28 日。

③ 薛栋：《论中国古代工匠精神的价值意蕴》，《职教论坛》2013 年第 34 期。

④ 牛禄青：《工匠精神：中国制造的软肋》，《新经济导刊》2016 年第 4 期。

⑤ 任宇：《培育工匠精神　加快质量强国建设》，《中国党政干部论坛》2016 年第 5 期。

⑥ 贾向桐：《培育新时代工匠精神》，《中国社会科学报》2018 年 8 月 3 日。

革，打破仍然存在的劳动力身份壁垒，为人才自由流动创造条件（姚先国[①]，2016）。

2. 技能形成的角度

制度上应保障民营工商业发展和完善现代“师徒制”建设，保证职业技术的传承和创新；推崇尊崇手工业时代道德文化的“信德”特质，培育追求极致的“精技”素养（段卫斌[②]，2018）。培育工匠精神必须形成崇尚工匠精神的社会氛围，工匠技能可以满足社会发展和自身生存所需，技能人才要有较高的社会地位（栗洪武[③]，2017），畅通高技能人才培养机制，建立健全传统工匠技艺知识产权保护制度和工匠技艺抢救制度（徐耀强[④]，2017），这是弘扬工匠精神、推动技能形成的人才基础。

3. 制度文化保障的角度

“工匠精神”的孕育和传承，需要制度土壤和文化环境（李金华[⑤]，2016），应紧紧围绕制造强国战略，加大供给侧结构性改革力度，厚植工匠精神孕育生长的制度土壤，使工匠精神真正成为制造强国建设的价值内核与动力源泉（苗圩[⑥]，2016）。李砚祖和潘天波[⑦]（2017）从文化心理学角度，提出了弘扬工匠精神或工匠精神社会化的内化路径和外化路径，他们认为“家庭—学校—社会”在工匠精神的传承上是一个复杂的有机整体，不可断然决裂与隔离；选择传承和弘扬工匠精神的外化路径，就要从系统性与整体性的角度，建构利于工匠精神传承的家庭、学校与社会的文化环境。

---

① 姚先国：《德国人的工匠精神是怎么炼成的》，《人民论坛》2016年第6期。

② 段卫斌：《解构与重塑——工匠精神在设计教育中的价值认知与实践研究》，中国美术学院博士学位论文，2018年。

③ 栗洪武：《论大国工匠精神》，《陕西师范大学学报（哲学社会科学版）》2017年第1期。

④ 徐耀强：《论工匠精神》，《红旗文稿》2017年第10期。

⑤ 李金华：《工匠精神的理性思辨》，《文汇报》2016年6月1日。

⑥ 苗圩：《弘扬工匠精神打造中国制造新名片》，《求是》2016年第17期。

⑦ 李砚祖、潘天波：《工匠精神的社会化传承：一种文化心理学分析》，《南京艺术学院学报》2017年第6期。

三、国外相关研究

从现有文献来看，国外社科理论界对“工匠精神”的研究由来已久，学界对工匠精神内涵的认知、工匠技艺的形成、工匠精神生成的内在基础及工匠精神与经济发展的关系都进行了深入的研究。特别是德国、日本和美国等世界制造强国，关于该主题领域的研究取得了一定的理论成果。

（一）对工匠精神内涵认知的研究

1. 工匠的价值追求

古希腊哲学家柏拉图[①]（Plato）认为，工匠聚其天赋所长进行专业化生产，追求的是一种非利唯艺的纯粹精神。古希腊科学家亚里士多德[②]（Aristotle）认为，工匠的生产实践证明了其自身存在的价值，体现了对劳动的由衷热爱和对职业的高度认同。德国社会学家马克斯·韦伯[③]（Max Weber）在《新教伦理与资本主义精神》中提出，新宗教伦理使现实利益的禁欲消逝，履行天职的劳动为上帝认可，虔诚的信仰在工作中逐渐转化为职业精神。中世纪晚期，工匠的创造能力不局限于新产品和新技术的工具性发明，而且在持续地创造着新的生存方式(Bert[④]，2019)。

2. 工匠的道德约束

根据工匠精神培育的人才标准，人品和技术是工匠的两项基本素质，对品格的重视远高于对技术的要求（秋山利辉[⑤]，2013）；人格的完善比仅完成工作更为重要，职业道德或工匠精神的完善比仅完成工作

---

① 〔古希腊〕柏拉图著，郭斌和、张竹明译：《理想国》，商务印书馆 1986 年版，第 66 页。

② 〔古希腊〕亚里士多德著，廖申白译：《尼各马可伦理学》，商务印书馆 2003 年版，第 273 页。

③ 〔德〕马克斯·韦伯著，马奇炎、陈婧译：《新教伦理与资本主义精神》，北京大学出版社 2012 年版，第 77—81 页。

④ Bert D. Munck. “Artisans as knowledge workers：Craft and creativity in a long term perspective,” *Geoforum*，2019，99（2）：227—237.

⑤ 〔日〕秋山利辉著，陈晓丽译：《匠人精神：一流人才育成的 30 条法则》，中信出版社 2015 年版，第 12 页。

有更重要的意义（稻盛和夫[①]，2005）。这也正如亚力克·福奇[②]（Alec Foege，2014）在其《工匠精神》一书中所说："新时期弘扬工匠精神不仅是手工业者的职业道德追求，更应是所有人的价值取向。"

3. 工匠精神具体特征

国外研究者普遍认为工匠精神或职业精神是"个体存在的深层尺度"（Myers[③]，1999）。根岸康雄[④]（2015）提出工匠精神是对职业的敬畏，不仅对制造业也适用于其他工作岗位。工匠精神的主体不单指手工艺人，还包括使用技术工具利用创新精神解决各种问题的发现者和发明家，工匠精神内含一种创造性思维（Alec Foege[⑤]，2013）。理查德·桑内特（Richard Sennett）认为，广义的工匠精神都追求工作的完美呈现，所有领域对质量的追求理想演变成自身的目的[⑥]。日本的工匠精神追求产品质量与功能的革新，更注重消费者的体验感和个性化需求（Aoyama[⑦]，2015）。阿久津一[⑧]（2017）认为，卓越技术是工匠精神的重要表现，追求技术精进、传承匠心是劳动者基本的职业素养。

（二）关于工匠精神与制造业发展关系的研究

国外关于工匠精神与制造业发展关系的文献较少，资料较为匮乏，而在企业家精神与经济发展领域的研究较多，并且已经形成较为成熟的认知体系。根据国外文献的研究，企业家精神的核心是创新，而创新精

---

① 〔日〕稻盛和夫著，周庆玲译：《活法》，东方出版社 2005 年版，第 5—18 页。

② 〔美〕亚力克·福奇著，陈劲译：《工匠精神——缔造伟大传奇的重要力量》，浙江人民出版社 2014 年，第 2—32 页。

③ Myers BK. "Young children and spirituality," *International Journal of Children Spirituality*, 1999, 4 (2): 235—248.

④ 〔日〕根岸康雄著，李斌瑛译：《精益制造：工匠精神》，东方出版社 2015 年版，第 2—15 页。

⑤ Foege A. *The tinkerers: The Amateurs, DIYers and inventors, Who make America great*, New York: BasicBooks, 2013: 35.

⑥ 〔美〕理查德·桑内特著，李继宏译：《新资本主义的文化》，上海译文出版社 2010 年版，第 76 页。

⑦ Aoyama R. "Globaljourneymen: Reinventing Japanese craftsman spirit in Hong Kong," *AsianAnthropology*, 2015, 14 (3): 265—282.

⑧ 〔日〕阿久津一著，张雷译：《如何培养工匠精神一流人才要这样引导、锻炼和培养》，中国青年出版社 2017 年版，第 15 页。

神也是工匠精神的重要组成维度。制造业发展是经济增长的重要载体，也是技术创新的重要领域。关于企业家精神与经济发展关系的研究，在一定程度上也可以反映工匠精神与制造业发展的互动关系。创新通过外部因素增强企业竞争优势，成为市场竞争的战略工具，为企业改进、创造和提升提供动力（Distanont & Khongmalai[①]，2018）。创新是企业家精神的核心内涵，依赖于企业家的“创造性破坏”活动（Schumpeter[②]，1934），企业家精神对一国经济持续增长至关重要（Romer[③]，1990；Aghion & Howitt[④]，1992）。一个经济体能否实现长期稳定增长，关键在于企业家精神是更多地配置到创新创业等生产性活动中，还是更多地配置到寻租、犯罪等非生产性活动中（Baumol[⑤]，1990）。具有生产性的企业家创新创业精神，是简化知识溢出效应的一种机制（Acs[⑥]，2004），在完成知识与经济增长的连接上处于必不可少的环节（Braunerhjelm[⑦]，2010）。从上述研究文献可以看出，内含创新要素的工匠精神是制造业高质量发展的重要因素，是制造业发展中简化知识溢出和促进知识融入的必要条件。企业家精神具有对新事物开放和对创新开放的重要特征，开放和创新是区域发展不可或缺的重要因素（Hoyte[⑧]，2019）。

---

① Distanont A.，Khongmalai O. “The role of innovation in creating a competitive advantage,” *The Kasetsart Journal Social Sciences*，2018：1—7.

② Schumpeter J. A. *The theory of economic development*，Harvard：Harvard University Press，1934.

③ Romer M. “Endogenous technological change,” *Journal of Political Economy*，1990（5）：71—102.

④ Aghion P.，Howitt P. “A Model of growth through creative destruction,” *Econometrica*，1992，60（2）：323—351.

⑤ Baumol J. “Entrepreneurship：Productive，unproductive and destructive,” *Journal of Political Economy*，1990，98（5）：893—921.

⑥ Acs zoltan j. “Employment growth and entrepreneurial activity in cities,” *Regional Studies*，2004，38（8）：911—927.

⑦ Cherisse Hoyte. “Artisan entrepreneurship：A question of personality structure,” *International Journal of Entrepreneurial Behaviour and Research*，2019，25（4）：615—632.

⑧ Braunerhjelm P. et al. “The missing link：Knowledge diffusion and entrepreneurship in endogenous growth,” *Small Business Economics*，2010，34（2）：105—125.

（三）关于工匠精神产生的原因的研究

1. 竞争创新与制度供给

根据 Hamlin[①]（2004）对德国 1870—1914 年间玩具行业的深入研究，发现激烈的竞争环境促使企业根据发展实际和市场需求，合理配置生产要素，提高生产效率、对接目标人群差异化生产的方式，增强了该行业的竞争力。Brenner 和 Murmann[②]（2016）对德国 1857—1913 年的合成染料行业的发展情况进行了分析，认为行业技术专业、大学研发系统和专利保护制度，为该行业竞争力的提升提供了重要保障。根据上述两个行业的发展结论，生产创新提升了全要素生产率，人才和创新制度供给为德国工匠精神的培育提供了制度保障。在对工匠精神的研究中，除关注其在微观领域的表现外，还应关注宏观层面的制度和背景因素对工匠创业行为的影响（Crowley[③]，2019）。

2. 技术研发和服务文化

迈克尔·波特[④]（Michael Porter）认为，在经济转型时期，就要培植社会创新意识，提高吸收、消化和改进技术的创新能力。1950—1964 年，日本工业快速发展的原因在于新技术的引进、研发以及政府的资金和政策支持（Uchino[⑤]，1969），提升了日本工业的创新能力和竞争力。Aoyama[⑥]（2015）认为，日本企业针对市场需求和消费者偏好，注重产品质量和服务意识；在国内外竞争的市场环境下，日本企业通过工匠精神

---

① David Hamlin. "Flexible specialization and the German toy industry：1870—1914，" *Social History*，2004，29（1）：33－40.

② Brenner T. Murmann JP. "Using simulation experiment to test historical explanations：The development of the German dye industry 1857—1913，" *Journal of Evolutionary Economics*，2016，26（4）：907－932.

③ Caren Crowley. "Artisan entrepreneurial behaviour：A research agenda，" *Entrepreneurial Behaviour*，2019（2）：261－280.

④〔美〕迈克尔·波特著，李明轩、邱如美译：《国家竞争优势》（下），中信出版社 2012 年版，第 65—72 页。

⑤ Akira Uchino. "Technological innovation in postwar Japan，" *Developing Economies*，1969，7（4）：406－427.

⑥ Aoyama R. "Globaljourneymen：Reinventing Japanese craftsman spirit in Hong Kong，" *AsianAnthropology*，2015，14（3）：265－282.

传播服务文化，并将其融入商品价值，提升品牌意识，构建产品竞争优势。日本的技术创新和服务文化为日本工匠精神的生成提供了重要条件。

3. 劳动观念与平等理念

工匠可以通过其社会、职业和宗教身份呈现工匠文化。11 世纪的宗教改革使劳动不再是忍受惩罚的象征，而成为服从且忠诚于上帝的表现（福西耶[①]，2007）。手工劳动被视为既颂扬上帝也拯救自己的灵魂净化和精神修行，并逐步演变为工匠生产中对产品负责、对职业忠诚的职业伦理（史密斯[②]，2006）。这一时期的工匠是中世纪劳动观念转变的产物（Corbellini & Hoogvliet[③]，2013），劳动观念转变是工匠精神生成的思想基础（Cruess[④]，2010）。托克维克[⑤]（Tocqueville）认为，“职业平等”的开放理念和“任何人都可以依靠能力登上职业高峰”的信念，客观上促进了美国工匠精神的诞生。

（四）关于工匠技能及其形成的研究

1. 职业教育

Dewey[⑥]（1963）倡导以经验为基础的教育模式，提出了“做中学”的职业教育观点，促进了职业教育改革并加强了学校培训与社会的联系。日本企业内部教育采用在职培训、自我启发式培训和离岗培训三种模式，形成了一种非功利性的基本知识、技能和态度的教育（Cantor[⑦]，

---

① 〔法〕罗贝尔·福西耶著，陈青瑶译：《中世纪劳动史》，上海人民出版社 2007 年版，第 13 页。

② 〔英〕卢西·史密斯著，朱淳译：《世界工艺史：手工艺人在社会中的作用》，中国美术学院出版社 2006 年版，第 92 页。

③ Corbellini S.，Hoogvliet M. “Artisans and religious reading in late medieval Italy and Northern France (ca. 1400—ca. 1520),” *Journal of Medieval and Early Modern studies*，2013，43（3）：521—544.

④ Cruess RL.，Cruess SR. “Professionalism is a generic term：Practicing what we preach,” *Medical teacher*，2010，32（9）：713—714.

⑤ 〔法〕托克维尔著，董果良译：《论美国的民主》下卷，商务印书馆 1997 年版，第 669 页。

⑥ Dewey J. *Democracy and education*：*An introduction to the philosophy of education*，New York：TheMacmilan Company，1963：356—368.

⑦ Cantor L. “Vocational education and training：The Japanese Approach,” *Comparative Education*，1985，21（1）：67—75.

1985)。职业教育要采用在职培训和课堂教育相互结合的方式（Roomkin[①]，1974)，通过立法形式提高企业参与职业教育，减少企业与学校人才培养结构性矛盾（Matthias[②]，2007)。针对美国技能人才供给不足的问题，Freeman[③]（1987）提出政府可以推动校企在职业教育中的深度合作，更好地发挥政府的作用，推进校企在职业教育中的合作机制建设。关于职业教育与就业之间的关联度问题，Heiniger 和 Imdorf[④]（2018）认为初级职业教育占主导地位，且在教育课程设置中遵循职业原则的国家，教育与就业之间的联系显得更为紧密。

2. 学徒制

学徒制是培育一流人才的重要机制，忠诚是一种基于学徒制的模拟血缘感情，具有强大的渗透力和影响力（秋山利辉[⑤]，2015)。19 世纪初，瑞典对学徒制下的技艺传承进行探索，Edgren[⑥]（1986）对这一阶段瑞典的工匠精神培育进行了研究，发现该阶段学徒的学习主要是从传统工艺入手，并接受为期 3 年的培训，接受传统工艺品制作中的文化熏陶。“学徒制”是工匠技术的传承机制，特别是师傅提供给徒弟的心理支持和经验技巧，是这一机制下实现技艺传承的重要条件（Ragins & Scandura[⑦]，1999)。古代中国的学徒制衍生出一张拓展到社会各个领域的社会关系网，但由于该制度建立在心理契约的基础之上，导致利益相

---

① Roomkin M. “The wage benefits of alternative sources of skill development,” *Industrial and Labor Relations Review*，1974，27（2)：228—241.

② Matthias P. “Two countries—one system of vocational education? A comparison of the apprenticeship reform in the commercial sector in Switzerland and Germany,” *Compare A Journal of Comparative & International Education*，2007，37（1)：69—87.

③ Freeman C. “Technology，policy and economic performance：Lessons from Japan,” *Pinter Publishers*，1987：5—10.

④ Heiniger M.，Imdorf C. “The role of vocational education in the transmission of gender segregation from education to employment：Switzerland and Bulgaria compared,” *Journal for Labour Market Research*，2018，52（1)：1—21.

⑤ 〔日〕秋山利辉著，陈晓丽译：《匠人精神：一流人才育成的 30 条法则》，中信出版社 2015 年版，第 12 页。

⑥ Edgren L. “Crafts in Transformation：Masters，Journeymen and Apprentices in a Swedish town，1800—1850,” *Continuity and Change*，1986，1（3)：363—383.

⑦ Ragins BR.，Scandura TA. “Burden or blessing? Expected costs and benefits of being a mentor,” *Journal of Organizational Behavior*，1999，20（2)：493—509.

关者间的交易成本较高（Kate & Jean[①]，2020）。

四、文献述评

根据研究文献，国内外社科理论界从工艺学、建筑学、思想教育和经济学等多个学科视角，对工匠精神这一主题进行了较为广泛的关注和研究，并取得了一定的研究理论成果。在经济学视域下对工匠精神的研究，基本上形成了以工匠精神的概念及其内涵、工匠精神的形成逻辑、弘扬工匠精神的意义、工匠精神与制造业发展的关系和培育工匠精神的路径等为内容结构的研究范式。从国内外文献的具体研究内容来看，理论界的研究特点主要包括以下几点。

一是对于工匠精神概念基本上从工匠秉持的生产理念、职业价值和行为习惯等三个方面描述和界定，对其内涵则从价值取向、技艺特质和外在特征上进行阐释，进而在理论上形成了对工匠精神的基本认知。而不同点只是因学科和视角不同产生的关注内容的区别和差异。二是关于工匠精神的生成机制问题，主要从我国和西方工业发展中探寻影响工匠精神培育和弘扬的社会条件，以及工匠精神形成所需要的思想文化和制度基础。三是关于工匠精神对制造业发展的重要意义上的认知基本上没有疑义，世界制造强国的发展经验已经证明，工匠精神是经济转型和制造业高质量发展的重要影响因素。四是关于倡导和弘扬工匠精神的现实路径的研究，也呈现出较为趋同的研究视角，主要从职业教育方式、技能形成的条件和制度文化保障等方面进行路径的探索。学界关于工匠精神及其与制造业发展关系问题的研究已形成一定的研究范式和理论成果，但从现有文献的研究内容和研究方法来看，已有关于工匠精神与制造业发展关系问题的研究还有很多讨论的空间。

一是从当前研究工匠精神形成逻辑的文献来看，缺少从历史发展的角度挖掘我国工匠精神形成逻辑的文献，特别是根据不同历史时代的形成条件，系统性阐述我国工匠精神的生成机制的文献尚不多见，考究历

---

① Kate Y. Z.，Jean L. C. *The Chinese apprenticeship model*：*The spirit of craftsmanship*，*Wiley online library*，https：//doi. org/10. 1002/9781119694793. ch22，2020—1—14.

史上不同时代工匠精神的外在特征及其形成的影响因素，对当前我国构建有利于倡导和弘扬工匠精神的社会环境、政策机制的有效性具有重要的参考价值。

二是当前研究工匠精神与制造业发展关系的文献中，更多的是从理性的角度阐述工匠精神在制造业高质量发展中的作用，尚无文献根据制造业高质量发展路径，解构工匠精神内涵的前提下，构建出工匠精神与制造业高质量发展的互动关系的理论分析框架，以更为紧密的逻辑结构阐述两者之间的内在关联。

三是现有文献多是理论研究，而鲜有实证研究，特别是构建计量模型研究工匠精神与制造业高质量发展之间的关系。在已有的文献中，构建了工匠精神与制造业出口竞争力、企业环境绩效的研究模型，但仅从这两个角度观察，存在因变量指标结构单一的问题，无法较为完整、准确地反映工匠精神与制造业高质量发展的数量关系。现有文献呈现出的研究范式、理论成果以及存在的研究内容和方法的不足，为本书对相关问题的深入剖析提供了研究范式、理论借鉴和研究方向。

第三节　研究内容与思路方法

一、研究内容

（一）研究对象

在国家层面提出培育和弘扬工匠精神，推进我国制造业高质量发展的背景下，本书以工匠精神与我国制造业高质量发展问题为研究对象，对工匠精神及其与我国制造业高质量发展的关系进行系统性研究，具体研究对象包括：一是我国工匠精神的产生逻辑问题，包括传统工匠产生、工匠精神形成及其随时代发展的特征嬗变等问题。二是工匠精神与我国制造业高质量发展的关系问题，主要是研究工匠精神与我国制造业高质量发展的内在机理和数量关系。三是世界制造强国弘扬工匠精神的发展经验，主要是德国、日本和美国等制造强国培育和弘扬工匠精神的经验。四是在制造业发展中构建有利于彰显工匠精神的环境与制度问题，即根据国际经验和国内环境实际，探寻倡导和弘扬工匠精神，推进我国制造业高质量发展的现实路径。

（二）总体框架

本书以“工匠精神与我国制造业高质量发展”为研究对象，分析我国工匠精神的生成机制，构建了工匠精神与我国制造业高质量发展的理论模型和数量模型，并借鉴世界制造强国的发展经验，提出了培育和弘扬工匠精神，推进我国制造业高质量发展的应对策略。

第一部分：我国工匠精神的历史产生与价值嬗变。从传统手工业发展的历史原点出发，以工匠的生产、生活条件和社会制度为背景，深入挖掘工匠精神的生成条件和本质内涵，探索工匠精神在不同时代的价值诉求和外在特征。

第二部分：工匠精神与我国制造业高质量发展的内在机理。对工匠精神的实质内涵进行深度解构，分析制造业高质量发展的现实路径，从理论上深入阐释工匠精神与制造业高质量发展的内在逻辑。

第三部分：工匠精神对我国制造业高质量发展效应的实证检验。根据工匠精神与制造业高质量发展的内在机理，建立省域工匠精神与制造业高质量发展的指标体系，测度两个变量的发展指数，构建数理模型，实证检验工匠精神对制造业高质量发展的现实效应。

第四部分：工匠精神嵌入我国制造业高质量发展的重点领域。根据世界制造业发展趋势和我国制造业发展的特点，运用定量和定性分析的方法，选择我国制造业高质量发展的重点领域，提出工匠精神嵌入制造业高质量发展重点领域的对策建议。

第五部分：世界制造强国弘扬工匠精神的发展经验与启示。考察美国、德国和日本等制造业强国培育和弘扬工匠精神的发展机制，从世界制造强国的历史、文化和现实中挖掘工匠精神促进制造业高质量发展的先进经验。

第六部分：我国制造业高质量发展中弘扬工匠精神的应对策略。借鉴世界制造强国的发展经验，根据我国制造业高质量发展的现实诉求，构建有利于培育和弘扬工匠精神的环境和制度，推进我国制造业高质量发展。

（三）主要目标

研究工匠精神与我国制造业高质量发展的主要目标是，在分析工匠精神与我国制造业高质量发展内在机理的基础上，验证工匠精神对我国制造业高质量发展的现实效应，借鉴世界制造强国彰显工匠精神的发展经验，制定培育工匠精神的政策举措，为我国制造业高质量发展战略实施提供环境和制度保障。

1. 理论目标

（1）分析我国工匠精神的生成机制，并结合我国制造业高质量发展路径，解构工匠精神的内涵，完善学界对工匠精神理论的认知体系；（2）尝试分析工匠精神与我国制造业高质量发展的内在机理；（3）完善工匠精神与制造业高质量发展的评价指标体系，探索工匠精神对我国制造业高质量发展的现实效应。

2. 应用目标

分析我国制造业高质量发展的现实路径、制约因素，有针对性地提出一套培育和弘扬工匠精神的实施方案，为我国制造业高质量发展提供环境和制度保障。

二、研究思路

为实现研究目标，本书拟按照“研究依据—机理分析—实证检验—国外案例—政策构建”的思路展开研究，解决“为什么”关注工匠精神对我国制造业发展的影响，工匠精神“怎么样”作用于我国制造业高质量发展过程之中，“该如何”结合我国制造业发展实际，构建培育工匠精神的系统性方案的系列问题，具体研究思路如下：

在工匠精神是中国制造业高质量发展的内生诉求的理论前提下，立足我国制造业转型发展的历史坐标中，以挖掘工匠精神形成的历史条件及其价值诉求的历史嬗变为切入点，探求我国工匠精神的形成机制及其不同时代的价值表征，理性地分析工匠精神与我国制造业高质量发展的内在机理，在此基础上构建数理模型，验证工匠精神对我国制造业高质量发展的现实效应，并适当借鉴世界制造强国培育和弘扬工匠精神的经验，寻求重塑工匠精神的环境和机制及弘扬工匠精神以推进制造业高质量发展的现实路径，为中国制造业高质量发展战略实施提供制度保障。

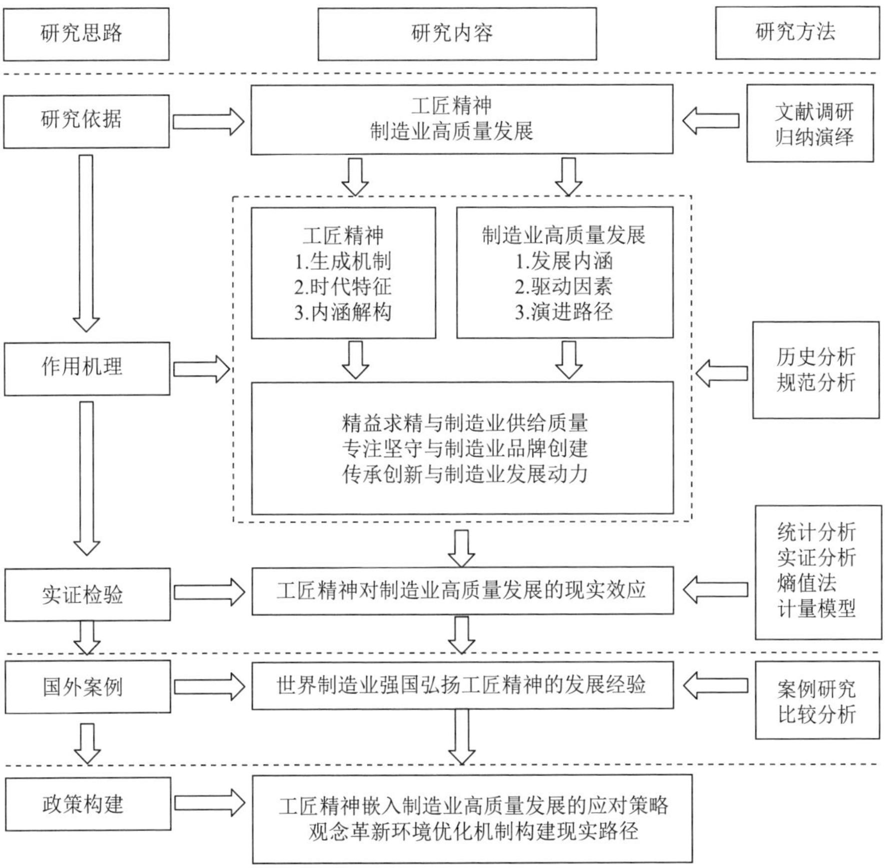

图 1—2 研究技术路线图

三、研究方法

本书研究工匠精神的形成机制及其对我国制造业高质量发展现实效应问题，在学术层面上，具有政治经济学的显著特征。为实现研究目标，提高研究成果的科学性，本书按照马克思主义唯物辩证法的要求，结合归纳和演绎研究、实证和规范研究、定性和定量研究等研究方法，有理有据地分析工匠精神及其与制造业高质量发展的关系问题，主要研究方法包括以下几种。

1. 文献研究法

梳理并归纳已有研究文献，是理性构筑本文研究框架的重要方法。通过研究相关文献，梳理马克思主义经济学、西方经济学关于工匠精神和产业发展的相关理论，以及中国特色社会主义政治经济学相关理论，分析学界关于工匠精神与我国制造业高质量发展的研究现状，为本书研究提供可资借鉴的理论基础和研究方向。

2. 历史分析法

运用历史分析的方法，挖掘传统手工业时期工匠精神的本质内涵，分析我国不同历史时代工匠精神的外部特征和价值诉求的历史嬗变，以更为理性和更加全面地研究我国工匠精神的形成机制。特别是随着历史变迁、社会更迭，工匠精神内涵和外在特征都呈现了不同于以往时代的变化，历史地分析和研究特征变动的影响因素，为工匠精神培育方案的制订提供有价值的参考。

3. 比较分析法

运用比较分析的方法，纵向比较我国历史上不同时代工匠精神呈现出的特征差异、产生原因及其在不同历史时期的价值诉求；横向比较德国、日本和美国等世界制造强国工匠精神产生的社会背景及文化土壤，学习世界制造强国彰显工匠精神的发展经验，为制定有效的工匠精神培育策略、推进制造业高质量发展提供政策依据。

4. 计量模型法

在理性分析工匠精神与制造业高质量发展内在机理的基础上，构建研究变量的评价指标体系，利用熵值法确定指标权重，对工匠精神和制造业高质量发展指数进行测度，并建立 Pannel－tobit 多元回归模型，实证检验工匠精神对我国制造业高质量发展的现实效应，从数量关系上分析工匠精神对我国制造业高质量发展的影响。

第四节 本书创新点和有待进一步研究的问题

一、本书的创新点

在经济转型发展的背景下，倡导和弘扬工匠精神是推进制造业高质量发展的重要举措。当前学界关于工匠精神和制造业高质量发展的研究文献较多，但缺少通过构建两者互动关系的理论框架，系统分析工匠精神对制造业高质量发展的内在影响机制以及实证研究工匠精神对制造业高质量发展的现实效应。本书研究工匠精神与制造业高质量发展问题，试图在理论构建和研究方法上有所创新，以回答工匠精神如何以及在多大程度上对制造业高质量发展产生影响。

（1）多维度解构工匠精神内涵，拓展学界关于工匠精神问题研究的理论空间。学界关于工匠精神内涵的认知体系尚未形成，且欠缺从狭义的角度结合制造业发展阐释其内涵的结构组成。本书在深入挖掘工匠精神的内涵、生成机制、约束条件及其价值诉求的基础上，根据社会生产力变迁对生产关系的影响理论和现代制造业发展特点，从道德伦理和专业生产两个维度对工匠精神的内涵进行解构，进一步拓展学界关于工匠精神问题研究的理论空间，丰富政治经济学理论关于工匠精神问题研究的认知体系。

（2）构建工匠精神与制造业高质量发展关系分析的理论框架。通过对工匠精神的内涵解构，考察工匠精神实践基础的现实扩展，准确把握工匠精神内涵构成的演进历程及结果。从专业生产视角看，工匠精神的内涵可以解构为精益求精、专注坚守和传承创新等三个维度。结合我国制造业高质量发展的现实路径，从精益求精与制造业供给质量、专注坚守与制造业品牌创建及传承创新与制造业供给动力等三个研究视角，构建工匠精神对我国制造业高质量发展内在影响机制的理论分析框架，系统阐释工匠精神与制造业高质量发展的内在机理。

（3）建立制造业发展多指标评价结构，利用 Panel－tobit 模型计量工匠精神与制造业高质量发展的数量关系。基于工匠精神与制造业高质量发展理论构架，修正已有研究存在的因变量（制造业发展）评价指标结构单一问题，构建反映我国省域工匠精神和制造业高质量发展的指标评价体系，并根据测度指标的数据特征，设定 Panel－tobit 模型，检测两者之间的数量关系。根据理论分析和实证研究，借鉴世界制造强国彰显工匠精神的发展经验，提出一套关于社会观念革新、环境优化和政策机制构建的系统性实施方案，阐述工匠精神嵌入我国制造业高质量发展的现实路径。

二、有待进一步研究的问题

尽管本书在工匠精神内涵挖掘及工匠精神与制造业高质量发展关系的研究上做出一些创新和突破，但由于能力水平有限和材料、数据的瓶颈，关于工匠精神本身及其对制造业高质量发展的影响，仍有待进一步研究的问题有：一是关于工匠精神的形成机制、约束条件及其内涵挖掘等问题的研究还不够全面和深入，仍需深化该领域的理论研究，为建立与现实更为贴切、逻辑更加严密的理论分析框架提供坚实理论基础，更好地呈现工匠精神与制造业高质量发展的逻辑关系。二是关于工匠精神对制造业高质量发展现实效应的数据检验，在指标选择、数据采集等方面仍有进一步优化的空间，以更准确地呈现两者的数量关系。

第二章

工匠精神与制造业高质量发展的理论基础

现实经济问题的研究离不开基础理论的指导。对“工匠精神与中国制造业高质量发展”问题的研究，要以马克思主义经济学理论为指导，并理性借鉴西方经济学相关理论。本章将追溯和梳理与工匠精神及产业发展相关的基础理论，从宏观上把握马克思主义经济学关于工匠精神、产业分工协作、资本有机构成和产业创新等理论，以及西方经济学关于国际产业分工、产业结构优化和全球价值链等相关理论，特别是中国关于政治经济学发展的最新理论成果，以期为工匠精神与制造业高质量发展相关问题的研究提供理论依据。

第一节　马克思主义经济学相关理论

一、劳动技能传承与社会关系理论

（一）劳动本体论

马克思（Karl Marx）在《1844 年经济学哲学手稿》中，提出“劳动本体论”，赋予“实践”劳动内蕴和物质性内涵，认为“实践的人的活动即劳动”。从关系性范畴来看，劳动的本体地位更具有自然界、人自身和社会三者生成人类生存环境的现实意义。人与动物无异，首先人是自然界的存在物，但不同之处在于，人具有自然力和生命力，可以通过劳动积极地改造世界，进而生成整个自然界。在马克思看来，人本身就是劳动的产物，即“生产生活就是类生活，这是产生生命的活动”①，并且人除了在这种有意识的生命活动中证明其与动物的本质差异外，还懂得在生产活动中按照美的规律进行劳动。动物只是按照它所属的那个物种的尺度和需要来构造，而人懂得按照任何一个物种的尺度来进行生产，并且懂得把内在的尺度运用于对象②，人的生产不只属于肉体，而是摆脱了纯粹的肉体需要支配和谋生性诉求的生产劳动，可以自由面对自己的产品。马克思认为，人的生产具有任何一个物种的尺度，同时也

① 《马克思恩格斯全集》第 3 卷，人民出版社 2002 年版，第 273 页。

② 《马克思恩格斯全集》第 3 卷，人民出版社 2002 年版，第 274 页。

具有人的内在尺度。所以，从人类劳动的本质和人的本性来看，人在生产活动中制造工具或使用工具，其内在的价值诉求都是关于技术和技艺的创造性活动[①]。这也正是工匠在生产活动中对产品质量、外观和创新的内在价值驱动，是劳动者所从事职业的必然归宿和工匠精神的内生诉求。

（二）工匠技能的形成与传承理论

无论是在传统社会还是在现代化社会，工匠或劳动者的生产技能都是工匠精神形成的重要基础。传统手工业时代，工匠技能的生成依托于行会制度下的学徒制；进入机器大工业时代，学校职业教育逐渐替代了手工业时代的学徒制，成为生产技能的重要形成机制，满足了标准化生产模式对技能人才的需求。马克思批判继承了托马斯·莫尔的“教育与生产劳动相结合”思想，在《共产党宣言》中提出了关于教育问题的理论主张，并在《临时中央委员会就若干问题给代表的指示》（1866 年）和《哥达纲领批判》（1875 年）中对其职业教育思想作出较为系统的表述。马克思认为，无论是传统手工业时代还是现代大工业时代，劳动教育和技能训练对生产经验、技能的习得至关重要，是劳动技能形成的重要途径。马克思关于职业技能教育思想可以从以下三个方面来概括。

1. 职业技能教育的作用

马克思认为，职业教育可以“改变一般的人的本性，使它获得一定劳动部门的技能和技巧，成为发达的和专门的劳动力”[②]；可以改变原有的劳动能力形态，更新职业劳动能力，以适应大工业生产时代生产技术和生产结构变化对劳动能力动态变化的需要。马克思在《资本论》中还提道：“大工业的本性决定了劳动的变换、职能的更动和工人的全面流动性。”[③] 他认为，机器大工业时代的劳动者必须接受全面的职业教育，掌握综合的技术能力，成为全面发展的人。

---

① 乔瑞金：《马克思技术哲学纲要》，人民出版社 2002 年版，第 134 页。
② 马克思：《资本论》第 1 卷，人民出版社 2004 年版，第 200 页。
③ 马克思：《资本论》第 1 卷，人民出版社 2004 年版，第 560 页。

2. 技能培训内容和形成机制

关于技能教育要求，马克思提出综合技术教育的观点，即“技术教育，这种教育要使儿童和少年了解生产各个过程的基本原理，同时使他们获得运用各种生产的最简单的工具的技能”[①]。马克思认为，职业学校、农业学校和工艺学校进行综合技术教育，要以生产过程的一般原理为教学内容，并开展有关工艺及生产工具的实际操作为技术教育与培训内容。劳动工人如何获取“基本原理”和“技能”，马克思提出，要改变工人的社会生活条件，使其拥有完成教育任务必要的“时间”，让其充分参与到职业技能培训过程之中：一是在技能的社会教育空间内，完成知识吸收和消化；二是在教育主体创造的模拟实际生产的情境中，将学习的知识转化为应用技能，提升自身的劳动能力和创新能力。

3. 职业教育培训的组织方式

马克思认为，综合技术教育实行半工半读的学习模式，采取工学交替的安排机制，更符合综合技术教育的发展规律。马克思结合《工厂视察员的报告》，对这一学习组织方式进行了合理性说明：一是半工半读教育模式，使学习和工作紧密结合，体现了综合技术教育的本质特征，使“一般原理”和“技能操作”相辅相成，互为促进。二是半工半读的培训制度使工作和学习互为调剂，有利于提高两种活动的现实效率。正如马克思在《资本论》中所描述的“虽然工厂儿童上课的时间要比正规的日校学生少一半，但学到的东西一样多，而且往往更多”[②]。

（三）社会关系理论

工匠精神是工匠在生产过程中所秉持的“认真、负责、专注”的工作态度，为技艺改进和产品制作中所坚持的精益求精的工作理念和精神，是工匠或劳动者在生产过程的内在价值追求。工匠精神并非社会的自然存在物，其产生和彰显都依赖一定的社会条件，社会制度是工匠精神形成与释放的重要外在约束条件。根据马克思的劳动本体论，社会并

---

① 《马克思恩格斯列宁斯大林论青年》，中国青年出版社 1980 年版，第 24 页。

② 《马克思恩格斯全集》第 42 卷，人民出版社 2016 年版，第 500 页。

非天然存在物，是人通过有意识的劳动创造出了各种客观关系的集合，故而创造出了人类社会。马克思认为，“人不仅生产出他作为异己的、敌对的力量的生产对象和生产行为的关系，而且还生产出他人对他的生产和他的产品的关系，以及他对这些他人的关系”。[①] 所以，劳动创造的人并非处于孤立的、个体的状态，而是置身于千丝万缕的社会关系之中，即“个体是社会存在物”[②]。劳动使人与社会呈现出相互促进的关系[③]，社会作为个体的人的生存和活动空间，对人思想、意识和行为有着深刻的影响。人在这个世界上的生产实践活动，被各种客观关系集合所羁绊，被人的劳动生成的社会制度所约束。工匠在生产劳动中对产品质量和技艺的追求，除了受到其内在价值的约束，还会被现实的社会环境和制度（社会关系）影响。

二、产业分工与协作理论

产业分工协作理论，是马克思主义理论体系中的重要组成部分，对现实的产业发展有重要的理论指导作用。马克思认为在社会物质资料生产过程中，人们的一切内部组织以及人们之间的一切关系，都表现为一定类型的分工与协作关系。马克思系统地阐述了分工与协作在社会发展过程中的客观必然性及对生产方式所产生的深刻影响。

（一）产业分工理论

马克思认为，分工是一种特殊的、有专业划分的、进一步发展的协作形式，是提高劳动生产力，在较短的劳动时间内完成同样的工作，从而缩短再生产劳动能力所必须的劳动时间和延长剩余劳动时间的有力手段。[④] 马克思继承发展了亚当·斯密的分工理论，认为分工的深化引起产权形式等生产关系的改变，进而推动社会发展，同时社会发展又反过

---

① 《马克思恩格斯全集》第3卷，人民出版社2002年版，第276页。

② 《马克思恩格斯全集》第3卷，人民出版社2002年版，第302页。

③ 李国泉、周向军：《异化劳动与历史的三重维度——对〈1844年经济学哲学手稿〉理论地位的再评价》，《马克思主义理论学科研究》2018年第10期。

④ 《马克思恩格斯全集》第47卷，人民出版社1980年版，第301页。

来促进了分工的深化。在这一过程中，市场和企业等经济组织形式得以产生和演进。马克思开创性地对分工进行了分类研究，提出了自然分工、社会分工与工厂内部分工的概念。马克思和恩格斯在《德意志意识形态》中，进一步肯定了分工在生产力发展中的地位和作用，认为："一个民族的生产力发展的水平，最明显地表现在该民族分工的发展程度上。任何新的生产力，只要它不仅仅是现有生产力的量的扩大，都会引起分工的进一步发展"。[①] 马克思认为，分工对于社会生产力的发展是全方位的，不仅有量的提高还有质的飞跃，是生产力发展的重要推动力量。

（二）产业协作理论

"许多人在同一生产过程中，或在不同的但相互联系的生产过程中，有计划地一起协同劳动，这种劳动形式叫做协作。"[②] 马克思认为，协作劳动作为一种生产方式，之所以能够提高劳动生产率，是由于"结合工作日的特殊生产力都是劳动的社会生产力或社会劳动的生产力。这种生产力是由协作本身产生的"[③]。协作产生一种集体力，能有效提高生产力，这种集体力的效果要么是单个人劳动根本不可能达到的，要么只能在长时间内，或者只能在很小的规模上达到。协作对于劳动者个体，在复杂的劳动过程中，大量的协作者进行不同的操作，能够缩短劳动时间，提高劳动生产率；对于企业来说，协作扩大劳动的空间范围，从而连接各区域分散的生产活动，形成产业集群，在获取经济的同时，由于不同劳动过程和生产资料的集聚，减少非生产性费用。

（三）产业分工与协作的有机联系

以分工为基础的协作，在工厂手工业上取得了自己的典型业态。[④] 分工是协作的前提和基础，协作是分工的必然结果，两者相辅相成，相

① 马克思、恩格斯：《德意志意识形态》，人民出版社 2003 年版，第 25 页。
② 马克思：《资本论》第 1 卷，人民出版社 2004 年版，第 378 页。
③ 马克思：《资本论》第 1 卷，人民出版社 2004 年版，第 382 页。
④ 马克思：《资本论》第 1 卷，人民出版社 2004 年版，第 390 页。

互促进。马克思指出分工是社会生产力发展的源泉，分工的深化能够促进产权形式的转变；反之，也能够促进企业等经济组织形式的演变。而企业能够增加收益的根本原因是企业愿意进行协作。从生产力角度出发，分工与协作作为一种生产方式，是各种社会经济形态所共有的。在社会主义制度下，分工与协作密切耦合形成新的生产力，能够使生产资料得到充分发挥，达到提高劳动生产率的目的。将马克思主义产业分工与协作基本理论及现实相结合，形成与生产力发展相适应的分工协作关系，加强生产力的整体性，提高整个社会的生产效率。

三、资本有机构成理论

资本有机构成，是马克思为深入研究资本积累对资本主义演进的影响，创造性提出的理论概念。他认为“由于考虑到了资本的有机构成，许多一向似乎存在的矛盾和问题都消失了”[①]。资本有机构成理论是《资本论》的重要组成内容，在马克思主义经济学中占有特殊的地位，该理论是理解剩余价值、资本的循环周转与再生产等内容的重要概念，也是研究产业发展问题的必要理论基础。

（一）资本有机构成的内涵

马克思认为，资本构成可以从资本的技术构成和价值构成两方面进行考察。从物质形式看，生产过程中生产资料数量与劳动数量之间的比例关系是资本技术构成，反映了一定时期的技术发展水平。从价值形式看，不变资本与可变资本之间的比例关系是资本价值构成，由资本技术构成决定并反映资本技术构成的变化。资本有机构成是由资本技术构成决定并反映资本技术构成变化的资本价值构成[②]。

（二）资本有机构成提高的必然趋势

资本有机构成提高是资本主义经济发展的必然趋势。资本家追求剩

① 《马克思恩格斯全集》第30卷，人民出版社1975年版，第269页。
② 马克思：《资本论》第1卷，人民出版社2004年版，第707页。

余价值的内在动力和外在压力，使得资本家必然会不断改进技术装备，提高资本有机构成。随着资本家改进生产技术，更新机器设备，提高劳动生产率，单位工人在一定时间内操作的生产资料数量增加，导致资本技术构成提高；而这一变化反映在价值形态上，不变资本相比于可变资本占比增大，资本有机构成提高，并随着资本的不断积累和扩张，呈现出不断提高的发展趋势。

（三）资本有机构成对经济发展的影响

资本有机构成理论是分析技术进步和劳动生产力提高趋势的重要理论工具。资本有机构成提高表明资本积累增加，科技进步，劳动生产率提高，社会经济规模扩大。但值得关注的是，资本有机构成提高也会导致劳动力需求下降，产生相对过剩人口、社会就业压力增大和盲目投资等问题。在资本有机构成提高过程中，要发挥政府对市场的宏观调控作用，避免给经济发展带来不利影响。

四、产业创新与竞争理论

马克思认为，资本对剩余价值的追逐是资本主义生产方式的根本规律。在资本主义社会形态下，资本间的逐利竞争是生产方式变革和社会劳动生产率提高的发展动力。劳动生产率是由“工人的平均熟练程度，科学的发展水平和它在工艺上应用的程度，生产过程的社会结合，生产资料的规模与效能，以及自然条件等因素决定”①。市场价值规律决定了产业资本要赢得市场竞争，获得产业内或产业间的超额利润，这就必须不断革新生产方式，运用先进的生产技术和工艺，提高自身的劳动生产率，在社会生产关系和生产力的矛盾运动中推进产业升级。

（一）资本的产业内竞争

“当新的生产方式被普遍采用……超额剩余价值也就消失。价值由劳动时间决定这同一规律，既会使采用新方法的资本家感觉到，他必须

① 《马克思恩格斯全集》第44卷，人民出版社2001年版，第53页。

低于商品的社会价值来出售自己的商品，又会作为竞争的强制规律，迫使他的竞争者也采用新的生产方式。”[①] 根据马克思的分析，产业内资本通过使用新技术、新工艺或资本重组的方式，提高劳动生产率以获取超额剩余价值。在资本竞争的语境下，产业创新会引起资本的模仿甚至超越，进而不断促进产业内劳动生产率的提高，推进产业内结构高级化。

（二）资本的产业间竞争

“一个工业部门生产方式的变革，必定引起其他部门生产方式的变革。这首先涉及因社会分工而孤立起来以致各自生产一种独立的商品、但又作为一个总过程的各阶段而紧密联系在一起的那些工业部门。”[②] 马克思认为，在某一部门由劳动生产率提高引起资本积累和集中，进而使部门的资本有机构成发生经常性变动，导致不同部门间的利润率差距。在等量资本要求等量利润的原则下，利润低的产业资本就会在生产部门间流动，进入高利润的部门，导致平均利润率趋同。同时也会产生技术创新的扩散效应，提高社会劳动生产率，使整个社会的生产活动不断地向高效率的产业部门攀升，进而推进产业发展。

（三）剩余资本的产业创新

“由于生产力提高一倍……必须为游离出来的资本和劳动创造出一个在质上不同的新的生产部门，这个生产部门会满足并引起新的需要。”[③] 马克思认为，在市场规模不变的条件下，劳动生产率提高会使资本和劳动力游离于生产过程之外。资本逐利本性就会引入新的生产部门，使游离于生产之外的资本和劳动的比例以新的形式确立，进行产品创新，生产出在质上不同的使用价值。资本生产也更为重视高品质、多样化的消费品和奢侈品供给，不断推进产品升级换代，推进产业升级。正如马克思所描述的：“社会产品中有较大的部分转化为剩余产品，而剩余产品中又有较大的部分以精致和多样的形式再生产出来和消费掉。

---

① 《马克思恩格斯全集》第 42 卷，人民出版社 2016 年版，第 324 页。
② 《马克思恩格斯全集》第 44 卷，人民出版社 2001 年版，第 440 页。
③ 《马克思恩格斯全集》第 30 卷，人民出版社 1995 年版，第 389 页。

换句话说，奢侈品的生产在增长。大工业造成的新的世界市场关系也引起产品的精致和多样化。”①

根据上述产业创新与竞争理论，马克思主义政治经济学将产业创新看作竞争的资本，在逐利逻辑下，通过革新生产技术和组织形式累积和培育产业发展能力的动态过程，这一过程的起点是资本，核心是提升劳动生产率，目的是追逐剩余价值。资本在产业内和产业间竞争的逐利行为，客观上促进了产业变革，实现了社会劳动生产率的提升，推动产业内部结构向更有效率的生产活动移动，使不同产业资本流向拥有更高利润率的部门，形成产业结构比例变动，推进产业升级。资本在产业内和产业间的纵向流动和横向位移形成的复杂网格序列，表明马克思阐述的产业发展并非处于孤立状态，而是一个系统的顺向演进过程。同时，推进产业结构发展必须不遗余力地实施创新发展战略，推进技术创新，并充分发挥市场对资源配置的决定性作用，为资本和劳动力等生产要素在不同部门间自由流动提供宽松的市场环境。

第二节　西方经济学相关理论

一、技能传承与社会制度理论

（一）劳动者的价值理性

德国社会学家马克斯·韦伯②（Max Weber）在其著作《经济与社会》中，将人类社会行为中的理性分为：工具理性（instrumental rationality）和价值理性（value rationality）。根据其对这两个概念的定义，工具理性是行为主体在功利动机驱使下，将自身表现和他人表现的预期作为条件，并通过精确计算以最有效的方式实现目标的理性；而价值理性则是行为主体对某种包含在特定行为方式中的无条件的内在价值

① 《马克思恩格斯全集》第44卷，人民出版社2001年版，第512页。

② 〔德〕马克斯·韦伯著，阎克文译：《经济与社会》第1卷，上海人民出版社2010年版，第114页。

和自觉信仰，并在这一价值和信仰的约束下选择正确的手段以达到预期目标的理性。从两者定义可以看出，价值理性强调行为动机纯正和手段正确，坚持内在的价值理念，而工具理性则是纯粹考虑效果最大化，漠视人的情感和行为的价值。

英国哲学家阿拉斯代尔·麦金泰尔[①]（Alasdair Macintyre）在其著作 *After Virtue* 中提出德性与实践的内在利益和外在利益的关系，即内在利益与德性相联系，而外在利益与德性相背离。外在利益是实践活动中的金钱、权利和地位等个人财产和所有物，通常以世俗的名利标准来衡量，可以通过工具理性的方式获得，对于实践活动的关系具有外在性和偶然性。内在利益可以在德性这种具有获得性品质的影响下，通过价值理性的方式在实践的竞争中获得，追求内在利益有益于参与实践的整体利益。现代社会中被不同角色分割并散布在各个职业领域的人，除了遵守职业准则外，还应坚守内在贯穿人始终的德性品质，即人的职业行为追求，在工具理性之外，还有“金不换”的内在价值和快乐。古希腊哲学家亚里士多德[②]认为对于参与任何一项实践活动的人来说，他们的善或出色就在于实践活动的完善，工匠通过造物实践证明自身存在的价值，并体现为其对制造产品的由衷热爱和职业的高度认同。

（二）工匠技能传承理论

英国哲学家迈克尔·波兰尼[③]（Michael Polanyi）在其 1958 年出版的著作《个体知识》中提出“默会知识”（又称缄默或内隐知识）的概念[④]。他认为，并不只有传统实证主义语境下的完全客观的、静态的显性知识，还存在一种“只可意会不可言传”的默会知识。默会知识和显性知识一样，经常被人使用但不能通过语言、文字或符合客观表达、直

---

① Macintyre A. *After virtue*（*Third Edition*），The University of Notre Dame Press，2007：79—87.

② 〔古希腊〕亚里士多德著，廖申白译：《尼各马可伦理学》，商务印书馆 2003 年版，第 19—273 页。

③ 〔英〕迈克尔·波兰尼著，徐陶译：《个人知识》，上海人民出版社 2017 年版，第 109—114 页。

④ Polanyi M. *The study of man*，London：Rout—ledge & Kegan，Paul，1957：12.

接传递。根据不同学者的研究，默会知识理论可以从如下四个方面进行概括：第一，难以表达。人们无法解释自身表现或遵从某种规则、做出某种决定背后的原因。[①] 第二，个体依赖。默会知识是一种个人认识，无法脱离认识主体自行存在。第三，实践性。在波兰尼的体系中，“默会”一词更多地与“识知”连用，有较强的过程性，甚至很多研究者认为，可以与“默会技能”替换使用。第四，情境专用。默会知识嵌入某种工艺或职业甚至是技术或市场的特有情境之中，而默会知识的传递需要在其被使用的情境中才能实现。[②] 根据默会知识理论，可以用语言、图像、数据等形式直接传递的知识为显性技术知识，如科技文献、专利和技术标准等；不能直接显性表述的知识则为默会知识，如生产经验和操作技能等。根据默会知识的内涵属性，传统的工匠技艺基本上属于默会知识。在师徒制下，师傅生产技能、个人经验和工匠精神的传递有赖于实际工作或模拟情境下的技能使用，而徒弟也只有在具体的情境中接受师傅的言传身教，通过观察师傅的技能使用行为、技巧和经验，体会领悟其中的奥妙并形成自己的隐性知识，提高自己的生产技能。

（三）社会制度理论

美国经济学家道格拉斯·C. 诺斯[③]（Douglass North）将约束人类社会行为的制度分为正式制度和非正式制度，这点在其著作《制度、制度变迁和经济绩效》中有所体现：“制度是一个社会的游戏规则，或更正式地说是人类设计的、构建人们相互行为的约束条件，它们由正式规则（成文法、普通法、规章）、非正式规则（习俗、行为准则和自我约束的行为规范），以及两者执行的特征组成。”约翰·R. 康芒斯[④]（John R. Commons）把制度看成“集体行动控制个体行动”。非正式制

① Tsoukas H. *Do we really understand tacit knowledge?*, *Easter by－Smith*, *M. Lyles*, *M. A.* (*eds*), *The black well handbook of organizational learning A and knowledge management*, Cambridge, MA: Black well Publishing, 2003: 410－427.

② 窦军生：《默会知识研究的缘起、困惑与出路》，《自然辩证法通讯》2012 年第 6 期。

③ 〔美〕道格拉斯 . C. 诺斯著，杭行译：《制度、制度变迁和经济绩效》，上海三联书店 2000 年版，第 48 页。

④ 〔美〕约翰 . R. 康芒斯著，于树生译：《制度经济学》，商务印书馆 1962 年版，第 86 页。

度就是一种在实践中形成并共同认可的、不成文的控制个人社会行动的规则体系，是由风俗习惯、伦理观念和意识形态等内容组成的一张“社会潜网”[①]，作为一种潜在社会制度约束着社会成员的行为。

法国社会学家埃米尔·杜尔凯姆[②]（Émile Durkheim）认为，19世纪后半叶，法国正处于历史上最严重的危机时期，即近百年来欧洲社会传统的集体纪律已经丧失权威，而危机的根源是社会道德失范。他认为道德是社会构成的基石，倡导用道德拯救社会，并提出道德“三要素”理论：道德主要由纪律精神、群体认同（对社会群体的依恋）和自主或自觉构成。纪律精神使规范具有“常规性”和“权威性”，使人的行为符合规范。自主或自觉是在对规范理性认识的基础上，有意识地遵守道德规范。工匠精神无论是在传统社会还是在现代社会中，都是劳动者对产品、技艺和创新的执着追求，是其内在价值的社会呈现。但工匠精神并非自然生成，需要人所处的社会关系网格的限制，需要社会制度的约束，同时也离不开社会道德的规范。

二、国际产业分工理论

分工与经济发展是古典经济学的核心内容，国际分工理论在西方经济学中也占据重要的地位。根据国际分工理论的演进结果，产业间、产业内和产品内分工是分工形态的三种主要形式。

（一）产业间分工

这是资本主义最早的产业分工形态，起源于资本主义萌芽时期。亚当·斯密（Smith）首先提出分工对国际贸易和经济增长的影响理论，他认为提高劳动的熟练程度、技巧和判断力，利于减少职业转换成本进而提高生产效率，由区域资源禀赋衍生的绝对优势是专业化分工的基础。大卫·李嘉图（Ricardo）在绝对优势理论的基础上提出比较优势理论，他认为国际分工并不局限于绝对优势产品，劳动生产率或技术的

---

① 张继焦：《非正式制度、资源配置与制度变迁》，《社会科学战线》1999年第1期。

② Emile Durkheim. *Moral education*. NewYork：The Free Press，1961：101.

相对差距仍是国际贸易活动开展的动因，是国际分工的重要基础。[①] 赫克歇尔（Heckscher）和俄林（Ohlin）提出资源禀赋比较优势理论，认为国际贸易产生的基本原因是资源禀赋差异，相互依赖的多种生产要素的禀赋差异形成比较优势。[②]

（二）产业内分工

科学技术的进一步发展，不仅使产品品种和规格更趋多样，也使生产过程更为复杂，催生了产业内的部门分工。产业内分工是国际间产业内的异质化分工。即使国际间没有资源禀赋、技术水平、消费偏好等差异，也可以通过集中要素禀赋生产异质性产品来提升比较优势。[③] 产业内分工，可以分为同一产品价格接近但特性存异的水平型分工和同种产品价格差异大但品质接近的垂直型分工两种形态。布兰德和克鲁格曼[④]（Brander & Krugman）认为，在不完全竞争和报酬递增的视域内，处于水平型分工的厂商可以通过减少产品类的专业化生产方式，提高规模经济效应。关于垂直型分工，克鲁格曼从完全竞争和比较优势的视角认为，资本或劳动力生产要素的丰裕程度以及知识外溢和研发投入差异都决定了产品质量差异。[⑤]

（三）产品内分工

这一分工形态是国际分工进一步深化和生产专业化的重要特征。产品内分工将特定产品生产的不同工序、区段和零部件在具有要素禀赋差异的国家或地区进行生产。参与全球内产品分工的国家根据国内生产要

---

① Arrow K. "The economic implication of learning by doing," *Review of Economic Studies*, 1962, 129 (3): 155—173.

② Baldwin C. Y., Kim B. Clark. "Managing in an age of modularity," *Harvard Business Review*, 1997, 75 (6): 84.

③ 张亚斌：《"一带一路"经贸合作促进全球价值链升级研究》，西北大学博士学位论文，2017年。

④ Brander J., Krugman P. R. "A reciprocal dumping model of international trade," *WorkingPapers*, 1983, 15 (3—4): 313—321.

⑤ Krugman P. R. "Increasing returns, monopolistic competition and international trade," *Journal of International Economics*, 1979, 9 (6): 469—479.

素的禀赋差异，嵌入全球产品链的生产之中。阿恩特[①]（Arndt）在对国际产品内分工现象进行研究后发现，发达国家将原有的生产环节或区段外包后，对于合作双方来说，都会增加劳动力就业，提高劳动者工资并增进国家福利。迪尔多夫[②]（Deardorff）从要素价格和国家福利影响的角度，认为产品内分工若不改变商品价格，则会增加其他国家和全球产值；若改变价格则会通过改变进出口交易比例降低国家福利。

三、产业结构与全球价值链理论

20 世纪 40 年代，克拉克（Clark）和库兹涅茨（Kuznets）从劳动力结构变动和国民经济发展角度关注产业结构问题。克拉克提出了著名的配第—克拉克定理，库兹涅茨在此基础上提出了产业结构论，之后关于产业发展的研究中，又出现了钱里纳的供给说、贸易说和罗斯托的主导产业论。

（一）钱里纳的供给说和贸易说

美国经济学家钱里纳[③]（Chenery）在其专著《工业化和经济增长的比较研究》中分析了产业结构变化的多种影响因素，认为多种因素对产业结构变动影响明显，提出了包括供给说和贸易说在内的多种假说。他认为，产业结构优化受到生产要素供给结构和国际贸易结构的影响。一是不同的生产要素供给在不同的经济发展阶段，对经济增长的促进作用呈现出明显的差异。劳动、资本和技术这三种生产要素，分别在经济发展的初级阶段、工业化阶段和发达阶段对经济增长发挥着决定性的推动作用。因此，要实现产业结构高级化，就要从根本上调节生产要素的供给比例，为产业升级提供必要的生产要素支撑。二是从国际贸易的角度来看，产业结构会随着国际贸易产品结构的升级不断向高级化攀升，

① Arndt. “Globalization and the open economy,” *North American Journal of Economics and Finance*，1997，8（1）：71—79.

② Deardorff Alan. “Rich and poor countries in neoclassical trade and growth,” *The Economic Journal*，2001（111）：277—294.

③ Chenery H. *Industrialization and growth*：*A comparative study*，New York：Oxford University Press，1986.

即进口替代和出口替代效应是产业发展的重要推动力量。

（二）主导产业及其选择基准理论

美国经济学家罗斯托[①]（Rostow）是主导产业理论的奠基人，他认为主导产业的快速扩张是带动产业结构变革的重要引擎，而产业结构的变革又会推进经济快速发展。罗斯托将产业分为三类：主导产业、互补产业和原始部门。主导产业可以推动产业结构变革，缘于主导产业可以采用技术革新促进自身快速发展，同时通过技术溢出、需求增加和工业化环境改善等机制实现主导产业的“扩散效应”。[②] 扩散效应可分为前向、后向和旁侧三种效应。主导产业可利用前向效应，为其他产业部门提供新技术、新产品及降低其中间成本投入；通过后向效应，扩大对互补产业和原始部门的产品需求；借以旁侧效应改善其他产业部门的工业化发展环境，进而带动产业发展。在一国或区域中准确选择出主导产业，是促进产业升级和经济发展的关键环节。德国经济学家赫希曼[③]（Hirschman）是主导产业选择理论的代表人物，在其著作《经济发展战略》中提出主导产业选择的重要基准——关联效应标准，选择主导产业就要选择那些关联密切并且带动效应大的产业，以充分发挥主导产业的扩散效应。日本经济学家筱原三代平[④]提出，主导产业选择的收入弹性基准与生产率上升基准，即选择收入弹性高、生产率上升速度快的产业，主导产业的选择基准也体现了产业顺向演进的变动趋势。

（三）全球价值链理论

在经济全球化的推动下，国际分工与产业转移态势明显，产品内分工深入细化，世界产业发展和产品价值的创造体系已经深嵌于全球价值

---

① Rostow W. *The process of economic growth*. New York：Norton，1952：1－6.

② 邓丽娜：《FDI、国际技术溢出与中国制造业产业升级研究》，山东大学博士学位论文，2015 年。

③ Albert O. *Hirschman*，*Exit. Voice and loyalty*：*Responses to decline in firmsand organizations states*，Boston：Harvard University Press，1970：12－16.

④ 苏晶蕾：《生产性服务业集聚对我国制造业升级的影响研究》，东北师范大学博士学位论文，2018 年。

链的网络之中。20世纪80年代中期，波特[①]（Porter）在《国家竞争优势》中突破单个企业的界限，从企业间经济交往的视角提出了"价值系统"的概念。寇伽特[②]（Kogut）在《设计全球战略：比较与竞争的增值链》，用"价值增值链"分析全球战略，格里芬和库兹涅威茨[③]（Gereffi & Korzeniewicz）在研究美国零售业价值链问题时，提出"全球价值链"概念。格里芬[④]（Gereffi）和斯特恩[⑤]（Sturgeon）等在《价值链的价值》中，运用价值链概念分析全球化过程，全球价值链的概念和研究框架基本形成。

格里芬[⑥]（Gereffi）提出了产业内部发展的四种阶段或模式：从原始设备组装（OEA）、原始装备制造（OEM）到原始设计制造商（ODM），再到自主品牌制造（OBM）的发展路径。产业顺向演进并不只是提升其在国际产业价值链中的分工地位，而且是通过技术密集型生产提高其在国际分工中的市场竞争力和盈利能力。汉弗莱和史密茨[⑦]（Humphrey J. & Schmitz H.）从全球价值链视角，认为工艺、产品、功能和价值链条革新是产业发展的基本路径。新工艺的开发、新产品的创生和新产业的兴起，都是技术创新活动的直接结果。格里芬[⑧]（Gereffi）等将价值链理论、交易成本和技术能力等理论结合，提出了全球价值链的治理概念。根据领导厂商对在价值链条上其他厂商的控制

---

① Porter M. *The competitive advantage of nations*, New York: Free Press, 1990: 78.

② Kogut B. "Designing global strategies: Comparative and competitive value added chains," *Sloan Managanent Review*, 1985, 26 (4): 15—28.

③ Gereffi G., Korzeniewicz M. *Commodity chains and global capitalism*, London: Praeger Press, 1994: 1.

④ Gereffi G. "Beyond the producer—driven/buyer—driven dichotomy the evolution of global value chains in the internet era," *IDS Bulletin*, 2001, 32 (3): 30—40.

⑤ Sturgeon J. "How do we define value chains and production networks?," *IDS Bulletin*, 2001, 32 (3): 9—18.

⑥ Gereffi G. "International trade and industrial upgrading in the apparel commodity chain," *Journal of International Economics*, 1999 (48): 37—70.

⑦ Humphrey J., Schmitz H. "How does insertion in global value chains affect upgrading in industrial clusters," *Regional Studies*, 2002, 36 (9): 1—16.

⑧ Gereffi G., Memedovic. *The global apparel value chain: What prospects for upgrading by developing countries*, Vienna: United Nations Industrial Development Organization, 2003: 1—40.

程度，可以将治理形式分为市场型、网络型、俘获型和层级型。

第三节 中国特色社会主义政治经济学相关理论

中国特色社会主义政治经济学，继承了马克思主义政治经济学的理论范式，根植于中国的实践土壤，是马克思主义政治经济学在中国特色社会主义实践中提炼和概括的系统化理论体系①。中国特色社会主义政治经济学，既揭示中国特色社会主义初级阶段经济的特殊运动规律，也揭示全球化背景下开放经济的一般规律，对我国经济建设和改革开放具有根本的指导地位②。习近平新时代中国特色社会主义经济思想，是马克思主义政治经济学在新时代中国经济建设实践中的最新理论成果，是中国特色社会主义现代化强国建设的指导思想和理论基础。

一、新发展理念

习近平在《中共中央关于制定国民经济和社会发展第十三个五年规划的建议》中，批判继承了中国特色社会主义发展理论，首次提出了“创新、协调、绿色、开放、共享”的发展理念，并被确立为习近平新时代中国特色社会主义经济思想的主要内容。新发展理念，是习近平总结历史发展经验，顺应国内外发展形势并在深化规律认识的基础上，提出解决我国新时代发展中突出问题和矛盾的指导思想。

（一）创新是引领发展的第一动力

在经济新常态下，我国经济从高速增长阶段进入了高质量发展阶段，发展的驱动力亟须从要素资源优势向创新驱动转变；提高要素效率和全要素生产率，必须依靠创新来推动经济增长。创新是经济高质量发展的基点，创新发展理念不只是理论、制度、科技和文化等宏观范畴的创新，更是微观领域的科技创新，改变“我国关键核心技术受制于人的

① 洪银兴：《以创新的理论构建中国特色社会主义政治经济学的理论体系》，《经济研究》2016 年第 4 期。

② 逄锦聚：《中国特色社会主义政治经济学论纲》，《政治经济学评论》2016 年第 5 期。

局面尚未根本改变，创造新产业引领未来发展的科技储备远远不够，产业还处于全球价值链中低端”[①] 这一现状，让创新成为引领我国经济发展的第一动力，驱动我国制造业向全球价值链高端攀升。

（二）协调是持续健康发展的内在要求

协调发展是中国特色社会主义事业的内在要求，也是中国特色社会主义政治经济学的重要内容。协调发展理念要求重点促进城乡区域、经济社会协调发展，促进新型工业化、信息化、城镇化和农业现代化的同步发展，主要解决均衡增长问题，特别是结构性矛盾和发展短板问题[②]。习近平总书记指出，“协调既是发展手段又是发展目标，同时还是评价发展的标准和尺度”[③]，这就意味着协调注重系统性、全面性和可持续性发展，并且意味着协调是高质量发展的评价准则[④]。

（三）绿色是永续发展的必要条件

绿色发展理念是对原有发展理念维度的进一步扩容，追求经济增长，也要节约资源和保护环境，形成人与自然和谐共生的发展格局，而不是延续粗放型的发展方式，浪费资源、牺牲环境。习近平总书记提出“绿水青山就是金山银山”的生态发展观，并从推进生产力发展的角度认为“保护生态环境就是保护生产力，改善生态环境就是发展生产力”[⑤]。绿色发展是新时代我国制造业高质量发展的重要表现和现实目标。

（四）开放是国家繁荣发展的必由之路

深度融入经济全球化发展，奉行互利共赢的开放战略是当前世界经济发展的趋势。发展更高层次的开放型经济是我国经济高质量发展的现

---

① 《习近平谈治国理政》第2卷，外文出版社2017年版，第203页。

② 刘伟：《进入新时代的中国经济与世界经济》，《政治经济学评论》2018年第4期。

③ 《习近平关于社会主义经济建设论述摘编》，中央文献出版社2017年版，第35页。

④ 洪银兴：《以创新的理论构建中国特色社会主义政治经济学的理论体系》，《经济研究》2016年第4期。

⑤ 《习近平关于社会主义生态文明建设论述摘编》，中央文献出版社2017年版，第4页。

实诉求，主要是解决新时代经济发展中内外联动的问题。在开放发展的理念下构建高质量的开放经济体系，就要提升供给质量、技术、品牌和服务的竞争优势，积极参与全球竞争，摆脱全球产业价值链“低端锁定”的地位；从制造业开放转向多领域开放，特别是加大服务业领域的开放力度，构建全方位的开放格局，推进我国经济的高质量发展。

（五）共享是中国特色社会主义的本质要求

共享发展成果，使劳动者在经济发展中更有获得感，是社会主义共同富裕理论的时代创新。马克思在描述未来社会构成时，提出“生产将以所有的人富裕为目的”①。在经济高速增长阶段，收入分配不公的问题日益凸显，导致社会贫富差距不断加大，在一定程度上背离了社会主义发展的本质要求，也成为产能相对过剩甚至引发经济危机的重要原因。共享发展是社会主义发展的应有之义，也是实现经济可持续发展的重要条件。

二、供给侧结构性改革理论

供给侧结构性改革理论，是针对我国经济发展中的多期矛盾叠加，特别是重大结构失衡的发展问题而提出。2015 年 11 月，习近平总书记在中央财经领导小组会议上，针对我国经济发展中长期存在的结构性问题，从提高供给体系质量和效率的角度，提出“要着力加强供给侧结构性改革”②。供给侧结构性改革理论，是马克思主义政治经济学理论在我国社会主义经济建设实践中的重大理论创新。

（一）供给侧结构性改革的主要内容

在经济新常态下，需求侧增速大幅回落，供给侧原有的数量扩张模式难以为继并且调整缓慢③，结构性矛盾日益凸显。供给侧存在的长期

---

① 《马克思恩格斯文集》第 8 卷，人民出版社 2009 年版，第 200 页。

② 习近平：《全面贯彻党的十八届五中全会精神落实发展理念推进经济结构性改革》，《人民日报》2015 年 11 月 11 日。

③ 余斌、吴振宇：《供需失衡与供给侧结构性改革》，《管理世界》2017 年第 8 期。

累积的结构性矛盾，主要是生产领域的产能过剩、流通领域的库存积压和金融领域的债务风险等①。供给侧结构性改革，就是要加大结构性改革力度，通过深化改革的方式，矫正要素配置扭曲，扩大有效供给，提高供给结构适应性和灵活性，提高全要素生产率②。供给侧结构性改革的根本要义，是在需求和供给失衡的宏观背景下，通过体制机制创新，优化资源配置，提升要素供给质量和效率，矫正要素扭曲，扩大有效供给，实现国民经济需求与供给的均衡发展。

（二）供给侧结构性改革与西方供给学派

“供给侧结构性改革”一词，是在马克思主义政治经济学范式下创新的学术词汇，准确反映了我国经济发展中结构失衡的现实问题和发展举措，在本质上区别于西方“萨伊定律”和供给学派的经济学思想。相比于西方供给学派，我国的供给侧结构性改革理论提出的实践前提、逻辑起点和理论基础存在根本性差异。一是供给侧结构性改革是针对我国长期经济实践中的结构性矛盾，即根据供给结构与需求结构失衡的发展形势提出的改革举措；供给学派理论的提出，是为了解决政府对经济宏观调控下产生的财政赤字、税负沉重和滞胀问题。二是供给侧结构性改革遵循“人民逻辑”，改革目的是改善供给体系质量和效率进而提高生产力水平，满足人民群众在新时代对美好生活的需要；而供给学派遵循“资本逻辑”，通过减税刺激企业扩大投资的宏观政策安排。三是供给侧结构性改革理论，继承了马克思主义政治经济学研究范式，是马克思主义理论中国化的创新成果；而供给学派与凯恩斯的需求管理思想相左，沿袭了以私有化为基础的新自由主义思想。③

（三）供给侧结构性改革的路径

供给侧结构性改革，是践行习近平新时代中国特色社会主义经济思

---

① 丁为民：《供给侧结构性改革实质、路径与实现条件》，《政治经济学评论》2016 年第 2 期。

② 习近平：《中央经济工作会议部署五大政策推进供给侧结构性改革》，《人民日报（海外版）》2015 年 12 月 22 日。

③ 韩保江：《供给侧结构性改革的政治经济学释义》，《经济社会体制比较》2018 年第 1 期。

想，转变经济发展方式，推进制造业高质量发展的重要举措。供给侧结构性改革的目标是提高供给体系的协调性、高效性和高质性。[①] 推进供给侧结构性改革，一是转变以投资需求为核心的发展模式，根据市场需求结构变化组织有效投资，优化供给质量和效率，同时扩大有效需求，实现宏观经济的动态"供需平衡"。二是提高要素资源配置效率，解决结构性产能过剩问题，减少阻碍市场主体配置资源的制度性因素，充分发挥市场对资源配置的决定性作用[②]，促进产品的有效供给；同时也要注意市场和政府的有效配合，更好地发挥政府的作用，提高全要素生产率。三是发挥创新对经济增长的乘数效应。提高研发和人力资本的支出密度，利用大数据和物联网技术，提升创新资源的配置能力，构建以创新为核心的经济发展模式。[③] 四是推进供给侧结构性改革，政府要转变宏观调控方式，创新制度供给，从具体干预转向提供高质量的制度体系[④]，提高经济治理能力，为微观市场主体增强内生动力提供制度保障。

三、科技自主创新发展

创新发展是我国经济社会当前发展的主流趋势。中华人民共和国成立后，随着我国社会主义现代化建设实践的推进，根植于中国土壤的科技创新思想逐步形成和发展，为我国经济社会的快速进步和现代科技的发展提供了方向指引和思想保证。

中华人民共和国成立后受到国际社会的封锁，特别是面临美国的科技威胁，毛泽东认为援助、模仿和引进技术的技术变革方式难以实现，提出科技自主创新的发展思想，科技创新坚持"独立自主、自力更生"[⑤] 的基本原则和根本立足点。科技创新的"自力更生"之路，为我

① 金碚：《基于价值论与供求论范式的供给侧结构性》，《中国工业经济》2017 年第 4 期。

② 卫兴华：《澄清供给侧结构性改革的几个认识误区》，《人民日报》2016 年 4 月 20 日。

③ 胡鞍钢：《供给侧结构性改革——适应和引领中国经济新常态》，《清华大学学报（哲学社科版）》2016 年第 2 期。

④ 刘志彪：《政府的制度供给和创新：供给侧结构性改革的关键》，《学习与探索》2017 年第 2 期。

⑤ 《建国以来重要文献选编》第 1 册，中央文献出版社 1992 年版，第 222 页。

国“两弹一星”的成功研制和其他科技的发展奠定了思想基础。自力更生并不意味着拒绝国外先进技术，要把自力更生和学习国外先进技术结合起来，尽量采用先进技术，推进现代化强国建设。

改革开放后亟须科教兴国，邓小平提出“科学技术是第一生产力”的著名论断。他认为，提高科学技术水平，必须坚持“独立自主、自力更生”的方针；但也要积极学习其他国家的先进科学技术，并在这一基础上“吸收—消化—再研发”，才算真正的技术引进。江泽民提出，在战略性、基础性的重大科技项目上，我们必须拥有自主创新的能力和自主知识产权；同时，鼓励在学习国外先进技术的基础上再创新，并指出应该大力加强国际科学技术的交流与合作，做到优势互补，成果共享。进入 21 世纪，世界科技水平快速发展，我国科技水平与世界技术领先国家仍有较大差距，关键技术自给率仍然偏低，创新能力弱化。胡锦涛指出，“提高自主创新能力……是国家发展战略的核心”，“把增强自主创新能力作为发展科学技术的战略基点、作为调整产业结构和转变发展方式的中心环节”，必须以制度创新、培养创新型人才队伍和创新文化来推进科技进步和创新，走中国特色自主创新道路。

当今时代，世界各国和地区的竞争集中表现为人才与科技实力的竞争。科技领先国家在这一语境下的突出表现，就是加大本国科技研发经费支出和加强对发展中国家的技术封锁，特别是关键核心技术。在经济新常态下，我国经济发展动力亟须从要素驱动向创新驱动转换。习近平总书记指出：“过去三十多年，我国发展主要靠引进上次工业革命的成果，基本是利用国外技术[①]；实施创新驱动发展战略，最根本的是要增强自主创新能力[②]”。实施创新驱动战略，推进科技自主创新，习近平总书记认为要从全球视野着眼，具备“超前谋划、顶层设计”的战略思维，紧紧抓住机遇，及时确定发展战略，全面增强自主创新能力[③]。针对我国科技创新的发展战略，习近平总书记指出赶超发达国家的科技水平，要采取“非对称”的赶超战略，并在这一战略指导下研究赶超措

① 《习近平关于科技创新论述摘编》，中央文献出版社 2016 年版，第 35 页。

② 《习近平关于科技创新论述摘编》，中央文献出版社 2016 年版，第 16 页。

③ 《习近平关于科技创新论述摘编》，中央文献出版社 2016 年版，第 84 页。

施。同时，习近平总书记非常重视科技创新的对外合作，强调开放创新、合作创新和协调创新，充分利用全球创新资源和创新条件，提升科技创新能力，实现我国科技水平的跨越式发展。

第三章

工匠精神的历史产生与价值嬗变

"工匠精神"一词起源于历史上的工场手工业时代，衍生于传统意义上的工匠及其劳动过程和劳动旨向，是手工业劳动者在生产过程中呈现出来的思想、态度与观念。传统工匠精神，是作为手工业劳动者的工匠在产品设计、生产过程中精益求精的态度，及为技艺改进和产品制作竭尽全力的工作理念和精神。我国传统工匠精神的历史形成，寄生于手工业在农业经济时代这一特定历史阶段的不断发展，并且受文化形塑、制度约束和技术不断进步的叠加影响。随着社会历史的演进和生产技术的进步，社会的生产方式和组织方式发生重大变革，传统工匠精神的物质实践领域也随着时代更迭不断扩展，在机器大工业和互联网信息时代，其价值取向也呈现出新的时代风貌和社会特征。

第一节　传统工匠的产生及其地位

传统工匠的出现源于历史上的技术进步和社会分工，是社会生产发展到一定阶段的产物。从传统意义上来说，传统工匠分为两种类型：官府工匠和民间工匠。在我国的历史上，传统工匠的生产地位极为重要，在生产过程中承担着劳动主体和技术主体双重角色，但其身份地位一直深陷于社会底层，饱受歧视和贬抑。

一、传统工匠产生的社会背景

现代人类学理论认为，人类揖别猿猴开始于第一块石制工具的打制。人类历史就是从制造生产工具开始的，也正如恩格斯所说："工具的使用是人类脱离动物界的第一步，劳动使人真正成为人"。制作采集工具和狩猎工具是人类手工劳作的最初形式，而这些原始的生产工具就是人类最早的手工制品。自畜牧业和农耕时代开始，系绳、木犁、镰刀等农业和畜牧工具成为手工劳动的主要制作方向[①]。在这一历史阶段，原始生产工具简单，生产物品也较为有限，一般成员都可以从事劳动生产活动，并不存在绝对意义上的劳动分工；而仅有的社会分工，也只不

① 惠新：《工匠精神：伟大公司的驱动力》，中国商业出版社 2006 年版，第 3 页。

过是根据氏族成员的年龄和性别做出的生产分工。

随着人类实践活动的丰富，生产力的发展使人们的生活需求结构不断升级，人类生产工具和制造物品的种类日益增多，手工业产品的专业化制造趋势开始显现。距今 4000 多年的仰韶文化和龙山文化时期，制陶手工业劳动就已经包括多种工序[①]。在人类社会专业化分工逐步细化的演进过程中，劳动者的生产经验和生产技术不断累积，专业性的生产工具也持续革新和改进。同时，使用专业化的生产工具和制造专业领域的产品，对劳动者技术和能力的要求也越来越高，从事手工生产的劳动者要经过一定时期的专门训练和培养。原始社会晚期，随着部落联盟的出现，手工业生产在氏族之间产生分工[②]。氏族社会内部的生产分工，使拥有技术专长并专门从事手工业生产的劳动者开始登上历史舞台，这些劳动者也就是传统意义上的“工匠”[③]。

二、概念界定和类别划分

（一）概念界定

“工匠”一词的概念，在中国历史上极为重要而复杂。《考工记》认为“工匠”是一个历史范畴，是社会发展到一定阶段的产物。自东汉到隋朝灭亡，社会分工进一步扩大，手工业逐步脱离农业日渐独立[④]。随着第二次社会大分工的到来，手工业者逐渐脱离农业劳动，成为专门利用手工技艺谋生的特定人群。《后汉书・蔡伦传》记载：“永乐九年，监作秘剑及诸器械，莫不精工，为后世法。”而“工民”，即“巧心劳手以成器物者”。[⑤] 此处“工民”，即为“工匠”。根据《辞海・工部》记述：“在中国传统文化语境中，凡执艺事成器物以利用者，皆称工；工，匠也。”而历史上工匠的词义虽历经演变，但基本上皆存留“有专门技艺

① 曹焕旭：《中国古代的工匠》，商务印书馆 1996 年版，第 2 页。

② 曹焕旭：《中国古代的工匠》，商务印书馆 1996 年版，第 3 页。

③ 根据文章行文需要，本章第一节与第二节的“工匠”“传统工匠”“古代工匠”同义使用。

④ 刘尧庭：《试论西周到鸦片战争我国手工业发展的几个阶段》，《新史学通讯》1955 年第 2 期。

⑤ 韩小谦：《技术发展的必然性与社会控制》，中国财政经济出版社 2004 年版，第 11 页。

的手工业劳动者”的核心含义。工匠，即古代社会经济结构中，拥有专业技术并能构思、设计、生产该领域产品或工艺品的手工业劳动者。

（二）类别划分

手工业者起源于原始社会的氏族工人，其身份随历史变迁几经变换，但直到现代机器大工业时代仍广泛存在。作为研究范畴上的“工匠”，从集专门技术特长和艺术设计能力的角度来阐释，其内涵应该是具有专业技艺特长的手工业劳动者（余同元[①]，2005）。学术界一般将传统工匠区分为三类：一是官制工匠，多由知识分子承传；二是突出技术工人出身的工匠，收编为官制工匠；三是民间专业分工下的职业社群，有明确的师徒制与祭祀仪礼。国家出现后，工匠的社会管理体制分为两种类型：官府工匠和民间工匠。在古代社会经济结构中，官府手工业异常发达，相比于家庭工业和个体手工业地位优越。在不同的历史阶段，甚至相同的历史时期，都有多种不同身份的手工劳动者作为官府工匠，为统治者或官僚机构服务。迄今为止，我国最早的官府作坊出现在3000多年以前的殷墟遗迹之中，西周到西汉是官府手工业的发展巩固时期[②]。而民间工匠的历史身影，最先出现在春秋战国时代。据文献记载，那时以商品生产为主的民间工匠，就已经活跃在经济领域[③]。民间工匠多处于家庭工业这种组织形式之中，尽管家庭工业个体的产量有限，但相比于工场手工业和官府手工业，其生产总量在社会经济中所占比重极大[④]。而从社会层级结构来看，根据技艺水平的差别，古代工匠可分为三个层次：最低层次是普通手工劳动者，统称为“百工”；中间层次是各行业领域拥有专业技术手工业者，如木匠、铁匠等；而层次最高的工匠则为具有高超专业技艺的专家型手工业者，一般称为“哲匠”

---

① 余同元：《中国传统工匠现代转型问题研究——以江南早期工业化过程中工匠技术转型与角色转换为中心（1520—1920）》，复旦大学博士学位论文，2005年。

② 刘尧庭：《试论西周到鸦片战争我国手工业发展的几个阶段》，《新史学通讯》1955年第2期。

③ 曹焕旭：《中国古代的工匠》，商务印书馆1996年版，第9—10页。

④ 范西成、陆保珍：《中国近代工业发展史：1840—1927》，陕西人民出版社1991年版，第6页。

或“匠师”等。

三、传统工匠的社会价值与地位

（一）社会价值

美国发明家迪恩·卡门[①]（Dean Kamen）认为，工匠的本质是收集改装可利用的技术来解决问题或创造解决问题的方法从而创造财富，并不仅仅是这个国家的一部分，更是让这个国家生生不息的源泉。工匠是拥有技艺专长的手工业劳动者，但并不是社会分工的笼统阶层，而是处于一定的社会结构之中。社会结构系统分为人的社会性价值和创造性价值。工匠在行业或行业系统组织结构中的社会性价值，来源于其社会存在的独特性，即“审曲面埶，以饬五材，以辨民器”，“治丝麻以成之”。历史上儒家思想对工匠技术的社会价值予以了充分肯定，并倡导发展各种技术以满足国家需要。子夏有云，“小道，亦必有可观者”；荀子认为，君子“善用其功、善假于物”，而《中庸》则将“来百工”作为一国的治国方略[②]。工匠通过自身拥有的专业技术和一定的生产工具，改造自然物的存在形态，制造、生产出人类社会需要的生产工具和生活器物，以提高人类生产效率和生活品质，推动人类社会的进步和发展。

关于工匠在其社会实践中的创造性价值，《考工记》认为主要体现在工匠造物活动的创造性之“巧”上。如“知者创物，巧者述之，守之世，谓之工”，“百工之事，皆圣人之作也。天有时，地有气，材有美，工有巧，合此四者，然后可以为良”。[③]在中华传统文化视域下，“巧”并非简单模仿操作，而是在本质上体现了工匠创造性思维的内涵和特质。历史上的能工巧匠，除了其本身技艺娴熟、态度严谨外，更重要的是其表现出的创造性品质和精神及对工匠技艺和产品精益求精的精神。

---

① 〔美〕亚力克·福奇著，陈劲译：《工匠精神：缔造伟大传奇的重要力量》，浙江人民出版社 2014 年版，第 11 页。

② 胡化凯：《先秦儒家对于工匠技术活动的认识》，《孔子研究》2011 年第 1 期。

③ 邹其昌：《〈考工记〉与中华工匠文化体系之建构》，《武汉理工大学学报》2016 年第 5 期。

（二）生产地位

从生产力发展的角度观察，金属工具出现以后，手工业开始日渐脱离农业而成为独立的生产部门。手工业的创生和发展，使工匠作为一种社会职业，出现在家庭、私营手工业作坊或手工工场等社会工业组织形式中。在中国经济发展史中，工匠的作用极为重要，处于生产的核心地位，兼负着劳动者和生产技术主体的双重属性，既是社会经济技术结构的主体，又是工业财富的直接创造者①，贯穿于古代社会始终。在早期工业化发展阶段，工匠作为手工业的劳动主体和技术主体，是手工业人力资源中的核心力量。

在手工业发展的历史阶段中，工匠除了是手工业作坊中的劳动主体，也是劳动过程中的技术主体，是手工业技术创新的核心载体。囿于朝代更迭或社会制度影响，个体工匠的技术创新活动在特定历史时期会受到一定的局限和约束，但从数量上来说，古代工匠的技术创新也许比工业革命时的还要多②。工匠在手工劳动过程积累的经验技能，是古代工匠技术的基本范式，也是技术主体学习的主要内容。鉴于工匠技术主要以经验技能的方式呈现，职业世袭就成为官府和民间工匠技术传承的重要方式。不同的是，官府工匠还会通过技术培训的方式提升工匠的生产技能，而民间工匠仅存在“学徒制”这一传统方式。从工匠技术生成角度来说，无论是职业世袭，还是师徒传承，都属于技术保守型工匠生成机制。

观察我国古代社会技术创新史的演进，工匠个体主体是古代技术创新的核心载体，而家庭、私营手工业作坊和手工工场等创新主体是在工匠活动的基础上延展而生的③。传统工匠兼负着古代技术发明创造和应

① 余同元：《中国传统工匠现代转型问题研究——以江南早期工业化过程中工匠技术转型与角色转换为中心（1520—1920）》，复旦大学博士学位论文，2005 年。

② 王秦俊：《技术主体的历史变迁》，《山西农业大学学报》1998 年第 18 期。

③ 郑美珍、李兆友：《论我国古代技术创新主体》，《东北大学学报（社会科学版）》2006 年第 1 期。

用，并成为继承和推动古代技术发展的主要社会力量[①]。根据日本学者薮内清的研究，与欧洲近代科学发展相比，中华文明中的工匠传统较强而学者传统较弱[②]。这在一定程度上影响了理论科学同生产技术的结合，缺乏技术向科学的华丽蜕变，束缚了我国古代自然科学的发展。而欧洲自然科学的产生和发展，正是缘于工匠传统与学者传统的有机结合[③]。

（三）身份地位

在传统手工业生产过程中，工匠既是生产主体又是技术主体，处于极其重要的地位。原始社会晚期，手工业生产仍处于原始形态，没有等级社会的统治与剥削。部落联盟诞生后，氏族社会内部手工业出现分工，工匠也由此而生。工匠生产虽很劳苦，但平等且富有创造性。根据孟子描述，“舜自耕稼陶渔以至为帝”，说明领袖人物也是出自普通劳动者。[④] 随着生产力的发展，私有制和国家形态相继出现。在古时中国等级森严的社会架构中，工匠群体始终未能逃离统治者的奴役和社会的贬抑。从春秋时期直至清末，工匠在各个历史时期或历代王朝的社会地位并不高，特别是官府工匠，一直处于被奴役和被剥削的社会底层。

春秋时期，统治者便开始对士、农、工、商进行分类管理。秦汉时期，“士农工商”的社会分工布局已然落定。《管子·小匡》记载：“士农工商四民者，国之石民也，不可使杂处，杂处则其言哤，其事乱。”[⑤] “士农工商”这一基于社会行业分工的排位，在中国传统社会观念中，即是对职业等级的位次排列。封建国家为了维持社会稳定，长期奉行“农桑为本，工商为末”的产业发展政策，工商业者长期处于四民之中的末位。作为手工业劳动者的工匠，其人身依附关系广泛存在，社会地位低下，属于社会边缘群体。西汉官府手工业作坊中的劳动者主要由奴

---

① 王秀华：《论技术主体社会角色的发展》，《东北大学学报（社会科学版）》2001 年第 10 期。

② 吾淳：《古代中国科学范型》，中华书局 2002 年版，第 149 页。

③ 远德玉：《试论我国古代自然科学的形态和特点》，《东北工学院学报》1981 年第 3 期。

④ 曹焕旭：《中国古代的工匠》，商务印书馆 1996 年版，第 4 页。

⑤ 参见四库全书《管子·小匡》。

婢和刑徒组成。据史料记载“大农置工巧奴与从事，为作田器”；“卒、徒、工匠以县官日作公事”[①]。魏晋南北朝时，除继续使用奴婢和刑徒外，也强迫征发或俘虏来的匠户，成为由政府直接控制的农奴化的手工业劳动者，其身份低于一般平民。北魏时期还规定，不许工匠读书做官，违者全家诛灭，这一规定直到唐朝仍在不同程度上存在。进入明代，“以因人罚充造作工役”的工匠制度，也并未退出历史舞台，仍然是工匠来源的重要机制。

唐宋时期，随着商品经济发展，贵族地位日趋没落，民众地位开始上升。历史上长期附带贱民性质的工匠，在这一历史时期的社会地位有所提高，四民界限渐趋打破。中唐以后的官府工匠、个体民间工匠及个体小农业生产者之间，在身份上已无明显区别；唐后期的工匠与个体小生产者，所承担的徭役期限渐次趋同[②]（魏明孔，1999）。这表明随着社会的发展，工匠的身份也在逐渐提高，但和其他社会阶层相比，并未走出被贬抑的社会底层。元代开始实施“匠户”户籍制度，根据《元史·刑法志二》记载：“诸匠户子女，使男习工事，女习黹绣。其辄敢拘刷者，禁之。”[③] 元朝的“匠户”制度，几乎把全国的工匠都集中在官府的手中，进一步加剧了对工匠的限制和奴役，导致差不多所有的工匠都沦为奴隶或半奴隶。明朝沿袭元制，其官手工业工匠人数经常达三十万人左右[④]。在官手工业残酷的奴役和剥削下，工匠则多以怠工、隐冒和逃亡的方式进行反抗。明中晚期的工匠制度开始松弛，“匠役制”逐步瓦解并转变为“银代役制”，随着社会经济和生产力的发展，工匠技艺达到历史高峰。传统文人阶层在反思自身社会价值的基础上，也逐渐开始认同部分工匠群体的社会性价值，相比之前的各个历史阶段，工匠的社会地位显著提高。清朝顺治年间，“匠籍”制度被废除，官府工匠多采用雇佣形式使用。至此，中国古代封建社会强迫工匠服役的制度

---

① 余同元：《中国传统工匠现代转型问题研究——以江南早期工业化过程中工匠技术转型与角色转换为中心（1520—1920）》，复旦大学博士学位论文，2005年。

② 魏明孔：《隋唐手工业研究》，甘肃人民出版社1999年版。

③ 何兹全：《中国社会发展史中的元代社会》，《北京师范大学学报》1992年第5期。

④ 何河：《明代官手工业的研究》，《理论战线》1958年第5期。

终于瓦解，工匠群体从制度上摆脱了封建依附关系，但其职业阶层地位仍无实质性提高。

第二节　传统工匠所处的社会环境与群体诉求

一、传统工匠所处的文化环境

历史上我国的制造文化源远流长，能工巧匠、精美器物及宏伟建筑不胜枚举。但综观我国 5000 多年的历史演进，灿烂制造文明的推动者——工匠的社会地位始终处于低层，传统社会文化对工匠鄙薄成为历史常态。自汉武帝始，董仲舒提出“罢黜百家，独尊儒术”，儒家思想逐渐上升为统治思想，并占据中华传统文化的主流位置，成为社会意识形态结构的正统且影响深远。先秦儒家思想肯定工匠技术活动的社会价值，提倡发展技术以满足国家的需要，主张技术产品以功利实用为上，反对“奇技淫巧”之作①。而道家思想历史上也曾长期被统治阶层重视，历代帝王也一直将其视为辅助思想，甚至在两汉到魏晋南北朝期间的个别朝代占据过统治地位。道家思想要人返回自然，“愚而朴”，并认为工艺技巧是社会祸乱的根源，即“民多利器，国家滋昏；人多技巧，奇物滋起”②。尽管工匠技术活动的社会价值为儒家思想所肯定，而道器分途、重士轻匠的思想也一直是中国传统观念中的固有结构。在传统文化对社会职业结构的审视中，“士大夫”精神备受推崇，工匠则始终被嵌套在遭受歧视和贬抑的社会网格之中。

我国传统文化将工匠抛掷于社会底层，社会文化思想形成的贬抑氛围几乎贯穿于整个中国历史。古代工匠除了身处弥漫着歧视的氛围之中，还生活在传统文化思想催生的严酷制度之下。从工匠的生产地位来看，工匠作为一种独立的社会职业，是社会财富的直接创造者，是集发明、创新、设计和生产于一身的技术创新主体（李兆友③，2001），又

---

① 胡化凯：《先秦儒家对于工匠技术活动的认识》，《孔子研究》2011 年第 1 期。

② 高言弘：《论中国封建经济的几个特点》，《广西大学学报》1979 年第 3 期。

③ 李兆友：《技术创新主体论》，东北大学出版社 2001 年版，第 25 页。

是推动古代技术发展的基本力量。但在社会发展过程中，工匠的社会地位与生产地位严重背离，在一定程度上限制了工匠生产力和创新力的释放。随着生产力的进步和商品经济的发展，在工匠群体的持续抗争下，约束工匠生产的社会制度逐渐弱化，特别是“匠籍”制度在清朝初期被废除，这极大地降低了封建社会对工匠群体的奴役和压迫程度，为工匠手工业制造的创新活动提供了制度空间。

从社会文化的历时性看，文化由人类创造并随着人类社会的进步而不断发展。在特定的历史时期，因社会进步衍生的传统文化思想的嬗变，带来了特定工匠群体经济和社会地位的变化和提高，也推动了这一时期手工业技术的快速发展。明中后期，“人皆可以为尧舜者”等平民思想渐趋人心，传统文化思想有所松动，新的社会结构和观念初步形成，再加上工匠制度较为松弛，文人阶层开始与具有文人气息的工匠交往互动，并认可该工匠群体的社会地位。但这只是在特定历史阶段个别工匠的社会境遇，大多数普通工匠的社会地位并无明显提高。潘光旦在《工与中国文化》一文中认为，中国传统文化中儒家思想注重人而轻视物，道家思想注重自然而反对人类所有自作聪明的活动，将所谓的精巧器物或工匠活动视为奇技淫巧，① 文化的价值倾向不利于手工业的发展。

二、生产活动的制度约束

德国新教伦理阐释的“天职”观念，将世俗工作赋予了宗教意义，被人们广泛认同和接受。马克斯·韦伯认为，履行天职的劳动是对同胞之爱的外在表达，是上帝唯一能够认可的生活方式，而每一种天职在上帝看来都有完全等同的价值②。“天职”观念这一宗教信仰，成为德国工匠从事社会生产、追求高超技艺的内在文化约束。中世纪，日本人认为“职人”可与神鬼世界沟通，一直就有尊重“职人”的文化传统。日本德川初期，禅师铃木正三将佛教系于世俗生活，提出专注工作、精于

① 潘乃谷、潘乃和：《潘光旦选集Ⅲ》，光明日报出版社1999年版，第448页。

② 〔德〕马克斯·韦伯著，马奇炎、陈婧译：《新教伦理与资本主义精神》，北京大学出版社2012年版，第77页。

本职就能修行成佛，“职人”文化成为日本工匠孜孜不倦地追求精湛技艺和完美产品的文化激励。中国传统文化对工匠歧视和贬抑广泛存在，工匠的社会生产活动和手工业技术传承缺少社会文化的现实约束和激励，所以我国的社会文化显著区别于德国和日本。我国历史上工匠活动的持续存在、工匠技术水平的不断进步及灿烂制造文明的生成，更多来源于各历史阶段统治者对工匠和工匠活动的制度约束。

（一）职业世袭，婚姻受限

传统工匠身份卑微，一般世袭其业，聚族而居。从战国至秦汉时期，官府工匠①都被朝廷严格控制，社会地位低于农民和民间工匠。和其他劳动者相比，官府工匠难入仕途为吏为官，职业不易改变；② 工匠职业世袭，子承父业，所谓“工之子恒为工”，成为官府工匠经验积累和技术传承的重要方式。另外，为保证民间工匠技术的代际承袭，法律规定手工业者婚配采取同类为婚的原则。③

（二）手工业行业技术标准

“按乃度程”和“毋作淫巧”是古代典籍对工匠制造的技术标准和要求的文字描述。早在东周时期，手工业中就出现了严格的标准化生产制度④。工匠生产器物要有本有则，要严格遵守工匠技术标准和生产要求；反对简单模仿和机械照搬，但提倡工匠在生产过程中进行变通和创新，正所谓“依于法而游于艺”⑤。在传统的“技能社会”里，生产技术标准的社会性规范，在很大程度上保证了产品的生产质量和工艺水平。

---

① 其衣着、食用乃至生产事业都有着特殊规定。经过漫长的历史发展，到南北朝时期，相继出现了工匠的番役制与雇佣制。一直到唐代，官府工匠才在法令上真正取得了与一般农民等同的良民身份。参见：彭丽华：《唐五代工匠研究述评》，《井冈山大学学报》2014 年第 2 期。

② 魏明孔：《浅论唐代官府工匠的身份变化》，《中国经济史研究》1991 年第 4 期。

③ 李志生：《唐代工商业者婚姻状况初探》，《人文杂志》1997 年第 3 期。

④ 常书香：《古代工匠制度：物勒工名考其诚》，《洛阳日报》2016 年 11 月 8 日。

⑤ 余同元：《中国传统工匠现代转型问题研究——以江南早期工业化过程中工匠技术转型与角色转换为中心（1520—1920）》，复旦大学博士学位论文，2005 年。

（三）器物之上印刻工匠之名

儒家经典《礼记集说》有云：“每物之上刻勒所造工匠之名于后，以考其诚信与否[①]。”官府工匠要在所制器物上契刻己之工名，即“物勒工名”，以备检查，防止伪劣产品和欺诈行为。“物勒工名”最早可能产生于西周晚期到东周初期，而春秋战国时期已广泛应用[②]。“物勒工名”，在很大程度上形成了工匠从事手工业劳动的外在约束，保证了生产过程中工匠技术的严格运用和制造产品的质量，是古代中国管理手工业生产的一项重要制度。

（四）工师检查制度

“工师效工”是由专门负责监督管理的工师，根据规定的技术标准和产品要求，对工匠生产的产品进行检查考核。“若其用材精美，而器不坚固，则功有不当，必行其罪罚，以穷其诈伪之情。”[③] 先秦时期的文献，就有关于“百工”在“工师”率领下进行手工业生产的记载。工师检查考核制度，作为传统手工业生产的管理机制，保证了工匠生产的自律和投入。同时，也为工匠专注手工生产提供了制度激励。

在传统文化与手工业的发展相抵触的情况下，我国的工匠生产与工匠技术仍取得了举世瞩目的历史成就，这与工匠所处的制度环境不无关系。众多利于工匠生产和技术发展的社会管理制度，在一定程度上促进了我国传统手工业的稳定发展。

三、传统工匠的社会诉求

从人的生存和古代中国社会职业划分来说，手工业劳动是工匠阶层赖以生存的谋生手段。但历代工匠群体皆受困于所处阶层的社会地位，在寄身的社会结构中难以获得应有的尊重。根据马斯洛需求层次理论，人在社群之中满足一定的基础需求之后，就会产生获得尊重的现实诉

---

① （清）阮元：《十三经注疏》，中华书局1980年版，第1381页。

② 常书香：《古代工匠制度：物勒工名考其诚》，《洛阳日报》2016年11月8日。

③ （清）阮元：《十三经注疏》，中华书局1980年版，第1381页。

求，以体验自身的生存价值。历史地看，工匠群体在阶层地位既定的前提下，少数工匠个体仍可以通过手工业劳动的努力，获得社会的尊重和认可，甚至作为工匠个体逃离现有的工匠群体，以技入士，向更高的社会阶层攀爬。这抑或成为催化工匠群体在当世之下，专注手工生产，改进工匠技艺，打造至臻产品的原生动力。

在封建制度的社会结构下，官府工匠处于严格控制之下，并另有户籍，身份不易改变。一般而言，官府工匠只有受勋且年老后，才有可能变为国家的编户齐民，而由官户至番户，再从番户到杂户直至良人，只有在国家特赦下才能实现①。“工师效工”是官府考核工匠绩效的管理制度，旨在惩治功有不当者，奖赏高功效者。工匠的考核制度，在加强对工匠生产和产品质量管理的同时，也为当世工匠从事手工业生产提供了制度激励。官府工匠可以凭借精益求精的手工技术和产品生产，一方面彰显其匠艺和技能，博得朝廷和社会的赞许；另一方面获得更丰厚的物质奖励、更高的群体内社会地位或其他形式的特殊待遇。根据《国语》和《左传》的记载，西周春秋时期，工匠因其“艺事”还曾经获得过“劝谏”的政治权力②。

私营或个体民间工匠是古代工匠群体的重要组成部分，是推动手工业生产和技术进步的重要力量。在手工业产品生产和技术改进上，私营或个体民间工匠不同于官府工匠的社会诉求，技艺能力对于民间工匠来说，首先是为了维持生计，对其生存发展具有决定性意义。古代中国商品经济并不发达，由于手工业市场空间狭小，工匠之间在非正式信任的市场环境中的竞争广泛存在。建立良好的个人声望是民间工匠迫切的世俗任务。提高产品技术，完善生产工艺，是民间工匠在社会竞争中提高社会威望的重要途径。另外，民间工匠的技艺传承，采取的是家族世袭形式，古代社会强烈的家族意识和祖先崇拜传统，为工匠磨炼生产技艺并将其发扬光大，提供了巨大的内在激励。虽然古代工匠并未在社会网格中获取尊崇的位置，但仍可以凭借技能水平，以技搏名，得到社会的

---

① 魏明孔：《浅论唐代官府工匠的身份变化》，《中国经济史研究》1991年第4期。

② 过常宝：《论先秦工匠的文化形象》，《北京师范大学学报》2012年第1期。

认同、褒奖和尊重，甚至实现工匠个体社会地位的跃升。

明中后期，我国工匠技艺达到了历史最高峰。在市民文化勃兴和儒学转向的背景下，文人阶层开始高度认可和赞许具有文人气息的工匠群体工艺技术所蕴含的价值；这一工匠群体的社会地位也陡然提升①。明朝还有一些技艺绝伦的传奇工匠以技入士，实现社会地位逆袭。宣德初年，无锡石匠陆祥官至工部左侍郎；正统年间，吴县木匠蒯祥官至工部左侍郎；嘉靖年间，木匠徐杲官拜工部尚书②。但工匠个体在特定历史时期的阶层跨越，并不具有普遍意义；从更广的范围来看，工匠群体在社会结构中的阶层地位并没有实现质性改变。

第三节　传统社会条件下工匠精神的历史形成

纵观历史，工匠精神始终是社会生产力进步的重要因素，成为人类社会文明发展的重要内容。至今仍熠熠生辉的建筑遗产、艺术成就和古代科技，无不折射出我国工匠精神的历史光芒。追溯和挖掘我国工匠精神的历史形成与价值流变，是分析我国工匠精神生成的文化土壤和制度条件的重要途径，并为我国当前历史发展阶段培育和弘扬工匠精神提供必要参考。

一、传统工匠与工匠精神

（一）传统工匠生产活动的结构性特征

当前，学界和政府报告中提及的“工匠精神”一词，起源于工场手工业时代，衍生于传统意义上的工匠及其劳动过程和劳动旨向。传统工匠作为手工劳动者，工匠主体个体价值的社会表征是利用其手工技艺，为社会生产兼具功能性和艺术性的器具，以适应社会生产和物质生活的现实需求。传统社会生产条件下，从器物的构思、设计到生产，都是单

① 彭圣芳：《晚明文人工匠观探析》，《美术与设计》2016 年第 2 期。

② 李书沛：《古代工匠为何难做官》，《华西都市报》2016 年 11 月 27 日。

一工匠主体独立完成的，就生产过程而言，工匠具有复杂的结构性特征。工匠通过自身的生产活动，要完成“创物”（发明、设计、创造等）“制器”（制造、生产）和“饰物”等“三位一体”[①] 的旨向性目标，满足人类发展的物质需求和日益丰富的精神需求。在手工业时代，传统工匠不仅是工业财富的直接创造者，还是科学技术的实践者、创造者和传承者[②]，承担着创造发明和生产技艺代际传承的社会职责。中世纪后期的西欧世界，学问的中坚大多为大学中经院派学者，而技术的中坚则主要是社会底层的工匠。[③] 工匠是社会生产中绝对的技术主体，是传统社会技术进步的核心力量。

（二）工匠精神是传统工匠及其生产活动的社会化特征

工匠精神是在特定的生产方式和组织形式下，工匠或劳动者在生产过程中形成的认同、敬畏并专注于所从事行业的职业态度，追求精益生产的行为习惯，为技艺改进和生产创新竭尽全力的工作理念和精神。工匠精神的价值观属于深层次的文化形态，工匠精神的生成离不开一定的社会基础，依赖于其所嵌入的社会情景性，内生于经济社会体制系统的长期运行之中。从“工匠”到“工匠精神”的延伸，从劳动主体、劳动过程到意识、思维的升华，是一个复杂的社会化过程。在这一进程中，聚合劳动主体“认真、负责、专注”的工作态度和“精益求精”的生产理念，工匠精神逐渐创生并成为被人们认知、理解与接受的文化形态[④]。作为价值观或精神形态的“工匠精神”，是一种工匠本位的精神，内在于工匠的性质、领域或世界之中[⑤]，是工匠及其在生产活动过程中呈现出的典型的社会化特征。抽离于手工业时代的社会群体“工匠”的

---

① 邹其昌：《论中华工匠文化体系——中华工匠文化体系研究系列之一》，《艺术探索》2016年第10期。

② 余同元：《中国传统工匠现代转型问题研究——以江南早期工业化过程中工匠技术转型与角色转换为中心（1520—1920）》，复旦大学博士学位论文，2005年。

③ 古川安：《科学的社会史：从文艺复兴到20世纪》，科学出版社2011年版，第47页。

④ 潘天波：《工匠精神的社会学批判：存在与遮蔽》，《民族艺术》2016年第10期。

⑤ 邹其昌：《论中华工匠文化体系——中华工匠文化体系研究系列之一》，《艺术探索》2016年第10期。

传统工匠精神，映射了传统工匠在创物、制器和饰物的手工劳作过程中，普遍坚持的生产理念、遵循的生产制度以及倡导的职业态度。

（三）倡导和弘扬工匠精神的社会价值

工匠精神是一个时代生产方式和组织形式的社会表征，其一旦形成就会具有一定的社会独立性，并成为社会生产活动的约束性力量。对于工匠个体而言，工匠精神是工匠主体或劳动主体的一种技艺素质和职业诉求，并超越工匠活动本身，成为一种工作态度和价值信仰。工匠精神强调生产活动不仅是工匠谋生手段，更蕴含着造物者在职业探索中强化责任和崇尚奉献的道德追求。从经济层面来看，工匠精神作为物质生产活动的指导性社会意识，其产生依赖于传统手工业时代的生产实践活动，并反作用于物质生产实践。工匠精神是经济发展的重要影响因素，是社会经济发展的精神动力①，倡导和弘扬工匠精神是提高经济发展质量、转换经济发展动能的重要举措。在社会层面，衍生于手工生产领域的工匠精神，进一步形塑了人类的社会行为，特别是规范了生产领域的行为准则，成为一种深层次的社会文化形态和制度约束，并折射为人们的职业态度、道德修养和社会诚信等现实表现。

二、传统条件下工匠精神的形成基础

工匠精神在农业经济时代，是作为手工业劳动者的工匠及其在手工业劳动过程中呈现出来的思想、态度与观念，即在产品设计、生产过程中精益求精的态度，为技艺改进和产品制作竭尽全力的工作理念和精神。工匠精神不是我国传统社会的天然属性，也不是中国传统文化中的自有基因，并非凭空而生，而是在一定的物质基础之上衍生的社会意识和观念。我国手工业时代工匠精神的历史形成，依托于手工业在农业经济时代这一特定历史阶段的快速发展，并在文化形塑、制度约束和技术不断进步的叠加影响下出现。

① 潘天波：《工匠精神的社会学批判：存在与遮蔽》，《民族艺术》2016 年第 10 期。

（一）生产分工开启了传统手工业专业化的发展道路，为传统工匠精神生成提供了产业基础

人类生产活动的社会分工，是人类历史渐次演进的现实结果。人类社会行进至原始社会晚期时，部落联盟出现，氏族之间有了手工业生产不同行业间的专业化分工[①]。“劳动分工”一直是政治经济学研究的重要内容。18 世纪，英国古典政治经济学家亚当·斯密在其经典著作《国富论》中开篇明义：“劳动生产力上最大的增进，以及运用劳动时所表现的更大的熟练、技巧和判断力，似乎都是分工的结果。”马克思在《资本论》中提出：“手工制造业时期通过劳动工具适合于局部工人的专门的特殊职能，使劳动工具简化、改进和多样化。”劳动分工使手工业步入专业化发展的轨道，劳动者的生产技能也因专业而日渐增进，进而提高了特定生产行业乃至整个社会的生产效率。

氏族社会手工业内部不同行业间的分工，催生了手工业专业化和工匠技艺的快速发展，也为工匠的职业诉求——生产高质量兼具技术性和艺术性的器物或工具，提供了现实空间和社会基础。工匠技艺是工匠精神的重要物质性表征；精益求精的生产理念和专注特定生产领域的从业态度，是工匠精神的重要内涵。手工业的专业化发展，提高了行业生产效率，也使工匠技艺直线提升。一方面，工匠在外部社会需求约束的条件下，愈发重视精益生产；另一方面，工匠在不同手工生产行业的进入技术门槛提高的前提下，日益专注于特定的生产领域，以应对激烈的社会竞争。手工业生产分工促进了工匠技艺提升，并为工匠精益求精生产理念和对手工产品专注的态度的生成提供了必要的产业基础。

（二）传统文化重视工匠的社会性价值及工匠自身的社会诉求，成为传统工匠精神创生的社会文化基础

孕育工匠职业的氏族社会中，等级观念和职业地位的思想并不明显，甚至工匠因其特殊的生产技能而为社会所推崇。但步入奴隶和封建

① 曹焕旭：《中国古代的工匠》，商务印书馆 1996 年版，第 3 页。

社会后，人类的等级观念日甚，在以儒家思想为主流文化思想的影响下，我国历史上的工匠阶层一直处于被歧视贬抑的社会网格之中。但我国传统文化也呈现出明显的二重性，在职业等级序列位次置后的工匠群体被广为歧视的文化背景下，鉴于手工业生产在社会发展中的重要地位，又不得不重视工匠这一职业群体的社会性价值。儒家思想不仅用工艺技术事例论证治国之道，并充分肯定工匠技术活动的社会价值，主张工艺技术产品以功利实用为上（胡化凯[①]，2011）。古代工匠是手工业技术创新的重要载体，也是劳动实践的主体，在手工业生产和发展过程中处于核心地位。而古代工匠的社会性价值，主要体现为工匠技术应用和生产结果关乎国计民生的实际问题。

传统文化对工匠群体社会性价值的推崇，在一定程度上成为工匠群体技术创新的外在驱动力。范楚玉[②]（1991）通过分析儒家教育思想对中国古代科技发展的作用，认为儒家思想对中国古代科技发展有一定的积极意义。但这并未改变工匠群体被贬抑的社会地位，所以在身处歧视的社会结构中，追求精益生产和技术创新，除了是工匠职业的基本要求外，还是满足其生存需求和改善其生存境遇的唯一途径。而相比于传统文化对其社会性价值的肯定，满足生存需求和追求社会地位的跃升，就成为工匠专注手工生产、追求技术创新的内生力量，历史上也不乏通过精湛的工匠技艺提高工匠个体社会地位的典型案例。工匠群体的社会诉求和传统文化对工匠社会性价值的肯定，部分抵消了由于工匠社会阶层地位低而对手工业生产带来的消极作用，成为工匠群体专注生产、技艺创新的外在动力，为我国传统工匠精神的创生提供了社会文化基础。

（三）手工业程式化的生产技术准则、操作规范和管理制度，是传统工匠精神形成的制度保障

中国传统文化对工匠社会性的肯定，在一定程度上成为工匠手工生产和磨炼技艺的外部驱动。而德国的新教伦理的“天职”观念和日本的

---

① 胡化凯：《先秦儒家对于工匠技术活动的认识》，《孔子研究》2011 年第 1 期。

② 范楚玉：《儒学与中国古代科学技术》，《大自然探索》1991 年第 4 期。

“职人”文化则是通过宗教文化与世俗工作相联系，使宗教文化成为工匠追求精湛技艺和完美产品的内在约束和激励。特别是在相当长时期内，我国传统文化视工匠为“贱民”，将工匠掷于社会结构的底层，使其因职业处于社会序列末位而饱受歧视。所以，在我国历史上，工匠专注生产和技术革新活动显然缺少社会文化的内在约束和激励，而传统工匠精神的历史形成更多来源于手工业程式化的生产技术准则、操作规范和管理制度。

随着手工业专业化的发展和器物标准化生产社会需求的出现，为保证器物生产的技术运用和工艺水平，东周时期就已经出现了标准化的生产制度。正所谓古代典籍中的记载：“按乃度程”和“毋作淫巧”。古代官府工匠的生产活动，除了要遵循前述的技术标准外，在西周晚期到东周初期，他们还被要求将其名刻制于器物之上，即所谓“物勒工名”，以备“工师效工”，“考其诚信与否”。到春秋战国时期，这些手工业生产的操作规范和管理制度就已广泛应用。“按乃度程、物勒工名、工师效工”，这些传统手工业程式化的生产技术准则、操作规范和管理制度，既保证了古代工匠在手工业生产过程中的自律和投入，成为古代工匠精益生产、提高匠艺水平的外在约束和制度激励，也为我国传统工匠精神的形成提供了社会制度保障。

（四）家传（世袭）与学徒制的技艺传承方式，为我国历史上传统工匠精神的形成提供了技术基础

生产技术和工艺创新是工匠精神的应有之义和重要价值。传统工匠精神的孕育和形成离不开手工业技术的传承和创新。传统手工业时代，官府工匠生成的技术传承方式主要是世袭家传。《荀子·儒效》曰：“工匠之子莫不继事。”《国语·齐语》中也记载：“夫是，故工之子恒为工。”而民间工匠技术的代际承袭方式，除世袭形式外，还有“学徒制”这一传统的工匠技术生成方式。[①] 传统手工业技术的一大特色是注重直

① 余同元：《中国传统工匠现代转型问题研究——以江南早期工业化过程中工匠技术转型与角色转换为中心（1520—1920）》，复旦大学博士学位论文，2005 年。

观、经验和实用，经验性技术的学习和掌握需要亲身体验和长期的教育和训练。我国历史上传统手工业技术的代际传递和继承，主要依靠家传（世袭）和学徒制两种方式。

家传（世袭）式工匠生成机制："父兄之教"和"弟子之学"，是古代社会工匠生成和技术传递的重要方式。对于官府而言，工匠的家传教育方式，是维持朝廷手工业生产所需工匠数量和技术水平的有效途径。对于民间工匠来说，采取家传（世袭）技术传递，保守了手工业生产的技术秘密，是其在狭小的古代社会维持全家生存的重要保证。同时，家传式工匠生成方式，也迫使各行各业的工匠自专其业，穷终身之力并调动世代相传的力量，提高家传技艺，以至达到炉火纯青的水平①。我国古代的学徒制，在先秦时期就已经产生，是民间工匠技术历史传承的重要组织形式。学徒制下的"师徒"关系，是我国手工业历史中最为重要的社会关系，承载着民间工匠技艺传递和职业精神的培育。家传（世袭）与学徒制的工匠生成机制，作为手工业生产经验和技术历史传承的重要模式，为我国历史上传统工匠精神的形成提供了技术基础。

三、工匠精神形成基础的中西方比较

（一）西方传统社会中工匠精神的形成条件

工匠精神是在一定的物质基础之上衍生的社会意识和观念。我国工匠精神的历史生成，基于手工业发展时期一定的产业、文化、制度和技术基础。西方传统社会工匠精神的形成，也是在一定的技术、思想和手工业行会制度发展的基础上，② 工匠劳动观念、劳动价值和社会影响持续外化的历史渐进过程。

1. 古希腊—罗马时期的生产技术和工艺

古希腊英雄时代，冶铁技术的不断改进，农业劳动生产率大幅提高，第二次社会大分工使手工业从农业中分离，出现专门从事手工生产

① 曹焕旭：《中国古代的工匠》，商务印书馆 1996 年版，第 30 页。

② 李宏伟：《工匠精神的历史传承与当代培育》，《自然辩证法研究》2015 年第 8 期。

的手工业者。到古典希腊时期，手工业者在阶级划分中虽处于社会最低层，但手工业在社会生产结构中占据非常重要的地位。当时最出色的专家就是掌握生产经验和民俗知识的手艺人[①]，他们通过出色技术和辛勤劳动为世界留下了令人叹为观止的建筑遗产。手工业脱离农业成为独立的生产部门和手工业者的技艺经验和实践能力，为西方传统社会工匠精神的形成提供了产业和技术前提。

2. 中世纪宗教改革催动劳动观念的转变

马克斯·韦伯将基督教的突出特征概括为“手工业者的宗教”[②]。11 世纪的宗教改革，使西方手工业文化在传承古希腊—罗马文明中追求完美和遵纪守法观念的基础上，进一步融入荣耀上帝与拯救自我的劳动理念。宗教的介入改变了手工业者遭受蔑视和谴责的社会氛围，重构了意识形态对手工劳动的观念认知，使劳动成为手工业者忠诚于上帝和自我救赎的途径，为专注于手工生产和技艺改进的职业伦理的形成提供了思想条件。

3. 12—13 世纪手工业行会制度确立和发展

12 世纪中叶，城市手工业行会出现的直接原因是维护行业技术标准，使手工业者免受技术变化影响和封建制度的压榨。[③] 进入 13 世纪，手工业行会要求所有手工从业者必须加入行会组织，相关行业的经验性知识和技术以“学徒制”的约束形式完成代际传承。手工业行会制度的确立与发展，维护了手工业者的利益，保证了行业技术的延续，客观上也带来了手工业相关行业内的技术分工，并推进工匠生产技能直线提高，为追求传承创新的工匠精神的形成提供了制度保障。

（二）传统社会工匠精神形成基础的中西方差异

观察我国和西方传统社会工匠精神的生成过程，都基于一定的产业

---

① 〔美〕乔治·萨顿著，鲁旭东译：《希腊黄金时代的古代科学》，大象出版社 2010 年版，第 173 页。

② 〔德〕马克斯·韦伯著，阎克文译：《经济与社会》第 1 卷，上海人民出版社 2010 年版，第 612 页。

③ 〔英〕卢西·史密斯著，朱淳译：《世界工艺史：手工艺人在社会中的作用》，中国美术学院出版社 2006 年版，第 96 页。

技术、社会文化和制度基础，这为工匠精神“这一手工业生产中的社会意识和观念”的形成提供了现实的物质条件，但中西方传统社会工匠精神形成基础的具体内容仍存在一定的差异。一是手工业行业技术标准化的管理机构不同。行业技术标准化是实物形态标准化器物生产的基本依据，也是产品技术传播和规模化生产的重要基础，这都离不开行业标准化制度的规范和约束。我国传统社会的手工业技术标准化的管理职能，更多地由官营手工业管理部门承担，秦朝就设立了中央与地方两级管理机构①，而西方社会则更多地依靠手工业行会维护行业技术标准。二是手工业技术的代际传承方式的差别。手工业生产经验性技术和知识的代际传承是手工业技术创新发展的重要基础。“学徒制”是中西方传统社会中都存在的技艺传承和师道延续的重要机制，区别于西方社会，我国还存在家传（世袭）的技艺传承方式，但相比于我国而言，西方的“学徒制”受到手工业行会组织和制度的严格约束。三是社会思想文化基础的差异。我国传统文化对工匠群体社会性价值的推崇，在一定程度上成为工匠群体技术创新的外在驱动力。西方传统社会工匠精神的形成，除了传承古希腊—罗马文化中追求至美的价值取向外，还有宗教思想的深度介入，为工匠追求技艺精进和师道传承提供了思想条件。

第四节　工匠精神价值诉求的历史嬗变

人类社会精神的产生离不开具体的社会实践，工匠精神的创生与当时社会的生产方式和组织形式直接相关。手工业时代是孕育传统工匠精神的历史范畴和社会空间，传统工匠精神是手工业发展历史背景下的文化精神产物。工匠在手工业工场中既是劳动主体，又是技术主体。传统工匠精神的形成，必然建立在劳动主体——工匠的劳作过程及技术主体形成等社会生产实践的基础之上。传统工匠及其蓬勃发展的手工业是孕育工匠精神的物质基础，工匠精神在这一时期也呈现出鲜明的时代特征。随着社会历史的演进，特别是生产技术的进步，社会生产方式和组

① 翟光珠：《中国古代的标准化》，山西人民出版社1996年版，第1—15页。

织方式的变革，工匠精神的核心价值旨向也会随着时代更迭悄然流变。

一、手工业时代工匠精神的价值内涵

（一）遵守生产规范是传统工匠精神的鲜明特征

历史从氏族社会步入等级社会后，工匠就一直处于社会职业序列末位，并且囿于严苛的“匠籍”制度，形同工奴，甚至缺少人身自由，地位低。因此，被奴役工匠的主体精神常常是被遮蔽的[①]，其工匠思想一般受制于外在社会的程式化约束。对于古代工匠，特别是官府工匠，除了谋求生存的内在需求外，缺少其他追求精益生产和工匠精神的内在动力和外在条件。而我国历史上传统工匠精神的出现，更得益于古代手工业的生产管理制度。东周时期，手工业生产的管理部门就制定了手工业生产的技术标准和社会规范，强调器物生产有本有则。而在春秋时期就已广泛应用的“物勒工名”生产制度，也成为约束工匠遵循操作规范、追求精益生产的外在力量。

王世襄（2013）从器物生产形式和工匠个体素质的角度分析了工匠要遵循的社会性规范，即在形式上，工匠得戒除“淫巧荡心、行滥夺目”之饰；在素质上，工匠不可有“制度不中、工过不改、器成不省、倦怠不力”之失[②]。在手工业漫长的发展历史中，逐渐形成了促进或约束手工业生产的程式化规范。在手工业时代，创新也是传统工匠精神的应有之义，但相较于对生产标准的遵守，创新就显得不那么重要和突出了。那些关乎手工业生产质量和发展的社会性生产规范，成为约束工匠劳作行为的社会客观标准，确保了手工产品的生产质量，为传统工匠精神的产生奠定了重要的制度基础。而遵守生产规范则成为传统手工业时代工匠精神的价值取向和内容概括。

（二）尊师重道、师徒相承是手工业时代工匠精神的重要体现

工匠生成或工匠培养机制，是手工业发展的重要组成部分，而学徒

① 潘天波：《工匠精神的社会学批判：存在与遮蔽》，《民族艺术》2016年第10期。

② 王世襄：《髹饰录解说》，三联书店2013年版，第28—29页。

制是古代工匠生成的重要组织形式。学徒制萌芽于氏族社会，母传女（母系氏族社会）、父传子（父系氏族社会）是原始社会生产技能承袭的主要方式。在奴隶社会，随着手工生产技术的进步和社会需求的增长，除奴隶主阶级开始兴办教育外，家庭作坊的技术传承主体也开始突破原有边界，学徒扩展到家庭以外的成员，并衍生出“师徒”关系，这也是学徒制的初级形态。封建社会中则进一步形成了官营作坊学徒制，相应的管理体系也渐次形成。而明清时期，行会组织的出现又催生了行会学徒制，根据相关记载：“商事尚无学堂，必须投入商号学习。故各种商号，皆收徒弟。”①

学徒制下的师父与徒弟形同父子、共同生活，技艺传承讲究言传身授、体察领悟。师父在日常的生产劳作中，不但将生产经验和技艺倾囊相授，与此同时，还会灌输给徒弟对职业的尊重和耐心、专注、坚持等精神特质；一方面培养其手工劳动的生产技艺，一方面培养其尊师重道、谦虚好学的职业品质。尊师重道的精神特质衍生于古代工匠技术的特点和传承方式。传统手工业技术基本上属于经验性技术，技术承袭依赖于学徒制下“言传身教”的传授方式。同时，尊师重道或尊重权威，也同“相对封闭和发展缓慢”这一时代局限相关，先辈传承比个人才华、努力更为重要②。学徒制是一种卓越的社会教育组织③，也是历史积淀的传统制度文化，同时也为尊师重道精神特质的衍生提供了社会土壤。古代工匠对师徒情义的敬畏，对师道传承的重视，无不体现出传统工匠精神的价值意蕴④。

（三）追求德艺兼修是传统工匠精神的内在意蕴

在原初意义上，工匠精神与工匠本人及其行为愿望并没有直接关系⑤，传统工匠精神的形成也并非古代工匠个体的直接意愿，而是缘于

---

① 彭泽益：《中国近代工商行会史料集》上册，中华书局 1995 年版，第 527 页。

② 张培培：《互联网时代工匠精神回归的内在逻辑》，《浙江社会科学》2017 年第 1 期。

③ 〔日〕细谷俊夫著，管永和、王立精译：《技术教育概论》，清华大学出版社 1984 年版，第 89 页。

④ 张迪：《中国的工匠精神及其历史演变》，《思想教育研究》2016 年第 10 期。

⑤ 潘天波：《工匠精神的社会学批判：存在与遮蔽》，《民族艺术》2016 年第 10 期。

手工业时代的生产规范、文化约束及工匠的职业诉求等因素的综合效应。在中国传统文化的构成中，道德精神始终是其重要组成部分，也是中国人内心追求的为人标准和“理想人格”[①]。在“以德为先”的文化语境下，我国古代工匠在追求精湛技艺的同时，也需要具备手作劳动的职业道德，以维护其职业威望和社会声誉。

而工匠对手工技能的追求，并不像柏拉图和亚里士多德认为的那样，即工匠生产并不是为了物质性报酬，而是缘于对自我创作的热爱和追求作品自身的完美[②]。事实上，传统农业社会生产力水平不高，我国古代工匠对于高超生产技能的追求，首要初衷仍然离不开安身立命的生存诉求，再加上工匠在等级社会中地位低，通过刻苦钻研提高手工业生产技能，改进产品工艺，是其挣脱社会的贬抑牢笼、改善社会地位的唯一途径。对于官府工匠而言，严苛的生产管理制度，是其提高生产技能、保证产品质量的外部力量。而对民间工匠来说，只有改进生产工艺，追求精益生产，才能在古代狭小的手工业市场中赢得竞争。传统手工业时代，工匠活动所处的文化环境和社会制度的综合效应，决定了古代工匠对生产技艺的追求和对职业道德的坚守，而德艺兼修也成为我国古代工匠精神的内在价值。

二、机器大工业时代工匠精神的价值表征

手工业时代，我国传统工匠创造了灿烂辉煌的制造文明，制造业水平在历史上长期在世界上处于领先地位。随着社会生产力的发展，工业革命在西方社会爆发，机器大工业的来临终结了人类漫长的手工业生产时代。由于历史上制度文化的影响和长期的闭关锁国政策，我国近代工业技术的发展明显落后于西方世界，直到鸦片战争，在西方列强坚船利炮的冲击下，我国才逐渐开启了从手工业向近代机器大工业发展的历史进程。工场手工业向机器大工业过渡的同时，也伴随着传统工匠的技术转型和角色转型。传统工匠的经验型技术逐渐向科学理论技术转型，技

---

① 钱穆：《中国历史精神》，九州出版社 2012 年版，第 121 页。

② 肖群忠等：《工匠精神及其当代价值》，《湖南社会科学》2015 年第 6 期。

术的生成方式从师徒承袭向现代职业教育转换。传统工匠的角色向现代技术工人和技术专家的角色转换，并表现为个体身份地位的改变，以及群体的社会组织结构和功能的转变①。随着传统工匠的技术转型和角色转型，加之动力机器在工业生产中广泛使用，机器大工业时代工匠精神的价值取向也呈现出与工场手工业时代截然不同的特征。

（一）流水线生产模式下的质量提升成为机器大工业时代工匠精神的典型表征

随着时代进步和商品经济发展，传统手工业时代低效率的手工生产方式和分散化的生产组织形式，不能满足市场需求的不断扩大，难以突破阻碍人类文明发展的“马尔萨斯制约”②。在生产技术发展的基础上，以机器为主要动力并集中进行的机器大工业生产模式逐步生成，开启了工业革命的历史进程。相比于西方资本主义“原发型”的工业变迁，我国传统经济向现代形态的转化，是在遭受西方资本主义大肆侵略和掠夺的过程中，机器大工业的生产方式、先进技术和组织形式也同时嵌入我国小农经济社会的工业生产之中所产生的。随着我国工业化程度的不断提高，工匠种类和职位趋于减少，传统工匠的生产活动日渐式微，成为机器生产方式下“拾遗补缺”的现实存在。

机器大工业生产相比于传统手工业，采用标准化和流水线式的生产模式。机器动力的介入和集中生产的组织形式，促进了生产各环节的专业化分工程度进一步深化，也使生产效率、生产规模和产品质量大幅提高。由传统工匠转型而来的技术工人和技术专家，成为机器大工业时代工匠精神的主要载体，承担工业化中的技能创造、质量提升以及工业化生产中无法标准化、机械化生产的环节，这些领域也成为彰显工匠精神的新领域。工匠精神作为社会生产领域的制度、文化和意识，联结着时代的生产方式和组织形式。随着生产技术跳跃式发展，机器动力逐渐替

① 余同元：《中国传统工匠现代转型问题研究——以江南早期工业化过程中工匠技术转型与角色转换为中心（1520—1920）》，复旦大学博士学位论文，2005年。

② 华民、韦森、张宇燕：《制度变迁与长期经济发展》，复旦大学出版社2006年版，第15—23页。

代人力，成为工业生产的主要动力，并催生了标准化和流水线式的生产模式。标准化和流水线生产方式下的流程再造和生产质量提升，也日益成为机器大工业生产时代工匠精神的典型表征。

（二）技术创新是机器大工业时代工匠精神的内在诉求

机器工业时代，社会生产方式和组织形式骤然变革。特别是标准化和流水线式的生产模式，极大地提高了企业的生产效率和生产规模，导致市场竞争异常激烈。技术创新是企业提升产品价值、赢得市场的关键因素，也是一个国家产业结构升级、实现跨越发展的重要条件。技术创新也一直是我国工业化进程的重要驱动力量。技术创新并非工场手工业时代工匠精神的内在诉求，源于传统社会对物品功能化需求不高，也因为生产力发展水平低，既无需求上的必要，也没有实现的可能。而机器大工业时代，生产力水平的大幅提高，人们收入增加催生了消费结构升级，对生产技术创新的诉求越来越强烈。

在传统手工业时代，工匠既是劳动主体又是技术创新的核心主体。但传统工匠的技术创新，通常运用“试试看”的办法，先制作、实践，然后再去理解①，技术创新活动本身存在很大的局限性。中国古代工匠长期被专制主义政权严密管制，没有或很少有人身自由，形同工奴②。在古代生产制度的约束和缺少生产自由的条件下，工匠的手作劳动必须严格遵循生产的技术标准和操作规范，技术创新并不是工匠生产的核心诉求。随着手工业时代向机器大工业时代演进，传统工匠也向现代技术工人、工程师和发明家等现代产业角色转换，个体身份地位逐步提高。机器大工业推动了经济全球化进程，企业间的竞争表现为技术创新能力的较量。通过持续性的技术创新，生产高质量、高附加值的产品，是企业提高市场竞争力的重要途径。在传统工匠完成角色转换，个人地位不断提高，特别是社会生产和企业发展的现实需求下，技术创新逐渐成为机器大工业时代工匠精神的核心价值。

---

① 王秦俊：《技术主体的历史变迁》，《山西农业大学学报》1998 年第 18 期。

② 高言弘：《论中国封建经济的几个特点》，《广西大学学报》1979 年第 3 期。

（三）品牌创建是机器大工业时代工匠精神的现实沉淀

传统手工业时代的“物勒工名”，是生产技术标准执行和生产质量的监督机制，是古代社会孕育工匠精神的制度基础。而民间工匠在古代狭小的手工业市场中，将姓氏或绰号契刻于手工产品之上，一方面利于形成差异化的竞争产品，保证产品的社会需求；另一方面在客观上形成了一种反向的社会机制，约束生产者进一步改进产品生产技术和工艺，维护其在手工生产领域的社会名誉。无论是官府手工业生产中要求的“物勒工名”，还是民间工匠在经营中的竞争逻辑，在产品上印制自己家庭姓氏或个人绰号的行为，都成为衍生传统工匠精神的社会实践，客观上促进了工匠在手工劳作中专注生产，并坚持精益求精的生产理念。

机器大工业的标准化和流水线式生产方式，提升了社会劳动生产率，为经济全球化的快速推进提供了物质前提。全球化时代，同质化的产品缺少占领国际市场的竞争力，无法在激烈的市场竞争中脱颖而出。品牌塑造是企业采用差异化竞争战略中的重要选择。进入机器工业时代，创建经营品牌也一直是我国民族企业经营的重要任务，如老凤祥饰品（1848 年）、张裕葡萄酒（1892 年）、蝴蝶牌缝纫机（1919 年）等品牌[①]至今仍影响深远。新中国成立后，百废待兴，为发挥张小泉剪刀（1663 年）的品牌效应和技术优势，1956 年中央政府拨款 40 万元重建杭州张小泉剪刀厂。改革开放后，随着中国经济的快速发展，越来越多的中国知名品牌开始活跃在国际舞台，如华为、格兰仕、三一重工、海尔、联想等。品牌是表现产品差异性的抽象性概念，承载着消费者对企业产品和服务的认可，蕴含着生动的企业文化与价值。机器大工业时代，品牌塑造是在社会生产力快速提升、生产规模急剧扩大的条件下，企业培植市场竞争优势的核心手段，也成为这一时代生产方式下工匠精神的现实沉淀。

---

① 括号中的年份为该品牌创立时间。

三、互联网信息时代工匠精神的价值延伸

随着社会进步和生产力发展，特别是互联网信息技术的快速突破，社会的生产方式和组织方式也在寻求变革和创新。机器大工业时代，流水线下的规模生产推动了生产率的快速提升和社会财富的爆炸式增长。当下劳动者收入不断提高，消费者的社会需求也呈现出了不同的时代特质，流水线下的标准化产品已经不能满足人们多元化和异质性的消费需求。互联网信息技术的现实发展，为供给侧改革和制造业的服务转型提供了必要的技术基础。工匠精神的价值取向，随着互联网信息技术的发展，呈现出不同以往的时代特征。

（一）创业、创新是互联网信息时代工匠精神的核心价值

互联网信息技术的创生和发展，在一定程度上，颠覆着传统的制造和消费模式，催生了新的制造模式和商业模式①。当下我国经济进入新常态，面临着经济增长动力转换和国际需求萎缩的现实境遇，企业经营绩效和经济发展的不确定性进一步增加，依赖环境和资源的传统经济发展模式，亟须向依靠科技创新和产业变革转换。2015 年我国《政府工作报告》提出，要将“大众创业、万众创新”打造成经济发展的新引擎，特别是在当前中美贸易摩擦逐步升级和遭遇国际核心技术供给“卡脖子”的影响下，科技自立自强已然成为我国经济高质量发展的重要战略支撑。弘扬互联网信息时代的工匠精神，就要不断强化国家战略科技力量，提升企业技术创新能力，激发人才创新活力，完善科技创新体制机制。

长期以来，在中国社会中创业和创新只属于少数精英群体。互联网信息技术发展改变了现代技术创新、创业与普通民众的疏离②。在“互联网+”时代，伴随新技术发展和市场环境开放，创新创业由精英走向大众，出现了以大学生等“90 后”年轻创业者、大企业高管及连续创

① 钟经文：《迅速兴起大众创业万众创新热潮》，《经济日报》2015 年 3 月 3 日。

② 张晓强等：《关于大众创业万众创新的理论思考》，《人民日报》2015 年 11 月 13 日。

业者、科技人员创业者、留学归国创业者为代表的创业“新四军”，越来越多草根群体投身创业，创新创业已然成为一种价值导向、生活方式和时代气息[①]。在“大众创业、万众创新”理念的驱动下，越来越多的创新型企业和技术成果破土而出。特别是与互联网创新成果与传统制造深度融合，新型制造和商业模式不断涌现，为我国经济转型提供了现实动力。在现阶段，创业、创新已然成为我国当前稳增长、保就业、促转型的重要抓手。创业、创新作为互联网信息时代工匠精神的应有内涵，在世界经济格局深刻变化，国内经济亟须高质量发展的背景下，也逐渐演变为我国企业家、创业者和技术专家等创新创业主体所坚持的发展理念和核心价值。

（二）个性化定制、柔性化生产是互联网信息时代工匠精神的现实诉求

机器大工业时代，流水线上生产的标准化产品解决了时代发展对生产数量和规模的现实需求。在生产技术不断发展的条件下，规模化生产的标准工业产品日益呈现出多样化发展的趋势，但消费者也只能从规模产品中选择适宜自身的产品进行消费，这在一定程度上压制了消费者的多样性和个性化需求。随着互联网信息技术快速发展，企业结构趋于扁平化，缩短了生产者与用户间的距离。企业通过互联网信息平台获取消费者需求信息，利用更新迭代的智能生产技术，满足用户体验和个性需求，使个性化定制、柔性化生产成为当代工业生产的重要发展趋势。

特定历史阶段的工匠精神，除了连接时代的生产方式和组织形式外，满足当代社会需求侧对产品的异质性需求，也是其应有的价值内涵。个性化定制、柔性化生产模式在很大程度上克服了流水线生产固有的单一化缺点，在原有流水线生产的基础上，利用现代柔性生产技术和信息化管理手段，可以在同一生产线上生产异质性的用户订单，满足了消费者个性化和多样性需求，使大规模定制生产成为可能。技术创新是

---

① 《发展众创空间 促进大众创业万众创新》，人民网，http://scitech.people.com.cn/n/2015/0227/c1007 26605141.html，2015年2月27日。

推动社会生产内生驱动力量，是社会生产范式的决定力量。随着科学技术的线性演进，互联网信息技术和智能生产技术快速发展，改变了原有生产模式，使个性化定制、柔性化生产模式成为互联网信息时代制造业的发展趋势，并演变为这一时代条件下工匠精神应有的价值诉求。

（三）制造业服务化是互联网信息时代工匠精神的内在趋向

经济全球化时代，国际市场中的企业竞争愈发激烈，传统的生产过程已难以保持制造企业的竞争优势①。进入互联网信息时代，信息技术已使制造业突破“唯制造”的原有边界，向服务领域延伸，使制造业与服务业渐趋融合，并成为现代制造业发展的一种新特征。制造业服务化是一种组织能力和过程的创新②，使制造业企业摆脱提供单一产品的发展模式，成为提供产品、服务、支持、自我服务和知识的集合体③，并向全球分工模式下高附加值环节位移，提升企业竞争力和企业绩效，推进制造业转型升级。

改革开放后，我国制造业发展突飞猛进，创造了举世瞩目的“中国奇迹”。当前，我国经济发展进入新常态，曾经推动制造业快速发展的成本优势日益消失殆尽。根据美国波士顿咨询集团发布的报告，中国的制造成本已经与美国相差无几。特别是在面临发展中国家低成本竞争和发达国家高端产品的冲击，突破制造业发展的传统模式，推进传统制造业转型升级显得愈发迫切。制造业企业通过提供与现有产品在价值链上拥有战略匹配关系的服务，能够提升企业绩效。制造业服务化，是我国制造业企业摆脱在国际产业链下被“俘获”和“压榨”地位的可行路径，也是我国制造业转型发展的重要选项。时代的工匠精神，反映当下社会生产趋势和现实诉求，在经济新常态下，制造业服务转型成为互联网信息时代工匠精神价值的内在趋向。

---

① 陈漫等：《经济周期下的中国制造企业服务转型：嵌入还是混入》，《中国工业经济》2016年第8期。

② Baines S. et al. “The servitization of manufacturing: A review of literature and reflection on future challenges,” *Journal of Manufacturing Technology Management*, 2009 (5): 547—569.

③ Vandermerwe S., Rada J. “Servitization of business: Adding value by adding services,” *European Management Journal*, 1988 (4): 314—324.

第四章

工匠精神与我国制造业高质量发展的内在机理

“工匠精神”内含爱国情怀、职业操守以及精益求精、专注坚守和传承创新的精神理念和生产意识，是影响制造业高质量发展的重要因素。在世界经济环境变迁、国内资源和环境约束凸显的条件下，中国制造业依靠资源、环境和劳动力等资源禀赋参与国际市场竞争的发展模式日渐式微，亟须在制造业发展中倡导和弘扬工匠精神，发挥精益求精、专注坚守和传承创新的生产理念和意识对我国制造业发展的积极效应，强化制造业技术创新和品牌创建能力，提高我国制造业供给质量，实现制造业高质量发展。

第一节　工匠精神及其形成机制

工匠精神衍生于传统社会，与农业经济时代的生产方式和社会特征紧密相连，映射了手工业时代工匠在手工生产过程中的态度、理念和劳动旨向。随着时代发展，进入机器大工业时代，特别是当下的互联网信息时代，生产方式和社会需求都发生了重大变化，传统工匠的技术和角色逐渐转型，工匠精神内涵的物质基础在当代进一步延伸，工匠精神的价值取向也随着社会实践的发展而呈现出新的表现形式。

一、工匠精神的内涵解构

工匠精神是一种工匠本位的精神，是工匠在生产活动过程中呈现出的典型的社会化特征。考察当前学界对“工匠精神”构成要素的研究，大多认为工匠精神是工匠在生产过程中所秉持的“认真、负责、专注”的工作态度，为技艺改进和产品制作所坚持的精益求精的工作理念和精神；所不同的只是工匠精神包含的内容涵盖范围、层次区别和抽象表征。以下从道德伦理和专业生产两个角度对工匠精神的内涵进行解构。

（一）道德伦理视域下工匠精神的内涵要素

1. 爱国情怀

道德伦理因素是我国传统工匠精神的基本组成内容，其中爱国情怀就是古代工匠摆脱个人和家庭的狭义利己思想，观照国家和民族利益的道德境界。春秋战国时期，我国首个工匠团体墨家在“必兴天下之利，除天下之害”的教育思想指导下，提出把“农与工肆之人”培养成具有实际操作技术的“兼士”，而“兴利除害”也成为早时工匠精神内含的爱国情怀的朴素表达，并得到了后世工匠的广泛认同。中国古代工匠的爱国情怀与其他职业精神有所区别，但就其主导价值和爱国精神而言，与先秦儒家思想内涵的“忠、义”精神异曲同工。根据先秦典籍《左传·文公七年》：“正德、利用、厚生，谓之三事。”其中“厚生”就是指工匠的生产活动要服务于治国和惠民。在汉武帝独尊儒术后，儒家伦理准则更成为工匠精神在生产活动中的具体化表达，爱国情怀也在强化工匠的国家意识、道德责任和提高器物供给质量过程中发挥了积极的作用[①]。

2. 职业操守

从本质上来说，工匠精神是一种职业精神，恪尽职业操守是工匠精神的应有之义。职业操守是工匠在生产活动中秉持的职业道德和行业规范，包括敬业、奉献和诚信等职业精神。墨子重视职业道德的培养，为磨炼学生意志品质，要求“强力而行”，并力图达到“日夜不休，以苦为极”的状态。工匠精神作为优秀的职业道德文化，强调在职业活动中遵循“强力而行”的敬业精神和“自苦为极”的奉献精神。孔子在《论语·为政》中说：“人而无信，不知其可也。”另外，诚实与守信是中华文化的优良传统，也是职业操守的重要组成内容，是工匠精神在生产活动中的典型社会化特征。

（二）专业生产视域下工匠精神的内涵要素

1. 精益求精

在传统社会中，工匠精神最本质的特征就是精益求精，其既是工匠在手工劳作过程中坚持的理念，也是工匠的职业精神。在《荀子·荣

① 薛栋：《论中国古代工匠精神的价值意蕴》，《职教论坛》2013年第34期。

辱》[①] 一文中，用“百工以巧尽械器”描述工匠在生产中追求极致精巧、注重细节的劳动旨向。传统社会中，精益求精的生产理念的产生建立在工匠本人对职业的高度认同基础之上。理查兹·桑内特（2015）在其著作《匠人》中，认为专注实践的人未必怀有工具理性的动机[②]。从历史上看，工匠对自己所从事的职业都有高度的认同感，并将之作为安身立命的根本[③]。农业经济社会生产力水平低，社会分工有限，缺少职业选择空间，从事手工劳动是工匠本人及其家族谋生的重要途径。受时代所限，手工技艺者虽遭社会贬抑，但对具有家族意识和祖先崇拜传统的中国工匠，传承技艺并发扬光大，仍是其自豪感和心理满足的重要来源。这也为工匠在手工生产中形成并坚持精益求精的生产理念提供了现实基础。

2. 专注坚守

专注是工匠在生产过程中心无旁骛的生产状态，是践行精益求精生产理念的基础，也是手工业生产方式下生产高品质手工业产品的重要保障。坚守是工匠对所从事手工行业的持之以恒，也是工匠累积生产技艺，提高生产效率的重要条件。《论语·子张》有云：“百工居肆以成其事。”[④] 在传统手工业生产方式下，手工技艺学习靠家族传承或师徒相授，学习时间成本较高。传统工匠对所从事行业的坚守，一方面是家族传承的必要；另一方面是在技能获取成本高昂的背景下，节省学习成本，以在社会约束条件下，取得最大化收益。同时，工匠在对行业的专注和坚守中，钻研技能、打造精品，提高了产品的市场竞争力和家族的行业声誉。

3. 传承创新

古代社会手工业的技艺传承，主要采取职业世袭和师徒传授的形式，是传统社会手工业技术的形成机制，也是传统工匠精神历史形成的制度基础。传统工匠对自身手工技艺的高度认同，很大一部分原因是对

---

① 方勇、李波译：《荀子》，中华书局 2015 年版，第 51 页。

② 〔美〕理查兹·桑内特著，李继宏译：《匠人》，上海译文出版社 2015 年版，第 4 页。

③ 刘建军：《工匠精神及其当代价值》，《思想教育研究》2016 年第 10 期。

④ 杨伯峻：《论语译注》，中华书局 2006 年版，第 224 页。

家族技艺传承的社会责任。在家族传承责任和精益求精的生产理念约束下，手工匠人在继承家族代代相传的累积性生产技艺的过程中，也不断在原有技能的基础上实现创新和突破。受社会发展和生产条件所限，创新只是工匠在坚持精益求精的生产理念，追求极致产品的生产实践中衍生出的小概率事件。这种创新是手工生产中量的进阶，而非质的突破，即追求极致和完美过程中的“非破坏性”创新。传统手工业时代工匠的创新，通常并不是以节省劳动力为目的，而是以作品完美为旨向，是原有生产基础上有限度的创新。[①]

二、传统工匠的现代转型

在传统手工业时代，工匠在劳动生产过程中既是劳动主体又是技术主体。传统工匠的技术基本为经验型技术，是生产技艺在世代传承中的经验性积累。随着科学技术的发展和人类社会需求的不断扩大，手工业生产逐步过渡到机器大工业生产，制造业的动力由人力开始转向机器，传统工匠在机器大生产方式下面临着现代转型。根据余同元[②]（2005）的研究，传统工匠现代转型，主要包括传统工匠的技术转型和角色转换两方面内容。

（一）技术转型

传统工匠现代转型的技术转型，是指经验型技术向科学理论型技术转换。技术转型，是长期分离的科学理论传统与工匠经验传统联姻的结果。不同类型的技术习得方式迥然不同。传统社会工匠技术的获取方式主要是家族传承或师徒相授，而科学理论型技术的生成方式主要是靠现代职业技术教育。

（二）角色转型

传统工匠现代转型的角色转型，主要是传统工匠向现代技术工人和

① 刘建军：《工匠精神及其当代价值》，《思想教育研究》2016年第10期。

② 余同元：《中国传统工匠现代转型问题研究——以江南早期工业化过程中工匠技术转型与角色转换为中心（1520—1920）》，复旦大学博士学位论文，2005年。

技术专家角色转变[①]。工业革命爆发后，传统工匠除转型为技术工人或技术专家外，还有的转型为工厂主。传统工匠角色转型后，个体身份地位明显提高，并且掌握了机器生产技术。

传统工匠现代转型及机器生产方式的运用，使工匠精神原有的社会基础和产生条件发生了重大变化。但作为一种意识形态或心理基因的工匠精神，并不随着时代的变化而发生文化特质性的正向变化[②]。随着机器大工业生产和互联网信息时代相继来临，衍生于手工业时代的工匠精神，在新的社会生产方式和组织形式下，其内涵的物质基础进一步延伸和扩充，也使工匠精神观照的生产领域更为宽泛。

三、工匠精神实践基础扩展及其应用空间

作为生产理念的工匠精神，与社会生产与组织方式紧密相连。当下，新的生产方式和市场的蓬勃需求使工匠精神的实践基础进一步扩展。从道德伦理视域来看，贯穿于工匠精神的爱国情怀，随着我国社会主义市场经济体制的建立和融入全球化的程度日渐加深，其实践基础不断拓展，含义也日益丰富。在制造业高质量发展背景下，工匠精神内涵的爱国情怀主要体现为：一是遵循爱国主义的内在价值要求，深化民族情感认同，摆脱单一的功利化思维，既要注重经济效益也要注重社会效益；二是掌握科技理论前沿，引领技术创新、打造民族品牌，提高我国制造业产品的附加值和国际市场竞争力；三是提高我国制造业的供给质量，维护国家形象。另外，在互联经济迅猛发展的条件下，职业操守所秉持的道德底线和行业规范显得更为重要，是我国制造业健康发展的基础所在。从专业生产视域来看，时代的发展也为聚合于工匠精神的“传承创新”“精益求精”及“专注坚守”等生产理念或意识提供了新的实践基础。

① 余同元：《中国传统工匠现代转型问题研究——以江南早期工业化过程中工匠技术转型与角色转换为中心（1520—1920）》，复旦大学博士学位论文，2005年。

② 潘天波：《工匠文化的周边及其核心展开：一种分析框架》，《民族艺术》2017年第1期。

（一）“传承创新”理念的物质扩展

传统工匠现代转型，技术类型及其传承方式都发生了重大变革，职业技术教育成为生产技艺传承的主要表现形式，工匠精神发挥作用的制度基础进一步拓展。当前社会仍有人对工匠的理解停留在“机械重复的工作者”这一概念之下，认为工匠追求的是精益求精，而鲜有生产创新。刘建军[①]（2016）认为，创新也是工匠精神的一个重要因素，在传统社会形成的工匠精神中，创新只是从属于精益求精的“衍生品”。前现代社会工匠精神的创新特征，依托于当时的社会生产与社会需求。在漫长的物质短缺年代，社会对物品的功能性需求匮乏，生产工具和技术方法也进步缓慢[②]，创新没有社会需求的拉动，也缺少技术条件的支撑，只是在追求极致和完美的生产过程中，实现有一定界限的“非破坏性”创新。所以，创新显然是前现代社会工匠精神的重要构成。进入现代社会，社会生产技术日新月异，生产力水平提高了人们收入水平，社会需求剧烈释放，为制造业创新提供了现实需求和技术条件。工匠精神的创新内涵也摆脱了前现代社会中精益求精的从属地位，成为工匠精神的核心要素。当今制造业生产技术创新早已进入熊彼特所强调的“破坏性”创新的阶段，特别是随着新一轮科技革命的到来，创新驱动发展已经上升为世界各国的国家发展战略。

（二）“精益求精”理念的时代延伸

提及工匠精神，精益求精往往会成为人们头脑中的第一浮现。“精益求精”一词是对工匠手工生产过程和劳动旨向的最佳提炼。手工业时代，工匠精神的精益求精内涵体现在工匠对产品设计和制造的极致追求中。进入机器生产时代，传统工匠角色转型，机器制造流程和生产工艺改进，需要技术专家认真、负责和严谨的工作态度。但这两个时代工匠精神的旨向都在于打造高品质的差异化工业“产品”。当今互联网信息

---

① 刘建军：《工匠精神及其当代价值》，《思想教育研究》2016 年第 10 期。

② 张培培：《互联网时代工匠精神回归的内在逻辑》，《浙江社会科学》2017 年第 1 期。

时代，工业生产的特征发生了很多重大变化（Freeman Alan[①]，1990），“产品+服务”是未来市场的核心产品形态，没有附加服务的单纯产品将会被市场逐渐淘汰，服务是产品竞争力提升的关键（徐振鑫[②]，2016）。在产业分工不断细化的趋势下，工匠精神的精益求精理念在现实的生产领域中已经突破了原有的制造“产品”边界，日渐向制造“服务”领域扩张。同时，精益求精理念的“服务”延伸，为工匠精神的创新理念提供了进一步钻研和探索的平台。

（三）“专注坚守”理念的领域拓展

工匠精神的专注、坚守内涵，是实现精益求精理念的重要基础。传统社会工匠的专注与坚守是一份家族技艺的传承责任，也是在生产力落后的农业经济时代生存发展的自然选择。在传统工匠的专注与坚守下，打造出了众多满足消费者需求的高品质手工业产品。而在当今时代，工匠精神的专注与坚守内涵，仍是制造业企业技术创新和产品创新的重要保证。传统工匠现代转型，传统工匠角色转变为技术工人或技术专家的同时，角色功能也产生了一定的分化，社会资源的配置功能转移给企业家。企业家是现代经济中社会资源的一种配置机制。在我国的发展现实中，有大量企业家缺少专注与坚守的工匠精神，将生产资金配置到非生产性活动中寻求短期利润，导致制造业缺少发展资金，技术创新和品牌创新能力弱化。如今大规模生产下的市场竞争异常激烈，仅靠产品质量已无法赢得市场，亟须在提升产品质量和功能的同时，提高产品技术附加值，实行品牌差异化的竞争战略。品牌塑造是企业的长期化经营行为，亟须释放专注与坚守的工匠精神，通过“边学边干”机制，提升所在行业的学习能力和创新能力，并且利用企业文化塑造品牌优势。在这一过程中，专注产品生产和坚守某一产品领域的工匠精神的观照领域，应在产品精益生产的基础上，向企业品牌塑造环节位移，工匠精神的专

① Freeman Alan. “Introduction to Chris Freeman’s ‘Schumpeter’s “business cycles” revisited’,” *European Journal of Economic and Social Systems*, 2015, 27 (1－2): 37－46.

② 徐振鑫：《制造业服务化：我国制造业升级的一个现实性选择》，《经济学家》2016年第9期。

注与坚守内涵的物质基础也进一步扩充。

根据从专业生产视角对工匠精神内涵解构的结果，工匠精神包括精益求精、专注坚守和传承创新等三个基本生产理念。结合已有研究文献，从广义上看，工匠精神可以观照所有生产性行业的供给质量、品牌塑造和创新发展等现实活动。狭义于制造业产业演进而言，随着工匠精神的时代流变，其作用于制造业发展的领域呈现出不断扩展的趋势。“精益求精”开始向“产品＋服务”延展，“专注坚守”更加注重于品牌创建，而“传承创新”则从传统社会生产中仅限于工艺和技术边际创新的经验性积累阶段，进入制造业生产技术的“破坏性”创新阶段。知识经济时代，技术创新已然成为制造业快速发展的内在驱动，传承创新理念也演变为工匠精神的核心意涵。现代制造业生产技术是由传统社会的经验型技术转换而来的科学理论型技术，已经摆脱了“作坊式”经验性技术积累模式，进入科学理论与工匠经验联姻的创新发展阶段。

党的十九届四中全会提出：“弘扬科学精神和工匠精神，加快建设创新型国家，强化国家战略科技力量，健全国家实验室体系，构建社会主义市场经济条件下关键核心技术攻关新型举国体制。”[①] 从 19 世纪开始，重大的技术创新基本上都离不开前沿科学理论；20 世纪后，随着科学技术的快速发展，科学理论对技术创新的先导性作用和依赖程度与日俱增。弘扬科学精神，加强基础理论研究和应用基础理论研究，满足产业技术创新对科学理论的现实诉求，是推进现代制造业技术创新的重要基础。但传统工匠转型后的现代技术创新，已经呈现出系统性复杂工程的显著特征，但仍离不开工匠精神的深度介入。现代技术创新具有投资强度大、多学科交叉且多主体参与的系统性工程特征，[②] 需要科学家、工程师和工人等参与者将自己看作技术创新工程中相关技术环节上的一名“工匠”，倡导和弘扬工匠精神，追求负责领域的极致生产，实现复杂设计框架下各技术环节的整体互补，并不断发现规律、掌握规律，对所负责的技术环节开展创新性设计和研发活动，以推动整体技术

---

① 《中共中央关于坚持和完善中国特色社会主义制度　推进国家治理体系和治理能力现代化若干重大问题的决定》，《人民日报》2019 年 11 月 6 日。

② 梁军：《科技创新需要“工匠精神”》，《学习时报》2016 年 12 月 19 日。

创新项目的持续演进。

四、工匠精神形成的约束条件

工匠精神作为代表敬业、专注、创新等精益生产的理念、意识和心理的凝聚，不是社会的天然属性，也不是任何时代的自有基因。工匠精神衍生于制造领域，也代表了一种制造能力。在市场经济条件下，作为生产理念或制造能力的工匠精神的生成，离不开市场需求的支撑，更需要社会制度的保障和社会文化的激励。

（一）市场需求

在市场经济社会中，坚持精益求精的生产理念，从来不能脱离制造成本和社会的消费需求。工匠精神在制造业生产中的形成和释放，需要垫付高额的运营成本，必须有匹配的市场需求，否则工匠精神就会成为无源之水。改革开放之初，凭借劳动力成本优势，参与国际分工和市场竞争，是中国制造业发展的内生选择。这也直接导致了劳动者工资水平不高，并催生了低层次的消费需求。对于生产企业而言，在缺乏高品质产品需求的背景下，追求极致和完美的产品生产，显然背离企业利润最大化的经济理性，这也在一定程度上解释了我国在改革开放后很长一段时间内，工匠精神淡出制造业生产领域的原因。随着我国制造业的重新崛起，劳动者的收入也逐步提高。根据《全球工资报告（2018—2019)》，2007—2017 年我国每年平均工资涨幅达 9%，远超全球平均水平（2.2%）[①]。工资水平的提高推动了国内消费需求的蓬勃发展，人们对高品质的产品诉求日益强烈，为当下我国工匠精神的生成和释放提供了一定的社会基础。

（二）社会制度

人类文明形成的历史充分表明，一种社会理念和价值观的形成，离

① 联合国的国际劳工组织（ILO）：《全球工资报告（2018—2019)》，2018 年 11 月 26 日。

不开社会制度对人类行为的约束和形塑。[①] 我国手工业时代工匠精神的形成，也与当时的一系列社会生产制度密切相关。当代社会，一些制造业强国工匠精神彰显的背后，隐含着制度掌控的力量。在我国制造业粗放发展的年代里，社会需求环境和制度缺失，是工匠精神失落的重要原因。制造业发展的制度环境不佳，导致企业家创新精神弱化，大量制造业资金“脱实向虚”，进入非生产性领域追逐短期利润。教育体制倾向于综合性人才培养，职业技术教育制度弱化，导致专业技术型人才缺失。当前，国内消费需求不断升级，亟须倡导和弘扬工匠精神，提升产品生产的质量和层次。在工业化创新发展的背景下，弘扬精益求精的工匠精神，需要培植符合时代发展制度土壤，为工匠精神的形成提供制度保障。工匠精神形成的制度体系设计是一项庞大复杂的系统工程，从产品质量制度，到创新创业制度环境、知识产权保护、专业技术人才培养等制度的建立，需要国家相关部门统筹考虑和顶层设计。通过建立培育工匠精神的社会制度，为企业家提供一个确定性的营商环境，为技术工人和技术专家提供未来可期的发展规划，唤醒尘封已久的工匠精神。

（三）社会文化

在诺斯[②]（North）看来，社会文化属于社会的非正式制度，其形成是一个长期的、渐进的演进过程。社会文化是人类社会交往过程中普遍认可的价值观念或意识形态，对人的社会行为有很强的形塑作用。工匠精神的形成，除社会需求引导和社会制度保障外，离不开社会文化对社会生产主体行为的激励和约束。在我国传统文化中，工匠所从事的工商业被视为末业，在社会中被归为“三教九流”，并饱受主流传统思想的排斥。但因传统社会严苛的社会生产制度和技艺传承制度，以及生产力落后、分工有限的农业经济等多种因素对工匠及其生产活动的现实约束，仍使手工业的工匠精神得以彰显。然而，传统文化对工匠的贬抑和轻视的影响一直延续。改革开放后，由于缺少高品质的社会需求，再加

① 李金华：《工匠精神的理性思辨》，《文汇报》2016 年 6 月 1 日。

② 〔美〕道格·C. 诺斯著，杭行译：《制度、制度变迁与经济绩效》，上海三联书店 2000 年版，第 28—55 页。

上生产制度供给不足和工匠（技术工人或专家）文化缺失，导致工匠精神淡出生产领域。刘志彪[①]（2017）认为，中国缺少工匠制度还是表面化的解释，制度背后相互作用的文化，才是缺乏工匠精神的深层次的原因。当前，在社会生产呼唤工匠精神的背景下，亟须通过营造崇尚工匠，尊重劳动、知识和创造的文化氛围，形成弘扬工匠精神的社会风气。

第二节　制造业高质量发展对工匠精神的现实诉求

制造业高质量发展是当前我国经济发展的主旋律。改革开放至今，我国制造业发展取得了令世界瞩目的惊人速度。但是，随着国内外经济发展环境的深刻变化，制造业原有的发展方式亟须动态调整，以推动我国经济的持续发展。推进制造业高质量发展，提升经济增长中的知识和技术含量，是经济新常态下我国经济转型发展的必然选择。

一、制造业高质量发展的主要特征

“高质量发展”这一概念，最早源于党的十九大报告对我国经济发展阶段的本质性描述：“我国经济已由高速增长阶段转向高质量发展阶段”。制造业高质量发展是我国经济高质量发展的核心和基础。当前，对于“制造业高质量发展”尚未形成明确的内涵界定。金碚[②]（2018）认为“高质量发展”从其基本的经济学意义来看，是满足市场消费需求的经济发展方式、结构和动力状态；苗圩[③]（2019）认为我国制造业高质量发展，要着眼于增强制造业技术创新能力、优化制造业产业结构、健全人力资源支撑体系和推进制造业与服务业融合发展；张红凤[④]（2019）认为制造业企业应提高生产效率，推进品牌设计和质量提升，增强竞争优势，实现绿色发展。根据国内外制造业发展经验和学界已有的相关研究，制造业高质量发展是以节约资源和生态保护为导向，在技

① 刘志彪：《要“工匠精神”，更要“工匠文化”》，《新华日报》2017 年 7 月 8 日。
② 金碚：《关于“高质量发展”的经济学研究》，《中国工业经济》2018 年第 4 期。
③ 苗圩：《大力推进制造业高质量发展》，《求是》2019 年第 6 期。
④ 张红凤：《推进制造业高质量发展路径》，《光明日报》2019 年 12 月 24 日。

术进步和管理创新的条件下，推进动力、效率和质量的动态变革，优化制造业产业结构，提升资源要素配置效率，提高产品、服务的优质化程度和产出效益，通过持续的产业创新构建市场竞争优势，实现制造业内涵式集约化的绿色发展过程。

根据刘仕国[①]利用国民经济核算定义，给出的产业增加值计算式，

$$V=PQ\cdot v \qquad v\in(0,1)$$

式中，V、P、Q、v 分别表示产业的增加值、价格、产量和增加值率。从制造业发展角度而言，无论是其处于高速增长阶段，还是高质量发展阶段，其本质含义首先都是社会所生产和消费的使用价值量的增加（金碚[②]，2018），即制造业增加值（V）在数量上的增加或规模上的扩大。但在高速增长阶段，制造业产业增加值的提高，更多专注于制造业产出的产品和服务的供给量（Q），属于外延扩大式的产量增加；而在高质量发展阶段，通过提高单品的价值（P）和单位产出的增加值率（v），提升制造业增加值（V）。

（一）主要特征

制造业高质量发展，是通过改变经济活动的运行目标和动力机制，摆脱粗放式经济增长带来的资源消耗和环境破坏，实现内涵式发展的生产方式，主要特征如下。

1. 创新发展

制造业高质量发展阶段相对于高速增长阶段的核心变革是动力机制。通过技术进步和管理创新，提高制造业产品和服务的技术含量和品牌差异化程度，提升生产过程中资源要素的配置效率，推进制造业产业内部由低技术水平、低附加价值状态向高新技术、高附加价值状态的演变（刘志彪[③]，2000；Poon[④]，2004），增强制造业产业竞争优势，实现

---

① 刘仕国：《利用全球价值链　促进产业升级》，《国际经济评论》2015 年第 1 期。

② 金碚：《关于"高质量发展"的经济学研究》，《中国工业经济》2018 年第 4 期。

③ 刘志彪：《产业升级的发展效应及其动因分析》，《南京师大学报》2000 年第 2 期。

④ Poon T. "Beyond the global production net－works：A case of further upgrading of Taiwan's information technology industry," *International Journal of Technology and Globalization*，2004，1（1）：130－144.

制造业高质量发展。

2. 产业优化

产业结构优化是制造业高质量发展的重要表现。从产业结构迭代的角度来看，制造业在资本或技术更加充裕时，从劳动密集型行业向资本、技术和知识密集型产业转移（吴崇伯[①]，1988；Porter[②]，1990），并形成新的市场竞争优势。国际产业分工更为细化，使企业或经济体在全球范围内优化价值链内部结构，提高资本、技术盈利能力，提升品牌价值和国际市场竞争力，实现增加值从低到高的转变过程（Gereffi[③]，1999）。

3. 人力资源

人力资源是制造业高质量发展中的第一资源，可通过知识地方化溢出促进制造业生产要素实现空间集聚，并降低平均生产成本、提高生产效率，是实现制造业可持续发展的前提（张杰、刘志彪[④]，2007）。制造业创新型人才是技术创新、品牌创建和劳动生产率提高的重要来源，开发制造业人力资源，培育高技能型人才，是我国制造业高质量发展的根本保证。

4. 绿色发展

绿色发展是以节约资源和生态保护为导向，利用数字信息技术，推进制造业与服务业融合发展，构建绿色信息化制造体系，摆脱高速增长阶段粗放式经济增长带来的资源消耗和环境破坏，实现制造业生产信息化、绿色化，促进经济循环发展。绿色发展是世界制造业的发展趋势，也是我国制造业高质量发展区别于高速增长阶段的重要标志。

（二）制造业高质量发展的影响因素

1. 技术创新

创新对产业发展存在“创造性破坏”的作用[⑤]，市场竞争的本质是

---

① 吴崇伯：《论东盟国家的产业升级》，《亚太经济》1988年第1期。

② Porter. *The competitive advantage of nations*, London: Macmillan, 1990.

③ Gereffi. “International trade and industrial upgrading in the apparel commodity chain,” *Journal of International Economics*, 1999, 48 (1): 37—70.

④ 张杰、刘志彪：《中国制造业企业创新活动的关键影响因素研究》，《管理世界》2007年第6期。

⑤ 李嘉图：《政治经济学及赋税原理》，商务印书馆1962年版。

创新的竞争而不是价格竞争①。技术创新存在两种不同程度的创新模式，即渐进性技术创新和破坏性技术创新。渐进性技术创新通过改进生产工艺、产品质量、外观等创新活动，提高产品附加值，形成差异化竞争优势，推动制造业实现流程和产品革新。破坏性技术创新，是制造业生产要素、产品或生产方法上实现革命性技术创新，不同于渐进性创新形成的差异化竞争格局，而是生成质变的竞争优势或全新的市场领域，推动新兴产业出现。技术创新是产业发展和结构转换的核心因素，没有技术创新，就没有产业结构的逻辑性的顺次演变（傅家骥②，1998）。当前，我国制造业仍处于全球价值链低端，自主创新能力弱化。推进我国制造业向中高端迈进，实现制造业高质量发展，终究还要依赖先进的制造生产技术，这就需要制造业企业不断强化自我，提升学习创新能力，推动生产技术创新和产品升级，提高制造业产品附加值和市场竞争能力。

2. 消费需求

制造业高质量发展的现实动力是消费者对高品质、多样化产品的市场需求。随着我国居民收入水平的不断提高，国内大量消费者通过互联网和境外旅游的方式到国外市场购买高品质产品的行为，已然表明我国居民消费结构升级是不争的事实。但是由于原有发展模式下的路径依赖，导致社会生产供给无法满足消费者收入提高而催生的多样化、品质化的消费需求。然而，随着我国供给侧改革的不断深入，现实的本土市场的庞大消费需求容量将发挥创新动力的引致效应，培育企业的高级要素发展的内生能力，即“需求引致创新”（Zweimuller & Brunner③，2005）。消费需求的多样化和消费结构的高级化，诱致制造业企业在市场利益的驱使下，追求新技术和服务提升，继而促进生产和服务向纵深

① 蔡旺春：《中国制造业升级路径的新视角：文化产业与制造业融合》，《商业经济与管理》2011年第2期。

② 傅家骥：《技术创新学》，清华大学出版社1998年版，第1—13页。

③ Zwemuller J.，Brunner K. “Innovation and growth with rich and poor consumers,” *Metroeconomica*，2005（56）：233—262.

发展，大大改变了产业结构的组成、匹配关系与运行方式[①]，提升创造高附加值产品的竞争能力，推动我国制造业向中高端发展。

3. 资源环境

资源环境约束日益趋紧，是我国制造业保持高质量的重要驱动力量。经济全球化带来了国际分工的纵深发展，我国利用劳动力和资源要素禀赋优势，从全球价值链低端嵌入，参与国际分工，是我国经济发展的内生选择。然而，在粗放的经济发展模式下，制造业快速发展也伴随着对资源的消耗和环境的破坏，给我国资源环境带来了巨大的承载压力，甚至严重影响到人们的健康状况和生活水平。当前，我国制造业原有的发展方式面临着资源环境的刚性约束。Porter[②]（1991）提出了关于环境规制和经济发展的“波特假说”，认为环境规制可以促进产业发展和经济绩效的提升，并为大多实践和理论研究广泛证实。资源环境约束条件趋紧而产生的政策规制，在一定程度上加大了企业原有生产方式的“遵循成本”，促使企业逃离规制区域，或转变企业发展方式，并通过改进生产技术，优化投入要素配置，提高资源利用率和产品附加值，利用技术创新构建企业的差异化竞争优势，推进制造业高质量发展和经济绩效提升。

4. 国际贸易

改革开放初期，我国建立劳动密集型产业并嵌入全球价值链制造环节，参与国际市场竞争，极大地推进了制造业的快速发展。2008 年美国次贷危机引发全球性经济危机，我国制造业发展除面临发达国家“再工业化”和发展中国家凭借劳动力成本优势承接国际产业转移的“双向挤压”外，还承受世界各国贸易保护主义的威胁。2018 年 3 月，美国为扭转本国贸易赤字和遏制我国制造业相关产业发展，宣布“因知识产权侵权问题对中国商品征收 500 亿美元关税，并实施投资限制”，挑起中美贸易战争并不断升级，对我国制造业发展特别是相关产业向全球价值链中高端迈进产生了较大影响。在国际市场环境骤然变化的背景下，

---

① 田学斌、闫真：《消费结构与产业结构的关系：理论框架与实证分析》，《消费经济》2010 年第 6 期。

② Porter. “America's green strategy,” *Scientific American*, 1991, 264 (4): 1—168.

我国依靠劳动力、资源要素禀赋而衍生的价格竞争优势逐渐消弭，已然不能适应新的国际经济竞争格局，亟须通过制造业技术创新、品牌塑造和服务提升，推动贸易结构优化，进而实现制造业产业内部结构演进（洪银兴[①]，2001），获取国际产业分工中的高额附加值，是我国构建新的国际贸易竞争优势的唯一途径。

二、制造业高质量发展的演进路径

（一）技术创新和品牌建设：构建制造业差异化竞争优势

制造业高质量发展，是制造业产业从低技术水平、低附加价值状态向高新技术、高附加价值状态的演变并重新获取要素资源禀赋优势的过程。从发达国家工业化历程来看，技术创新对提高制造业产品附加值、构建差异化竞争优势发挥着重要的作用。技术创新是制造业企业通过研发投入改进生产技术和设备、推进技术进步的创新活动。Romer[②]（1990）将技术进步作为内生化指标引入经济增长模型进行研究，发现技术创新显著优化了要素资源配置，提高了劳动生产率并推进产业结构高级化。在制造业发展中，实施技术创新并取得技术进步的企业，还会在技术知识转移效应下将知识和信息等技术匹配要素从企业内部向外部传递[③]，进而推进制造业产业技术进步，增强制造业竞争优势。历史上我国制造业发展的技术供给，更多来自技术学习和模仿创新，但在新时代国内外经济环境变化的条件下，亟须培育制造业企业自主创新能力，加快大数据、物联网和人工智能等技术变革，实现制造业网络化、信息化、数字化发展。通过自主技术创新提高我国制造业技术水平，缩小与发达国家技术差距，增加制造业生产过程和产品的科技含量，实现绿色化和智能化发展，构建我国制造业发展的竞争优势。

---

① 洪银兴：《WTO条件下贸易结构调整与产业升级》，《管理世界》2001年第2期。

② Romer P. M. "Endogenous technological change," *Journal of Political Economy*, 1990 (5): 71—102.

③ 谢众、吴飞飞、杨秋月：《中国制造业升级的创新驱动效应》，《北京理工大学学报（社会科学版）》2018年第7期。

品牌国际化竞争是当前全球产业价值链发展的重要特征[①]，品牌建设成为我国制造业企业提高国际竞争力、实现高质量发展的必由之路。品牌是企业文化长期的沉淀和传承，是区分不同产品的重要标识，更是一种无形资产。根据发达国家发展经验，品牌创新是先进企业竞争的主要手段。现代市场经济条件下，消费者收入增加催生了其多样化和动态化的消费需求。品牌是消费者广为认可的企业元素，品牌效应扩散将为企业形成更多的产品附加值。Gereffi[②]（1999）提出了产业演进的四种阶段或模式，即从原始设备组装、原始装备制造到原始设计制造商，再到自主品牌制造的发展路径。刘志彪[③]（2005）根据我国制造业发展背景，认为由于研发能力和品牌运作能力的现实差距，我国大部分制造企业仍处于国际产品价值链中低端生产环节，难以跨进自主品牌制造阶段。2019 年世界品牌实验室（World Brand Lab）发布的世界品牌 500 强企业中，美国占据 208 席，中国只有 40 家企业进入榜单。在当前高度竞争的国际市场环境下，应鼓励拥有技术创新能力、市场空间和品牌资源的优质企业，发挥"边干边学"机制效应，提升学习能力和组织能力并大胆进行品牌创新，打造更多国际知名品牌，发挥品牌扩散效应衍生的差异化竞争优势，提高制造业品牌附加值。

（二）产业价值链优化：扩展制造业发展的动力结构

从全球产业价值链视角，Humphrey J. 和 Schmitz H.[④]（2002）提出了产业发展的四种方式，即工艺、产品、功能和产业价值链条的迭代或革新发展。工艺、产品和功能革新属于产业价值链条内部优化，价值链条革新属于制造业产业内跨部门发展。改革开放以来，我国利用要素资源禀赋优势，从制造加工环节融入深度互联的全球价值链，参与国际

---

① 政武经：《以品牌建设助推制造业高质量发展》，《人民日报》2019 年 2 月 21 日。

② Gereffi G. "International trade and industrial upgrading in the apparel commodity chain," *Journal of International Economics*, 1999 (48): 37—70.

③ 刘志彪：《全球化背景下中国制造业升级的路径与品牌战略》，《财经问题研究》2005 年第 5 期。

④ Humphrey J., Schmitz H. "How does insertion in global value chains affect upgrading in industrial clusters," *Regional Studies*, 2002, 36 (9): 1—16.

产业分工并采取“来料加工—出口—进口—再出口”模式，最终出口产品包含了大量其他国家（地区）的转移价值[①]。承接发达国家“去工业化”的产业转移，使我国构建起了较为完整的工业生产体系，但由于制造业发展资金和技术缺乏，出现了被全球价值链的“链主”俘获和锁定在低知识、低技能的制造环节的现象[②]。融入全球价值链的制造业代工企业通过快速学习，其技术能力也得到一定程度的提升，工艺创新和产品创新的周期大幅缩短，但仍居于品牌、营销、研发和设计等价值链的中高端环节之外，难以实现功能升级，向国际产业价值链的中高端环节攀升。

我国制造业功能升级受阻，除了受制于购买者的势力约束之外，还缘于制造业企业生产技术进步缓慢，不能支撑制造业功能革新，更难以实现价值链条的跨越，进入高技术生产领域，推进我国制造业由低技术产业向中高技术产业发展，扩展我国制造业高质量发展的动力结构。制造业产业结构的动态演进，是制造业高质量发展的重要特征。根据产业结构演进规律，技术创新是一个产业兴衰与发展的决定因素。技术进步和分工深化会使产业结构从低技术产业向高技术产业转变，推动产业结构高级化。高技术产业具有知识和技术密集度高的特点，产业发展更依赖于技术和人力，研发投入和人力资本是影响技术进步和高技术产业发展的最主要的影响因素（王曙光[③]，2018）。推进我国制造业高质量发展，就要增加研发投入，培养高素质人力资源，强化制造业企业研发设计能力，致力于打造核心技术和自主品牌，提高技术密集度和全要素生产效率[④]，将业务从产业价值链低端制造环节向中高端攀升。

（三）制造业服务化：改善供给质量提高盈利能力

随着信息技术和大数据的广泛应用，以及消费者个性化和多样化的

① 肖宇、夏杰长、倪红福：《中国制造业全球价值链攀升路径》，《数量经济技术经济研究》2019年第11期。

② 刘志彪：《在全球价值链路径上建设制造强国》，《学习与探索》2018年第11期。

③ 王曙光：《技术进步与高新技术产业发展》，《中国特色社会主义研究》2018年第6期。

④ 肖宇、夏杰长、倪红福：《中国制造业全球价值链攀升路径》，《数量经济技术经济研究》2019年第11期。

消费需求不断升级，制造业服务化成为全球制造业发展的新趋势。Vandermerwe S. 和 Rada J.[①]（1988）提出制造业服务化发展的三阶段理论：①制造业生产高质量的产品；②提供产品和附加服务；③提供“产品＋服务”的产品服务系统。制造业服务化是制造业企业利用知识和信息，通过顾客参与、创新生产组织形式和商业模式，从单一加工组装产品向提供“产品＋服务”转变，增加企业核心产品价值。20 世纪 80 年代以来，在欧美发达国家产业升级的演进历程中，无不伴随着制造业服务化的过程[②]。制造业服务化，是信息通信技术和工业生产融合发展的必然结果。发达国家充分利用消费者偏好信息获取的便利性，根据消费者对产品和服务诉求的动态变化，创新产品服务供给系统，不断增加知识和技术型服务供给，使企业向价值链两端扩展高价值的服务功能，推动了发达国家制造业的高质量发展。

根据发达国家制造业发展经验，制造业服务化是我国制造业高质量发展的重要路径。制造业服务化是制造业内部自发演化出服务业务的过程[③]，通过融入更多的服务元素，实现制造业投入服务化和产出服务化，改善制造供给质量，解决产品同质化问题，利用差异化竞争，增强企业的市场竞争力。近年来，我国制造业投入服务化水平为 10％左右，同期美国为 16％以上[④]，制造业服务化水平偏低，在很大程度上限制了我国制造业的利润空间和增长潜力。推进制造业服务化，应充分利用信息技术和大数据带来的需求信息，加强与产品消费者的互动与沟通，构建产品服务系统，通过增加制造业生产中的金融、物流、研发和检测认证等服务要素投入，提高企业价值链的参与度和分工地位，提升产品附加值和生产效率[⑤]，推进我国制造业高质量发展。

---

① Vandermerwe S.，Rada J. “Servitization of business: Adding value by adding services,” *European Management Journal*，1988，6（4）：314－324.

② 徐振鑫：《制造业服务化：我国制造业升级的一个现实性选择》，《经济学家》2016 年第 9 期。

③ 周大鹏：《制造业服务化对产业升级的影响》，《世界经济研究》2013 年第 9 期。

④ 郭朝先：《产业融合推动制造业高质量发展》，《经济日报》2019 年 9 月 11 日。

⑤ 刘斌、魏倩、吕越：《制造业服务化与价值链升级》，《经济研究》2016 年第 3 期。

（四）文化创意产业与制造业融合：催生制造业产业新业态

文化创意产业（又称创意产业），是以文化为基础并利用个人创意和先进技术进行创造性活动，通过知识产权的开发和运用，生产个性化、高附加值创意产品的新兴产业。文化创意产业的概念最早由英国政府提出，之后很多国家特别是发达国家，将该产业作为推动国家产业转型的战略重点①。文化创意产业作为产业分工和价值链的高端环节，具有高度的渗透性和关联性，与制造业存有天然的耦合关系②，可以有效提升制造业产品的科技含量和附加值，是推动制造业转型发展的催化剂（Potts J.③，2011）。2014 年，在我国制造业转型发展的背景下，国务院提出推进文化创意和设计服务与制造业融合发展，提高制造业整体效益和国际竞争力④。2019 年前三季度，文化核心领域产业营业收入增长 10.8%，其中创意设计服务行业营业收入达到 8256 亿元，比上年同期增长 12.2%。文化创意产业的快速发展，为我国制造业的转型发展提供了文化和创新基础。

产业融合是不同产业或行业相互交叉、渗透，并逐步形成新产业的动态发展过程（厉无畏⑤，2002）。文化创意产业与制造业融合是将文化创意产业的文化、创意和技术融入制造业生产的各个环节，提高产品的科技含量和品牌的文化价值，而制造业的资源优势也为文化创意产业的发展提供了实践平台和支撑。制造业在产品生产过程中，融入文化创意产业凝聚的文化价值与创新能力，增强产品和服务的差异化程度，提高市场竞争和盈利能力。文化创意产业中，人力资本具有特殊才能和专

---

① 杜传忠：《我国创意产业促进制造业升级的作用机理及效应分析》，《江淮论坛》2015 年第 4 期。

② 刘金友：《创意产业与城市发展的互动关系及其耦合演化过程研究》，《中国软科学》2009 年第 1 期。

③ Potts J. *Creative industries and economic evolution*，London：Edward Elgar Publishing Limited，2011.

④ 《关于推进文化创意和设计服务与相关产业融合发展的若干建议》，中华人民共和国中央人民政府网，http：//www.gov.cn/zhengce/content/2140－03/14/content_8713.htm? isappinstalled=0，2014 年 2 月 26 日。

⑤ 厉无畏：《产业发展的趋势研判与理性思考》，《中国工业经济》2002 年第 4 期。

业知识，将文化积累和技术进步激发的创意向制造业价值链高端延伸，融入研发设计环节，生成新的价值和多样化的竞争力，提高产品附加值；融入品牌营销与服务环节，提升品牌美誉度和售后服务水平，推动企业产品与消费市场的快速对接。产业融合促进了产业创新，是经济增长的新动能（洪银兴[①]，2017）。文化创意产业带来的改良性创新可以重塑市场和产业边界[②]，为处于价值链低端的中国制造业企业获取新的比较优势奠定了产业基础。

三、制造业高质量发展亟待彰显工匠精神

（一）倡导工匠精神是制造业发展方式转换的内在诉求

改革开放之初，在资本短缺、技术匮乏的发展背景下，我国利用资源、环境、劳动力要素成本优势，选择了符合自身要素禀赋结构的劳动密集型产业。一国最具有竞争力的最优产业结构，由该国的要素禀赋结构内生决定。拥有充裕劳动力或自然资源，但资本稀缺的低收入国家在劳动或资源密集型产业具有比较优势和竞争力。然而，经济发展是一个动态的演进过程。当下，长期高耗能、低技术的经济发展模式，导致我国环境承载力逐步到达临界点，资源约束也日益趋紧，传统工业化道路造成了经济失衡和资源环境的过度损耗，转变发展方式是实现可持续发展的必要途径。我国生产要素禀赋结构的嬗变，使建立在原结构之上的产业选择偏离了最优状态，比较优势日渐式微。特别是面临资源和环境的刚性约束，制造业的粗放式发展模式已然难以为继，亟须根据要素禀赋的结构性变化，动态调整产业结构，从依靠资源、环境的粗放式发展转向以信息、知识投入为主的内涵式发展。

低成本赶超战略下的劳动力密集型产业和粗放型的发展模式，契合要素禀赋结构，但长期忽视工匠精神的内在价值，使我国深处产业价值链低端的制造加工环节，并在一定程度上形成固化的发展思维、模式和

① 洪银兴：《文化创意产业与中国供给侧结构性改革》，《文化产业研究》2017 年第 3 期。
② 刘奕：《文化创意产业：内涵、效应与政策》，《中共中央党校学报》2012 年第 3 期。

惯性。这也是我国制造业发展迄今，仍靠要素成本衍生的价格优势，而非技术、品牌或服务立足于世界的重要原因。经济新常态下，我国制造业发展模式转换势在必行，亟须重塑和弘扬工匠精神，遵循工匠精神蕴含的对产品质量、品质、品牌及服务无限追求的价值理念，为我国制造业从粗放式向内涵式转换提供价值驱动和制度保障。通过大力培育和弘扬工匠精神，推动形成制造业追求精益求精的高质量发展理念，树立质量意识、品牌意识和创新意识，改变制造业发展的“粗放”生产意识，跟踪研判世界制造业的发展趋势和方向，大力发展先进制造业，引导制造业向智能化、绿色化、服务化方向发展。

（二）提升制造业自主创新能力亟待彰显工匠精神

根据内生增长理论，技术创新是经济持续增长的动力和原因[①]。引进、消化和吸收发达国家的先进技术，是技术后进国家快速提高技术水平，实现技术跨越式发展的有效途径[②]，并为实践所证实。从近代机器工业创生至今，引进国外技术一直是我国技术进步的重要方式。技术引进及其外溢效应，在一定程度上缩小了我国与发达国家的技术差距，提升了我国制造业的自主创新能力，特别是近年来，我国在核高基、集成电路、高档数控机床、天然气、核电、新药创制、转基因育种等领域取得了重大技术突破，但与发达国家相比，我国制造业的自主创新能力仍显薄弱，如制造业关键装备、核心零部件和基础软件还依赖进口和外资企业。由于经济体制和管理机制问题，我国企业的创新主体地位尚未形成，自主创新能力弱化，大部分制造业产业仍深陷全球产业链低端。

根据林毅夫[③]（2005）的研究，欠发达国家引进技术，可以获得高于发达国家的技术变迁速度。改革开放以来，我国通过技术“引进—消化—吸收”学习机制，积累了一定的自主创新能力，但相对于制造业的

---

① Gene M. Grossman，Elhanan Helpman：“Endogenous innovation in the theory of growth，” *Journal of Economic Perspectives*，1994（1）：23—44.

② Amsden H. Asia's next giant：“How Korea competes in the world economy，” *Technology Review*，1989（4）：46—53.

③ 林毅夫等：《后发优势、技术引进和落后国家的经济增长》，《经济学季刊》2005年第1期。

高质量需求，仍然差距甚大。特别是发达国家为保持技术垄断，不断加强对核心技术和关键技术的转移限制和封锁，因此要实现对发达国家的技术赶超，推进我国制造业升级，只有依靠自主创新。由于技术创新的市场风险和不确定性，再加上社会“浮躁逐利”的心态，制造业企业从事技术创新的意愿和能力严重不足，企业已积累的技术创新能力有限。要想提升自主创新能力，亟须弘扬工匠精神，发挥人力资本与研发活动对我国制造业自主创新效率的正向推进作用，依靠工匠精神内涵的“匠心”和“创新”机制，激发企业家坚守实业和勇于创新的内在潜质，提升制造业企业的自主创新能力。

（三）弘扬工匠精神是提升品质和塑造品牌的必然选择

随着全球制造业生产与需求重心向新兴经济体的渐次转移，我国经济的快速发展使劳动者的收入水平显著提高，居民消费结构也随之升级。消费者追逐更高品质的商品，是居民消费结构升级的重要体现，消费需求也从功能型、大众化转向体验型、个性化。但在我国制造业供给侧，优质产品供给乏力，产品供给结构与消费者需求结构呈现出了一定的偏离现象。在互联网日益普及的今天，越来越多的消费者通过“海淘”等网络路径从境外购买自需商品，海淘品类从奢侈品向护肤品、电饭煲、马桶盖等日用品扩展，超过 200 万款①，这类商品无论在质量、工艺等方面显著区别于国内同类商品，技术含量和品牌附加值明显偏高。在我国经济供给与需求的动态发展过程中，由于制造业供给能力和技术缺口的存在，产品供给结构并未与需求结构同级递进，技术含量高、品质好的新产品供给与需求呈现出结构性失衡的发展状态。

制造业供需结构失衡，是我国粗放式经济发展方式的惯性使然。低成本的粗放型生产方式，契合了我国历史上供给短缺的市场和低收入劳动者的现实需求，但同时也限制了产品质量、技术水平的提升和企业品牌的塑造。因收入提高催生的中产阶层正在形成，其消费需求悄然提高，对于品质、品牌更为向往。而供给结构则因低成本赶超战略长期忽

① 王晋：《以品质革命促转型升级》，《经济日报》2016 年 5 月 17 日。

视工匠精神的价值和粗放式生产方式的惯性，并未与消费结构实现同步攀升，导致供需结构失衡。提升品质、塑造品牌是供给侧结构性改革的重要内容，有利于提升产品竞争力、拓展市场份额，并且能够提升制造业产品附加值和品牌效应。国内外经济发展实践表明，传承和发扬工匠精神，是提升产品质量和品牌影响的根本途径。在我国经济高质量发展背景下，强化制造业品质升级与品牌培育，亟须大力培育和弘扬工匠精神，注重产品和服务细节，重新发掘产品价值，提升产品质量，创造富有特色的口碑与品牌，满足消费者个性化和多样化的社会需求。

第三节　工匠精神对制造业高质量发展的影响机制

从工业革命历史看，工匠精神是技术进步和产业变革的重要影响因素。现代机器大工业生产阶段，尽管传统手工业的生产环境已经消亡，但因人类生产历史积淀的工匠精神具有一定的独立性，仍然并存于现代工业生产制造过程中，是影响产业工人开展技术创新、生产优质产品、推动制造业升级的重要因素，甚至成为现代工业制造的灵魂①。当前，在我国大力推进制造业转型发展的背景下，提升制造业的自主创新和品牌营销能力，推动制造业服务化和产业融合发展，亟须倡导和弘扬工匠精神，将工匠精神中内涵的传承创新、专注坚守和精益求精等生产理念融入制造业发展的各个环节，推动我国制造业产业高质量发展。

一、精益求精与制造业供给质量

精益求精是对传统工匠手工生产过程和劳动宗旨的精准描述，是对工匠追求“极致完美”产品这一精神理念的深刻概括。进入机器工业和智能化生产阶段，精益求精的生产理念更是制造业发展的重要依托和遵循准则。在我国制造业亟须升级发展的背景下，培育和弘扬工匠精神，将精益求精的生产理念融入制造业发展过程，以提升制造业产品质量、劳动生产效率和制造业服务化水平。

① 李珂：《中国制造业转型升级呼唤工匠精神》，《人民论坛》2017 年第 6 期。

（一）“精益求精”是提高制造业产品质量重要前提

“如切如磋，如琢如磨”，是精益求精的工匠精神对产品质量追求的形象表达，是手工业者在生产过程中的一种劳动境界。亚里士多德认为，工匠通过造物实践证明自身存在的价值，并体现为其对制造产品的由衷热爱和职业的高度认同[①]。从历史上看，传统工匠对职业的认同和敬重，除了因为安身立命、家族传承和制度约束等社会因素外，也来自对自己拥有专业生产知识和技能，并以此生产社会所需求的产品而催生的自豪和满足。精益求精工匠精神的形成源自生产者在心理上对所从事职业的高度认同和热爱，并成为其锤炼专业技艺、追求精益生产和极致产品的内生激励。精益求精的工匠精神追求高质量和高层次的极致产品，注重生产细节，视质量为生命，以劣质产品为耻辱。德国制造业强国地位的确立，源于对制造技术工艺宗教般的狂热追求，而不是经济理性支配下的利润角逐（李工真[②]，2005）。当前，由于我国制造业发展历史和现实因素的影响，经济理性主义严重压缩了工匠精神的生存空间。在很大程度上，精益求精的生产理念被束之高阁，特别是受经济理性行为的侵蚀，制造业产品质量低成为我国制造业“大而不强”的典型表现。在国际经济环境深刻变化和国内消费结构升级的背景下，亟须培育和弘扬精益求精的工匠精神，激发生产者对所从事行业的认同和对产品制造的热爱，激励其树立质量意识，追求极致和完美生产，不断满足消费者对多样化、个性化和高品质产品的消费诉求。在制造业发展的各个环节融入精益求精的生产理念，加强从原料采购、产品设计、生产制造等环节的质量控制和管理，提高制造精度和产品质量，推进我国制造业向全球价值链中高端迈进。

（二）“精益求精”是制造业生产效率提高的基本保证

工匠长期在其专业领域的全情投入和精益生产，将催生学习效应，

---

① 〔古希腊〕亚里士多德著，廖申白译：《尼各马可伦理学》，商务印书馆 2003 年版，第 273 页。

② 李工真：《德意志道路——现代化进程研究》，武汉大学出版社 2005 年版，第 211 页。

在不断提升产品质量的同时，还会提高技艺水平和生产效率。经济学中的学习效应，又称学习曲线效应（见图 4—1），是生产过程中单位产品的生产时间（劳动投入 L）以某一不变速度随着该产品的累积产量（Q）增加而递减（Wright[①]，1936）。Arrow[②]（1962）认为，学习是经验的产物，人们学习的过程来自对一项工作的不断重复或实践经验的积累，即“干中学”的学习机制。从生产经验中学习，可以使组织的技能水平和生产知识不断提升，并整合到组织的生产系统之中，通过具有比较优势的生产技术累积，提高劳动生产率和组织绩效。

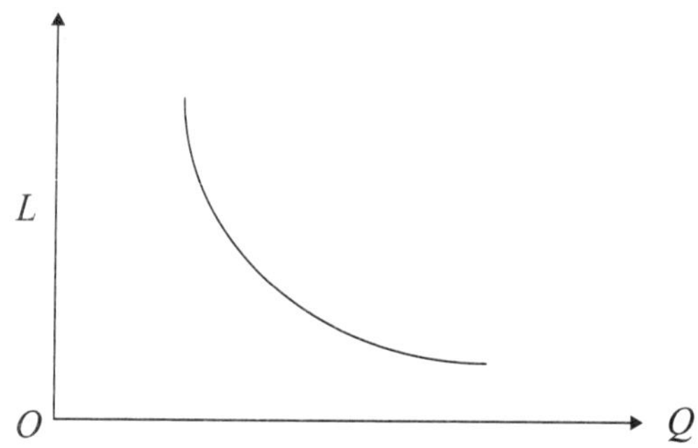

图 4—1 学习曲线

精益求精的工匠精神，是工匠对制造技艺和产品持久、无止境的钻研和探索。工匠精神带来的学习效应，使企业通过开展组织学习，能够加深对产品与运作过程的认知和理解[③]，进而促进劳动生产率的提高。一方面重复性劳动实践，将提高劳动者工序操作的熟练程度，所谓“熟能生巧”，缩短劳动时间，提高劳动生产率，降低产品生产的长期平均成本；另一方面，工匠或生产者在专业领域的辛勤耕耘，其劳动经验和知识也呈现累积性增加，产品的生产工艺和制造流程将会不断改进，以降低生产成本并利用制造技艺的边际创新推动产品升级，提高生产效率

① Wright T. “Factors affecting the cost of airplanes,” *Journal of Aeronautical Sciences*, 1936, 3 (4): 122—128.

② Arrow. “Economic implication of learning by doing,” *Review of Economic Studies*, 1962, 29 (3): 155—173.

③ Abernathy J., Utterback M. “Patterns of industrial innovation,” *Technology Review*, 1978, 80 (7): 56—61.

和产品附加值。除从生产经验中学习外，生产组织还应从产品消费者反馈的信息中学习，即从用户的经验中学习，提高劳动生产效率（Rosenberg N.[①]，1976）。随着我国信息技术的快速发展和消费者需求结构的变化，精益求精的工匠精神的实践基础进一步拓展。根据消费者信息反馈，将消费需求渗透到生产之中，使供给侧的生产与需求侧的消费精准对接，是工匠精神的精益生产理念应用于实践的重要组成部分，可以有效提高制造业生产效率和产品附加值。

（三）"精益求精"是制造业服务化发展的重要条件

《中国制造 2025》发展战略明确提出，要促进服务与制造的融合与互动，推动制造企业延伸服务链条。根据国外研究文献，服务转型成功的制造业企业仅占 20%（Ulaga & Reinartz[②]，2011），即制造企业服务转型面临巨大的失败风险。陈漫、张新国[③]（2016）通过对我国 305 家上市制造企业数据进行研究，发现嵌入式服务转型提升企业绩效，而混入式服务转型对企业绩效则无显著作用，并且在经济紧缩期的小企业和经济扩张期的大企业，不能实施混入式服务转型，以分别避免企业资源分散和经营战略失衡衍生的转型风险。嵌入式服务转型提升企业绩效，缘于原有产品生产的累积经验和知识与新开发的服务相连接：一是使企业有形资源与无形资源在产品部门和服务部门之间实现共享与协同，提高资源使用效率；二是可以有效识别并获取顾客潜在的市场需求，扩大产品市场占有率，提升企业绩效。

传统手工业时代，工匠精神的精益求精和对制造品质的极致追求，不仅是一种量的概念，而且是一种质的提升，是在继承前人积累经验的基础上，加入了传承者的创新和突破（刘建军[④]，2016），但仍然是"产品"本身在一定限度内边际质量的提升。当前，制造业服务化已成

---

① Rosenberg N. *Perspectives on technology*，Cambridge University Press，1976：125－127.

② Ulaga W.，Reinartz W. "Hybrid offerings：How manufacturing firms combine goods and services successfully，" *Journal of Marketing*，2011，75（6）：5－23.

③ 陈漫、张新国：《经济周期下中国制造企业服务转型：嵌入还是混入》，《中国工业经济》2016 年第 8 期。

④ 刘建军：《工匠精神及其当代价值》，《思想教育研究》2016 年第 10 期。

为全球制造业发展的新趋势，也是我国制造业高质量的发展方向。精益求精工匠精神的观照领域，亟须从对单一“产品”的极致追求，逐步向“产品＋服务”拓展，特别是在实施嵌入式服务转型的制造企业中，融入精益求精的生产理念，可以充分释放工匠精神带来的学习效应，整合产品的累积生产知识和服务资源，提升资源重置能力和生产效率，并发挥精益求精理念对产品极致追求的特点，利用消费者对“产品＋服务”的信息反馈，加强供给方对消费市场的感应能力，满足消费者个性化和高品质的市场诉求，提高用户满意度和忠诚度，延伸制造业企业服务链条，以提高产品附加值，推进我国制造业服务化进程。

二、专注坚守与制造业品牌创建

专注、坚守是工匠在生产过程中的心无旁骛、全情投入，是对某一生产领域或行业的潜心耕耘、持之以恒。手工业时代，社会分工有限，专注坚守理念的历史形成主要来自技能的家族传承机制和工匠“口传心授”的教育方式，专注和坚守是工匠精神的首要特质，是工匠精神其他理念彰显的前提和基础。

（一）“专注坚守”是我国制造业持续性发展的基本前提

在我国制造业发展过程中，由于技术缺口、经济理性扩张和制造业发展环境不佳等原因，在很大程度上遮蔽了专注坚守的工匠精神，致使大量资本脱离制造业领域并进入资本市场逐利，甚至在一定程度和范围内出现了“产业空心化”现象。现代性的不断扩张导致的传统工匠精神的失落，成为我国制造业发展出现局部“断裂”的内在原因，并影响到制造业持续性的技术累积和产品升级。专注坚守的工匠精神，是促使制造企业从经济理性扩张带来的一心逐利行为转向潜心于技术创新、产品研发并释放其价值理性的重要约束。

当今时代，工匠精神的专注坚守理念更多体现在：①长期专注于所从事的制造领域或行业；②始终坚守利基市场（被大公司或行业巨头忽略的某些细分市场），中小企业成为此类市场中产品和服务的领导者

（栾群[①]，2016）。以笃实专注为内核，筑牢中国制造业发展根基，是制造业由大变强的必要路径[②]（苗圩，2016）。彰显聚合专注与坚守理念的工匠精神，扩充以价值理性为导向的社会意识，可以有效压缩经济理性扩张空间，形成制造企业的长期化经营行为，为企业改进生产工艺和产品性能，改善用户体验，培养顾客满意度和忠诚度，提供现实的发展空间。在我国制造业发展过程中，注入专注坚守的工匠精神，使制造业企业专注于价值理性的生产行为，通过长期的累积性经验和知识，寻求多种形式的技术创新，降低技术学习成本，以缩小产业价值链内升级的技术距离。发挥专注坚守的工匠精神的内在驱动机制，激励中小企业坚守利基市场，专注于细分市场，提升自主创新能力，提高产品和服务质量，实现产业内升级并向细分制造业领域的“隐形冠军”迈进，是提升我国制造业发展的重要条件。

（二）“专注坚守”是制造企业品牌创建的必要条件

随着国内外经济环境的深刻变化，我国制造业低成本竞争的比较优势几于消失殆尽，推进制造业高质量发展亟须培植新的比较优势。根据发达国家的发展经验，塑造制造企业品牌，提高产品品牌附加值，是在全球化经济格局下参与国际竞争的不二选择。品牌是企业的无形资产，是企业依托产品和服务，创造的被市场认可的差异化企业文化标识。当品牌文化为市场认可后，就会产生市场价值，提高产品和服务的附加值。制造企业品牌的创建，是企业长期化经营行为的结果，需要企业在其制造领域的长期坚守，并专注于产品质量、价值和市场竞争力的提升。

专注坚守的工匠精神，是在制造业某一专业领域潜心耕耘的重要依托，是企业创建品牌的必要条件。我国制造业发展长期存在短期化倾向，是制造业品牌附加值不高的重要原因。根据中国人民银行发布的《中国小微企业金融服务报告（2018）》，中国中小企业的平均寿命仅 3

① 栾群等：《弘扬工匠精神　呼唤有效制度供给》，《前线》2016 年第 7 期。
② 苗圩：《弘扬工匠精神打造中国制造新名片》，《求是》2016 年第 17 期。

年左右，美国企业平均寿命为 8 年，而日本企业平均寿命达到 12 年[①]。受利益支配的短期化经营行为不可能塑造出有影响力的企业品牌。从国内外学者对全球鞋业价值链的研究来看，中国、印度和巴西的制造商在发展设计和营销能力遇到了壁垒[②]，即从流程升级向功能升级的过程中的品牌营销能力存在缺口。当前，在经济转型发展的背景下，中国制造业亟须在发展过程中融入专注坚守的工匠精神，提升品牌创建能力。制造企业进行品牌创建，必须具备如下三个要素：①能为市场提供差异化的产品；②产品能满足潜在顾客的有用性需求；③能赋予产品为消费者可认知的价值。工匠精神的专注与坚守理念，是企业坚持长期化经营行为、心无旁骛地专注于改进生产工艺和产品性能、向市场提供差异化产品的重要保障；也为企业根据市场需求的动态变化，利用消费者信息反馈不断调整产品供给方向，并在长期的经营行为中，凝练为消费者广泛认知的企业文化价值，提供了现实的思想基础。制造企业品牌创建，离不开心无旁骛、持之以恒的工匠精神催生出的高品质产品、企业文化和市场竞争力。

三、传承创新与制造业发展动力

工匠精神的传承机制与创新理念是传统社会手工业生产与发展的重要条件。进入现代社会，传承创新的工匠精神的实践基础发生了重大变化。现代职业教育成为当代技术传承的重要方式，创新理念也逐步从附属于精益求精理念的地位挣脱，成为工匠精神的核心要素和内涵。工匠精神的传承机制与创新理念是当代制造业转型发展的重要前提。

（一）“传承理念”是推进制造业技能形成和发展的重要条件

工匠精神的传承理念，很大程度上衍生于传统社会学徒制下技能传承的社会实践，是社会对手工生产技术的代际传递方式的共同意识或准

① 中国人民银行、中国银行保监会：《中国小微企业金融服务报告（2018）》，中国金融出版社 2019 年版，第 6 页。

② 张其仔：《比较优势的演化与中国产业升级路径的选择》，《中国工业经济》2008 年第 9 期。

则。传承理念的形成又催生出系列的社会制度和文化，进一步强化了传统社会技能形成和发展机制。学徒制下的传统工匠在师傅“口传心授”的教育方式下，“边干边学”地承接前辈的手工生产技能，并接受纪律性、顺从性、忠诚性和勤奋等劳动品质的熏陶和训练，以成为一个“完整”的产业工人（西伦[①]，2010），并在原有累积技术的基础上改进、提升，实现“非破坏性”创新。学徒制是工匠精神的传承理念具体实践的典型物质领域，对我国历史上传统手工业技术的代际传承和创新发挥了重要的推动作用。

进入现代社会，学徒制的技能传承方式在工业化和现代化转型过程中逐渐退出历史舞台，内涵传承理念的工匠精神也被广泛遮蔽。实践表明，单一的现代职业教育的技能生成机制，并不能满足现代经济条件下制造业对适用和先进技术的现实诉求，制造业发展出现了“技能失衡”的现象。而德国学徒制在现代转型中，建构出劳动共同体模式和去商品化的社会保护制度，解决了企业与劳动力之间的可信承诺达成和社会劳动力市场管制问题，使学徒制继续保持并成为一种重要的技能形成体制，从而促成德国制造产业在全球市场的强势表现，成为支撑德国累积型创新模式的重要制度优势。根据王星[②]（2015）对德国学徒制的研究，德国的技能形成机制源自社会建构，并非理性选择的生成结果，需要外部力量（工会组织和行会组织）的介入和一定的经济社会环境。我国制造业要实现德国式的累积型创新，亟须在现代机器大工业和智能生产中注入工匠精神，培植尊师重道、爱岗敬业和注重技艺传承的社会土壤，挖掘内涵传承理念的学徒制对当下制造业技能形成的推动作用。借鉴德国学徒制现代化转型中国家力量的干预经验，将学徒制嵌入当下的职业教育体系当中，构建技能形成的有效机制，加强校企合作，强化技能培训中岗位实训教育，提高受训者学以致用的能力。培育适合现代学徒制下技能形成和发展的经济社会环境，以规避学徒制技能形成过程中

① 〔美〕凯瑟琳·西伦著，王星译：《制度是如何演化的》，上海人民出版社 2010 年版，第 71 页。

② 王星：《技能形成的社会建构——德国学徒制现代化转型的社会学分析》，《社会》2015 年第 1 期。

的市场失灵对企业和受训学徒产生的外部性风险，推进我国制造技术的形成与发展，摆脱“技能失衡”对我国制造业发展产生的负面力量。

（二）“创新理念”是提升制造业技术创新能力的重要基础

根据新经济增长理论，制度和技术进步是经济增长的主要动力。Romer[①]（1990）又进一步提出，技术进步是经济增长的核心。我国多数制造企业在国际产业链分工中仍处于“制造—加工—组装”低技术含量和低附加值的环节，尤其在高端产品创新设计方面，设计软件受制于人，设计方法和理念不够先进，创新设计能力较为薄弱。[②] 制造企业自主创新能力不强，在很大程度上阻碍了我国经济增长方式转变和制造业升级的步伐。当今社会的科学技术日新月异，随着互联网信息技术与制造业融合发展，新一轮科技革命和产业变革蓄势待发，创新已然成为经济增长和社会发展的重要驱动。

创新理念或意识是提升一个国家、民族创新能力的重要精神力量，创新是工匠精神的重要内涵，也是中国制造业迈向中高端的关键（苗圩[③]，2016）。倡导和弘扬工匠精神，释放工匠精神的创新理念对我国制造业技术创新的推动作用，是提高制造企业自主创新能力，推动我国制造业高质量发展的重要途径。工匠精神的创新理念扩张，有助于社会创新氛围和创新意识的形成，并促成多种创新要素变化，推进技术创新：①促进创新思想无障碍的流通，并激发“知识溢出”效应，衍生出新的知识生成机制，弥补制造业科技创新的知识缺口。②挤压制造业依靠资源成本优势发展的惯性思维，并逐步摆脱制造业对原有发展模式的路径依赖；在新的经济发展形势下，有助于提高创新驱动发展意识，进而加大制造技术创新投入，并根据市场信息反馈，加强供给感应能力，以提升技术创新水平，增加产品技术含量和附加值。③强化创新驱动发

① Romer M. “Endogenous technological change,” *Journal of Political Economy*, 1990 (5): 71—102.

② 《关于印发“十三五”先进制造技术领域科技创新专项规划的通知》，中华人民共和国科技部，http://www.most.gov.cn/mostinfo/xinxifenlei/fgzc/gfxwj/gfxwj2017/201705/t20170502_132597.htm，2017年4月14日。

③ 苗圩：《弘扬工匠精神打造中国制造新名片》，《求是》2016年第17期。

展中的人才核心意识，加快高端创新人才培养进程，摆脱高层次人才匮乏对制造技术创新的束缚，为创新理念激发出的创新实践提供高端人才支撑，提升高端产品创新设计能力；加大技术工人特别是技师的培养力度，解决实验室产品到生产线产品转化过程中存在的工艺、成品率等技术人才问题[①]。④培植尊重知识产权的社会意识，加大知识产权保护力度，维护创新主体的经济收益，避免“劣币驱逐良币”现象的发生，提升制造企业的创新动力。

（三）“创新理念”是制造业与文化创意产业融合发展的精神动力

当前，在国内资源环境制约和国际市场竞争加剧的复杂环境下，制造业转型发展成为我国经济发展的主旋律。根据国内外研究文献，制造业发展大多遵循产业的技术发展路径。技术创新是我国制造业高质量发展的核心诉求，但制造业高质量发展并不一定局限于技术创新的产业内或产业间发展的传统路径。随着社会分工的深入发展，文化创意产业日渐成为我国产业结构序列的重要组成部分。在创新发展战略上升为国家发展战略的背景下，推动制造业与文化创意产业的有机融合，重塑制造业产业结构形态，成为提高产品文化和品牌附加值，推进我国制造业高质量发展的重要途径。

根据社会存在与社会意识的辩证关系，工匠精神的创新理念根源于传统社会的生产方式，来自传统工匠对产品精益求精的极致追求，而创新理念的形成与发展也将推动社会生产方式的不断进步。创新理念应用于产业发展，改变了产业发展流程，并催生了新的产业结构形态，文化创意产业应运而生。科技创新和文化创意是现代经济增长的双引擎，真正能发挥巨大能量的是文化因素和科技含量有机融合的综合创意产业（厉无畏[②]，2006）。而制造业与文化创意产业的融合发展模式，是工匠精神创新理念在推进制造业高质量发展的背景下，衍生出生产实践的新

① 苗圩：《弘扬工匠精神打造中国制造新名片》，《求是》2016 年第 17 期。

② 厉无畏：《创意产业促进经济增长方式机理、模式与路径》，《中国工业经济》2006 年第 11 期。

物质领域，开辟了制造业转型发展的新路径，是工匠精神创新理念在我国制造业发展过程中的具体运用和实践。制造业与文化创意融合发展，是通过文化创意产业的创新思想和生产理念向制造业延伸，改变制造业产品的价值形成机制，以推动价值增值和制造业结构转型（蔡旺春①，2011）。在制造业与文化创意产业融合发展过程中，文化内涵和文化价值的深入挖掘、创意思想的生成、创新空间的拓展，以及创新元素向制造业战略环节的内嵌与渗透，都离不开创新理念和意识的支撑和指引。内含创新理念的工匠精神，催生了制造业与文化创意产业融合发展的新模式。

① 蔡旺春等：《中国制造业升级路径新视角：文化产业与制造业融合》，《商业经济与管理》2011 年第 2 期。

第五章

工匠精神对我国制造业高质量发展的效应分析

根据前文对工匠精神与制造业高质量发展互动机制的理论分析，工匠精神是影响制造业高质量发展的重要因素。为深入探究工匠精神对制造业高质量发展的现实效应，揭示我国制造业发展实践中工匠精神与制造业高质量发展的内在逻辑，本章通过构建省域工匠精神指数测度指标体系和制造业高质量发展评价指标体系，测度工匠精神指数和制造业高质量发展指标，并根据两者理论上的内在逻辑建立多重线性回归模型，实证检验工匠精神对我国制造业高质量发展的现实影响。

第一节　省域制造业工匠精神指数测度

当前，全球相关研究机构对“全球创业精神指数”的研究已持续多年，不同研究机构从不同的维度对“全球创业精神指数”进行测度，并借此测算得分进行全球创业发展评比，但关于“工匠精神指数”测度的文章尚不多见。当今时代，工匠精神已经从原初的工匠本位精神，延伸为人类生产活动特别是制造业发展中“不忘初心、追求卓越”的精神指引，并在制造业生产领域呈现出众多的社会化特征。测度工匠精神指数，需要准确捕捉其在制造业生产活动中的社会化特征，并建构合理的评价指标体系。

一、工匠精神指数测度指标体系构建

根据前文研究，构建工匠精神指数测度指标体系，因在道德伦理视域下工匠精神内含的爱国情怀和职业操守指标数据的收集存在一定的难度，所以本书的实证检验主要从专业生产视域下工匠精神内含的精益求精、专注坚守和传承创新三个维度挖掘工匠精神典型的社会化表现，以较为准确和全面地反映不同区域工匠精神的彰显程度。

（一）精益求精维度

精益求精是传统社会工匠精神最本质的特征，既是工匠在手工劳作过程中坚持的理念，也是工匠的职业精神。在当今社会的制造业发展中，精益求精的工匠精神更多地表现为企业通过改进产品形状、构造、

图案、色彩以及加强企业技术改造等现实活动提高产品供给质量，并通过制定本行业生产标准来提高产业竞争力。所以，在精益求精这一衡量维度下，结合制造业企业的现实活动，将工艺设计（GYSJ）、技术改造（JSGZ）和行业标准（HYBZ）作为测度工匠精神的要素指标，并利用实用新型专利申请数、外观设计专利申请数、技术改造投入和工业企业制定标准数量等数据指标进行指数测算。

（二）专注坚守维度

专注坚守的工匠精神，在手工业生产方式下是工匠生产高品质手工业产品和累积生产技艺的重要保障，也是工匠坚持所从事手工行业、打造百年老店的重要条件。当今制造业的专注坚守精神，更多地表现为制造业企业深耕其所在专业领域、提高专业生产能力以及创建企业品牌；体现在制造业企业投资在产业结构中的比重不断提高以及社会对技能人才的培养等现实活动中，以提升企业品牌附加值和市场竞争力，为制造业的持续快速发展提供资金支持和人才保障。测度专注坚守的工匠精神的彰显程度，结合制造业企业和社会的现实活动，采用专业能力（ZYNL）、行业专注度（HYZZ）和品牌塑造（PPSZ）三个要素指标进行指标体系建构，并选择制造业投资增长率占比、制造业技术教育经费投入、制造业高技能人才培养数量占比、商标申请数等数据指标进行指数测算。

（三）传承创新维度

传承创新的工匠精神，是传统社会生产条件下，手工匠人在继承家族代代相传的原有技能实践的基础上，不断对生产技艺进行创新和突破的重要动力。但由于受到社会发展和生产条件限制，创新只是在追求极致产品生产过程中衍生出的小概率事件。在现代社会，传承创新的工匠精神则成为制造业产业发展的生命力，并表现为制造业企业建立研发机构、引进创新人才、扩大研发支出等系列的现实活动，同时也表现为政府支持产业研发而扩大资金支出的行为表现，为制造业高质量发展提供创新动力。在传承创新维度下，结合制造业企业和政府的现实活动，构建工匠精神指数的评价指标体系，采用研发水平（YFSP）、创新投入

(CXTR) 和创新强度 (CXQD) 等要素指标，并利用企业研发机构数量、研发机构高层次人才比重、企业 R&D 经费、企业 R&D 人员折合全时当量、政府创新投入、省域 R&D 经费投入强度、有创新活动的企业数量占比等数据指标进行指数测算。

从上述三个维度构建评价指标体系进行工匠精神指数测算，指标选择充分考虑到工匠精神在现代生产条件下所呈现出来的典型化特征，并结合其现实表现和特征可量化的原则，选择了包括“实用专利申请数”在内的 15 个可测度的数据指标作为评价指标体系的指标层，并将数据指标合成为包括“工艺设计”在内的 9 个要素指标作为评价指标体系的要素层，在要素指标的基础上合成包括“精益求精”在内的 3 个准则指标作为评价指标体系的准则层（见表 5—1)。

表 5—1　中国省域工匠精神指数测度指标体系

准则层	要素层	指标层	单位	指标含义	类型
精益求精	工艺设计	实用新型专利申请数	个	该项专利申请受理数	正
		外观设计专利申请数	个	该项专利申请受理数	正
	技术改造	技术改造经费支出	万元	企业技术改造支出	正
	行业标准	形成国家或行业标准数	个	国家或行业内统一的技术标准	正
专注坚守	专业能力	制造业职业技术教育经费投入	万元	职业教育经费投入/在校学生人数	正
		制造业高技能职业人才培养数量占比	%	技工、高级技工认证总数占技能认证总人数	正
	行业专注度	制造业投资增长率占比	%	制造业投资增长率/社会固定资产投资增速	正
	品牌培育	商标申请数	件	当年商标申请量	正
传承创新	研发条件	研发机构数量	个	工业企业研发机构数	正
		研发机构高层次创新人才比重	%	工业企业硕博人才数量/机构总人数	正
	创新投入	企业 R&D 经费	万元	工业企业研发经费支出	正
		R&D 人员折合全时当量	(人年)	科技创新人力资源投入力度	正
		政府资金	万元	来自政府的 R&D 经费内部支出	正

续 表

传承创新	创新强度	R&D经费投入强度	无量纲	研发经费总额/GDP总量	正
		有创新活动的企业数量占比	%	有创新活动的企业数量/企业总数	正

二、数据说明及研究方法

（一）数据说明

根据中国省域工匠精神指数测度指标体系中的数据指标，考虑指标数据的可得性，利用2011年至2018年除我国的香港、澳门、台湾、西藏（西藏的制造业行业发展数据缺失严重，不能与工匠精神指数测度指标组成等维度的面板数据）外的30个省域的样本数据，测算我国不同区域工匠精神指数。本书研究数据主要来源于2012年至2019年《中国统计年鉴》《中国工业统计年鉴》《中国劳动统计年鉴》《中国高科技产业统计年鉴》和2012年至2016年《工业企业科技活动统计年鉴》等。

（二）研究方法

指标体系中的15个指标从不同角度呈现出了工匠精神的社会化特征，综合测度工匠精神指数需对15个指标进行加权处理。赋予各数据指标权重存在两种方法：主观加权法和客观加权法。客观加权法是根据指标自身的客观变动特征确定指标权重，不易受人为主观因素影响。本书中国省域工匠精神指数测度采用客观赋权法——熵值法，该赋权方法是根据各项指标观测值所提供的信息的大小来确定指标权重。在信息论中，熵代表不确定性的大小，指标变动程度大，表明其所代表的现象不确定性大，评价中所占的比重就高，反之亦然。熵值法就是利用信息熵这一工具，计算各数据指标权重，为多指标综合评价提供依据。熵值法计算步骤如下：

设有m个待评方案，n项评价指标，构成原始指标数据矩阵$X=(x_{ij})_{m\times n}$，其中，x_{ij}为第i个地区第j个指标对应的数值。由于收集的指标体系中的数据指标存在负数，需要对数据做非负化处理。首先对所有指标的熵值进行计算：

第一，将各指标同度量化，第 j 项指标下第 i 个方案占该指标的比重P_{ij}：

$$P_{ij} = X_{ij} / \sum_{i=1}^{n} X_{ij} \qquad (j=1,2,\cdots,m)$$

第二，计算第 j 项指标的熵值 e_j：

$$e_j = -k \times \sum_{i=1}^{n} P_{ij} \ln P_{ij}$$

其中，常数 k 与样本中的 m 有关，$k>0$，$e_j \geqslant 0$，当常数 $k=1/\ln m$，则有 $0 \leqslant e \leqslant 1$。

第三，计算第 j 项指标的差异系数g_i：

$$g_i = 1 - e_i,\ 0 \leqslant g_i \leqslant 1$$

第四，根据指标计算得出的信息熵，求各数据指标的权重w_j：

$$w_j = g_j / \sum_{j=1}^{m} g_i \quad \text{其中，} 0 \leqslant g_i \leqslant 1,\ w_1 + w_2 + \cdots + w_j = 1$$

第五，计算各方案综合得分S_i：

$$S_i = \sum_{j=1}^{m} w_j \times P_{ij}$$

其中,S_i 为第 i 个评价方案的综合评价值。

三、指标权重及工匠精神指数计算结果

第一，根据熵值法的计算原理和步骤，利用指标层数据指标的数值，计算出测试指标体系中各指标的权重值（见表 5—2）。

表 5—2　中国省域工匠精神指数测度指标权重值

准则层		要素层		指标层	
内容	权重	内容	权重	内容	权重
精益求精	0.2299	工艺设计	0.1241	实用新型专利数	0.0557
				外观设计专利数	0.0684
		技术改造	0.0685	技术改造投入	0.0685
		行业标准	0.0373	工业企业制定标准数	0.0373

续 表

准则层		要素层		指标层	
内容	权重	内容	权重	内容	权重
专注坚守	0.2033	专业能力	0.1221	制造业技术教育投入	0.0581
				制造业高技能人才占比	0.0641
		行业专注度	0.0452	制造业投资增长率占比	0.0452
		品牌培育		商标申请数	0.0359
传承创新	0.5668	研发条件	0.1563	企业研发机构数	0.0855
				研发机构高层次人才比重	0.0708
		创新投入	0.2508	企业 R&D 经费	0.0968
				R&D 人员折合全时当量	0.0867
				政府资金	0.0672
		创新强度	0.1597	R&D 经费投入强度	0.0872
				有创新的企业数量占比	0.0725

第二，根据测度指标体系中数据指标权重，对指标层数据加权求和，可得要素层指标得分，进而计算出准则层指标得分和工匠精神指数的计算结果。

从测算结果来看，2018 年全国工匠精神指数均值达到 0.4329，相较于 2011 年增长了 7.91%，工匠精神指数总体呈现不断上升的趋势。随着我国制造业高质量发展战略的深入实施，工匠精神在我国制造业发展领域的彰显程度日益深化。但因我国幅员辽阔，省域间经济发展水平差异较大，发达与欠发达地区的工匠精神指数存在较大差距。2018 年广东省的工匠精神指数达 0.5809，而同期这一数据最低的青海省仅为 0.3824，相差 0.1985。

表 5—3　中国省域工匠精神指数测度结果

年份 地区	2011	2012	2013	2014	2015	2016	2017	2018
北京	0.4679	0.4722	0.4804	0.4707	0.4881	0.5028	0.5035	0.5084
天津	0.4135	0.4238	0.4316	0.4354	0.4313	0.4342	0.4535	0.4551

续　表

地区＼年份	2011	2012	2013	2014	2015	2016	2017	2018
河北	0.3926	0.3942	0.3959	0.3973	0.4062	0.4098	0.4155	0.4182
山西	0.3868	0.3909	0.3916	0.3906	0.3898	0.3908	0.3944	0.3958
内蒙古	0.3817	0.3874	0.3932	0.3939	0.3936	0.3950	0.4039	0.4035
辽宁	0.4031	0.3993	0.4022	0.4030	0.4081	0.4180	0.4320	0.4253
吉林	0.3814	0.3870	0.3842	0.3974	0.3941	0.3950	0.4068	0.4061
黑龙江	0.3955	0.3969	0.3967	0.3965	0.3957	0.4002	0.4074	0.4070
上海	0.4277	0.4319	0.4349	0.4424	0.4493	0.4571	0.4655	0.4702
江苏	0.4778	0.5135	0.5189	0.5185	0.5219	0.5390	0.5441	0.5538
浙江	0.4407	0.4525	0.4599	0.4654	0.4734	0.4838	0.4919	0.5015
安徽	0.4002	0.4066	0.4087	0.4115	0.4161	0.4248	0.4327	0.4364
福建	0.3922	0.3979	0.4020	0.4042	0.4115	0.4205	0.4259	0.4320
江西	0.3812	0.3813	0.3871	0.3897	0.3956	0.4009	0.4063	0.4104
山东	0.4284	0.4375	0.4460	0.4483	0.4560	0.4644	0.4749	0.4741
河南	0.3965	0.3989	0.4032	0.4049	0.4068	0.4105	0.4206	0.4246
湖北	0.4042	0.4150	0.4115	0.4244	0.4234	0.4221	0.4282	0.4324
湖南	0.4052	0.4119	0.4189	0.4169	0.4202	0.4245	0.4373	0.4415
广东	0.4504	0.4668	0.4711	0.4750	0.4909	0.5201	0.5531	0.5809
广西	0.3829	0.3861	0.3835	0.3839	0.3853	0.3909	0.3912	0.3922
海南	0.3809	0.3793	0.3925	0.3989	0.3877	0.4059	0.3908	0.3902
重庆	0.3869	0.3902	0.3941	0.3972	0.4026	0.4134	0.4153	0.4175
四川	0.3967	0.4002	0.4015	0.4059	0.4086	0.4171	0.4284	0.4304
贵州	0.3754	0.3782	0.3771	0.3803	0.3795	0.3857	0.3980	0.3998
云南	0.3812	0.3805	0.3836	0.3841	0.3913	0.3985	0.3959	0.3977
陕西	0.3972	0.4002	0.4053	0.4075	0.4167	0.4169	0.4182	0.4188
甘肃	0.3802	0.3840	0.3849	0.3876	0.3924	0.3953	0.3966	0.3967
青海	0.3714	0.3914	0.3738	0.3743	0.3780	0.3863	0.3828	0.3824
宁夏	0.3783	0.3821	0.3798	0.3829	0.3886	0.3901	0.3904	0.3926

续 表

地区＼年份	2011	2012	2013	2014	2015	2016	2017	2018
新疆	0.3760	0.3781	0.3793	0.3809	0.3887	0.3983	0.3909	0.3911
均值	0.4011	0.4072	0.4098	0.4123	0.4164	0.4237	0.4299	0.4329

第二节 省域制造业高质量发展指标数据测算

党的十九大报告明确提出，制造业高质量发展的核心驱动是增强制造业的创新能力，并以工业强基、智能制造和绿色制造为抓手，推动制造业实现质量、效率和动力变革。因此，要实现制造业高质量发展，就要提高制造业产业效益，优化制造业内部产业结构，创新制造业生产技术，培植制造业人力资源，专注制造业绿色发展。制造业高质量发展的内涵和特征，为构建我国省域制造业高质量发展的指标体系提供了重要依据。

一、制造业高质量发展指标体系构建

根据制造业高质量发展的内在要求，借鉴制造业发展实践的国内外经验，坚持系统性、可比性和数据可测度的原则，从速度效益、结构优化、技术创新、人力资源和绿色发展等 5 个维度构建我国省域制造业高质量发展的指标体系（见表 5—4）。

（一）速度效益维度

制造业发展的速度和效益是我国制造业高质量发展的基础性指标。在我国经济转型发展的背景下，适宜的发展速度和效益是制造业高质量发展的基本条件。在速度效益维度下，选择制造业增加值增速、制造业总资产贡献率、制造业主营业务收入利润率和制造业成本费用利润率等 4 个数据指标。

（二）产业优化维度

制造业产业结构优化是制造业高质量发展的内在要求。世界经济合作与发展组织（OECD）按照技术水平和发展程度将制造业划分为 4 种类别：高端技术产业、中高端技术产业、中低端技术产业和低端技术产业。在结构优化维度下，选择工业新产品销售收入占比、高技术产业占制造业比重和高技术产品出口交货值占比等 3 个数据指标作为衡量制造业的产品结构、产业结构和出口结构。

（三）技术创新维度

增强制造业的创新能力，特别是技术创新能力是制造业高质量发展的核心驱动，也是我国经济发展动力转型的重要内容。制造业高质量发展，是低技术产业向高技术产业不断转变的动态演进过程。在技术创新维度下，选择规上企业单位 R&D 经费支出发明专利数、技术市场成交量和高技术产业新产品销售收入等 3 个数据指标来衡量我国制造业技术创新水平的高低。

（四）人力资源维度

人力资源是制造业发展的人才基础，在制造业发展中，将人力资源有效转化为人力资本，提高人力资源生产效率和研发水平在一定程度上成为制造业高质量发展的决定因素。在人力资源维度下，选择制造业企业职工平均工资增速、第二产业全员劳动生产率和科技活动人员研发效率等 3 个指标测算人力资源在制造业高质量发展中的作用。

（五）绿色发展

实现工业与资源环境的协调发展是我国经济发展的现实诉求。绿色发展是我国工业发展必然坚持的新发展理念，绿色制造是实现制造业质量变革的重要抓手。在绿色发展维度下，根据《中国绿色发展指数报告》，从能源利用效率、环境质量和资源利用的角度，选择万元生产总值能源消耗增速、工业主要污染物排放强度和工业固体废物综合利用率等3个指标测算我国制造业的绿色发展质量。

表5—4 省域制造业高质量发展测度指标体系

准则层	指标层	单位	指标含义	类型
速度效益	制造业增加值增速	%	（当年制造业增加值－上年制造业增加值）/上年制造业增加值	正
	制造业总资产贡献率	%	（利润总额＋税金总额＋利息支出）/制造业资产总额	正
	制造业主营业务收入利润率	%	制造业利润总额/制造业企业主营业务收入	正
	制造业成本费用利润率	%	制造业利润总额/制造业成本费用总额	正
产业优化	工业新产品销售收入占比	%	新产品销售收入/工业企业主营业务收入	正
	高技术产业占制造业比重	%	高技术产业主营业务收入/制造业主营业务收入	正
	高技术产品出口交货值占比	%	高技术产品出口交货值/工业出口交货值	正
技术创新	规上企业单位R&D经费支出发明专利数	无量纲	规上企业发明专利授权量/R&D经费支出	正
	技术市场成交量	万元	技术市场成交合同金额	正
	高技术产业新产品销售收入	万元	高技术产业新产品销售收入	正
人力资源	制造业企业职工平均工资增速	%	（当年制造业企业职工平均工资/上年制造业企业职工平均工资）－1	正
	第二产业全员劳动生产率	%	第二产业增加值/第二产业人数	正
	科技活动人员研发效率	无量纲	国内发明专利授权量/科技活动人员数量	正
绿色发展	万元生产总值能源消耗增速	%	［（当年能源消耗量/当年生产总值）/（上年能源消耗总量/上年生产总值）］－1	负
	工业主要污染物排放强度	无量纲	（二氧化硫量＋化学需氧量）/工业增加值	负
	工业固体废物综合利用率	%	工业固体废物综合利用量/（工业固体废物产生量＋贮存量）	正

二、数据来源和测度方法

研究样本数据的时间范围为2011年至2018年，研究样本区域包括除我国香港、澳门、台湾和西藏（西藏的制造业行业发展数据缺失严重）以外的30个省（市、自治区）。数据来源于2012年至2019年《中国统计年鉴》《中国工业统计年鉴》《中国劳动统计年鉴》《中国高科技产业统计年鉴》2012—2019年《分省（区、市）万元地区生产总值能耗降低率等指标公报》、中经产业研究院数据库、Wind数据库和国家统计局网站等。省域制造业高质量发展指标的权重确定仍采用客观赋权法——熵值法，即根据各项指标观测值所提供的信息的大小来确定指标权重。指标权重确定后，对指标层数据加权求和，可计算准则层得分，进而求得省域制造业高质量发展指标体系的最终得分。

表5—5　省域制造业高质量发展指标权重值

准则层	权重	指标层	权重
速度效益	0.1829	制造业增加值增速	0.0293
		制造业总资产贡献率	0.0318
		制造业主营业务收入利润率	0.0835
		制造业成本费用利润率	0.0383
产业优化	0.2264	工业新产品销售收入占比	0.0876
		高技术产业占制造业比重	0.0837
		高技术产品出口交货值占比	0.0552
技术创新	0.2032	规上企业单位R&D经费支出发明专利数	0.0623
		技术市场成交量	0.0674
		高技术产业新产品销售收入	0.0735
人力资源	0.2089	制造业企业职工平均工资增速	0.0600
		第二产业全员劳动生产率	0.0598
		科技活动人员研发效率	0.0890
绿色发展	0.1786	万元生产总值能源消耗增速	0.0806
		工业主要污染物排放强度	0.0248
		工业固体废物综合利用率	0.0732

三、确定权重和测算结果

根据熵值法，利用2011—2018年30个省域的指标数据，确定制造业高质量发展指标层和准则层的权重（见表5—5），并计算出省域制造业高质量发展指标数据的测度结果（见表5—6）。

表5—6　省域制造业高质量发展指标测度结果

地区＼年份	2011	2012	2013	2014	2015	2016	2017	2018
北京	0.4387	0.4349	0.4345	0.4380	0.4404	0.4457	0.4588	0.4621
天津	0.4241	0.4265	0.4173	0.4178	0.4216	0.4175	0.4329	0.4311
河北	0.4151	0.4100	0.3985	0.4004	0.3946	0.3981	0.4146	0.4157
山西	0.4100	0.4025	0.3892	0.3901	0.3887	0.3941	0.4107	0.4124
内蒙古	0.4304	0.4225	0.4096	0.4024	0.4004	0.4028	0.4140	0.4186
辽宁	0.4138	0.4070	0.4028	0.4068	0.4009	0.4027	0.4163	0.4258
吉林	0.4196	0.4156	0.3944	0.4042	0.3985	0.4037	0.4158	0.4258
黑龙江	0.4195	0.4116	0.3978	0.3995	0.3862	0.3881	0.4018	0.4049
上海	0.4334	0.4266	0.4212	0.4284	0.4247	0.4347	0.4379	0.4394
江苏	0.4411	0.4499	0.4363	0.4341	0.4428	0.4526	0.4559	0.4645
浙江	0.4066	0.4054	0.4054	0.4120	0.4197	0.4271	0.4312	0.4439
安徽	0.4164	0.4121	0.3964	0.4118	0.4161	0.4323	0.4301	0.4389
福建	0.4199	0.4075	0.3957	0.4001	0.4019	0.4104	0.4179	0.4225
江西	0.4221	0.4235	0.3998	0.4140	0.4049	0.4135	0.4197	0.4290
山东	0.4130	0.4133	0.4017	0.4070	0.4069	0.4157	0.4205	0.4297
河南	0.4125	0.4086	0.3982	0.4100	0.4052	0.4047	0.4089	0.4272
湖北	0.4057	0.4052	0.3979	0.4059	0.4089	0.4197	0.4274	0.4411
湖南	0.4311	0.4272	0.4147	0.4244	0.4202	0.4196	0.4200	0.4256
广东	0.4508	0.4559	0.4386	0.4500	0.4539	0.4686	0.4847	0.4943
广西	0.4148	0.4070	0.4015	0.4114	0.4130	0.4169	0.4183	0.4220
海南	0.4125	0.4136	0.4097	0.4121	0.4053	0.4092	0.4159	0.4120

续　表

地区＼年份	2011	2012	2013	2014	2015	2016	2017	2018
重庆	0.4244	0.4198	0.4193	0.4264	0.4246	0.4303	0.4402	0.4432
四川	0.4304	0.4263	0.4274	0.4254	0.4192	0.4262	0.4313	0.4435
贵州	0.4362	0.4174	0.4184	0.4136	0.4086	0.4160	0.4193	0.4374
云南	0.4139	0.4053	0.3976	0.3972	0.3932	0.3944	0.4035	0.4111
陕西	0.4391	0.4277	0.4168	0.4177	0.4097	0.4058	0.4440	0.4540
甘肃	0.4145	0.4038	0.3938	0.3948	0.3830	0.3823	0.3874	0.3947
青海	0.4093	0.4041	0.3902	0.3917	0.3852	0.3927	0.3949	0.4007
宁夏	0.4153	0.4046	0.3970	0.3973	0.3966	0.4004	0.4067	0.4210
新疆	0.4255	0.4163	0.4036	0.4040	0.3889	0.3883	0.4011	0.4042

第三节　工匠精神对制造业高质量发展影响的数据检验

制造业高质量发展是当前我国经济转型发展的核心内容。学界探究我国制造业高质量发展的影响因素和推动力量，大多利用制造业发展的历史数据，运用建模的方式进行实证检验和数据分析。以下从工匠精神的视角，利用已测度出的反映工匠精神发展水平的工匠精神指数及其他影响制造业高质量发展的相关因素，构建关于工匠精神与制造业高质量发展的面板数据回归模型，实证分析工匠精神对我国制造业高质量发展的内在效应和现实影响。

一、Panel－Tobit 模型设定

影响制造业高质量发展的因素包括产业基础、市场环境及外部政策等众多因素。在亟须倡导和弘扬工匠精神、推进我国制造业高质量发展的语境下，本书建立面板数据模型实证分析工匠精神与制造业高质量发展之间的关系。面板数据（Panel Data）是由变量 Y 关于 N 个不同对象

的 T 个观测时期内取得的二维结构数据。同截面数据与时间序列相比，面板数据可以从不同时间和空间多方位反映数据信息，能更好地识别和度量不可发觉的效应，建立和检验更有效的行为模型。面板数据模型可以控制不可观测经济变量导致的最小二乘法估计偏差，比截面数据模型的参数样本估计更准确。相比于时间序列模型，面板数据模型能够通过扩大样本信息，降低经济变量间的共线性，提高估计量的有效性，以更为准确地反映现实经济活动。

制造业高质量发展指标作为被解释变量，由于其数值为相对得分，取值范围在 0～1，传统线性回归模型的估计结果可能有偏差且不一致，应该选择受限因变量模型（Censored Model）。Tobit 模型属于受限因变量模型，可以处理被解释变量有上限、下限或者存在极值特征的问题[①]，能够解决受限或截断因变量模型构建的现实约束。基于上述分析，本书利用审查模型（Tobit）设定面板数据模型为

$$Y_{it}=\begin{cases}Y_{it}^{*}=\alpha_i+\sum\beta_j X_{jit}+\varepsilon_{it}\\ 0,Y_{it}^{*}\leqslant 0\text{ 或 }Y_{it}^{*}>1\end{cases}$$

其中，Y_{it} 为受限因变量，代表制造业高质量发展指标，α_i 为截距项向量，反映个体差异性，β_j 为解释变量的参数，$\varepsilon_{it}\sim(0,\sigma^2)$ 是随机扰动项，i 代表省份，t 代表年份。

根据本书的研究目的和模型约束，变量设置分为解释变量和控制变量。解释变量主要是工匠精神（GJJS）及指标体系中准则层的三个指标，即精益求精（JYQJ）、专注坚守（ZZJS）和传承创新（CCCX）的工匠精神。控制变量是根据理论研究和已有文献的普遍做法，针对性地选取除工匠精神以外的影响制造业高质量发展的其他因素，如生产要素、产业水平和外部环境等。考虑到测度工匠精神的指标体系中，已将部分劳动、资本和技术等生产要素纳入，故不再将生产要素列为控制变量，以避免指标重合及估计模型变量的共线性问题。另外，研发投入、外商直接投资、政府支出及产业政策等影响因素的部分指标也已列入工

① 周华林、李雪松：《模型估计方法与应用》，《经济学动态》2012 年第 5 期。

匠精神指数的测度指标体系之中，所以面板数据回归模型的控制变量设置如下：

消费水平（XFSP）：消费是制造业生产的根本目的，消费水平的提高是影响制造业高质量发展的重要因素。劳动力成本上升带动消费水平的提高客观上产生了推动制造业转型发展的内在动力。衡量消费水平这一控制变量的数据采用社会消费总额除以区域年末总人口数的值。

国际需求（GJXQ）：贸易出口是我国经济发展的重要推动力量，制造业高质量发展更离不开国际市场。衡量国际需求对我国制造业高质量发展的影响程度，采用出口总额与地区 GDP 的比值。

工业化程度（GYHL）：工业化程度是制造业高质量发展的外部环境。一般而言，区域工业化程度越高，越有利于制造业高质量发展。工业化程度变量数据测量采用工业增加值占地区 GDP 的比重。

被解释变量为相对得分，解释变量则不宜采用总量指标，应该采用对数和相对数作为解释变量。由于在自变量和控制变量中，除消费水平（XFSP）为总量指标外，其他变量均为结构性指标，故直接建立如下对数模型：

$$Y_{it}=\alpha_i+\beta_1 GJJS_{it}+\beta_2 \ln(XFSP_{it})+\beta_3 GJXQ_{it}+\beta_4 GYHL_{it}+\varepsilon_{it} \quad (1)$$

$$Y_{it}=\alpha_i+\beta_1 JYQJ_{it}+\beta_2 ZZJS_{it}+\beta_3 CCCX_{it}+\beta_4 \ln(XFSP_{it})+\beta_5 GJXQ_{it}+\beta_6 GYHL_{it}+\varepsilon_{it} \quad (2)$$

该模型的被解释变量和解释变量数据在以上内容中已有测算结果，控制变量数据均来自 2012—2019 年《中国统计年鉴》，价值指标均剔除物价水平变动的影响，贸易出口数据按当年平均汇率折算。

二、模型选择与估计方法

面板数据模型可以分为混合估计模型、随机效应模型和固定效应模型，不同估计模型基于截距项α_i的不同假定。从时间上和截面上看，不同α_i之间若都没有显著性差异，则为混合估计模型；而对于不同的截面或时间序列，模型的截距项α_i也不同，则为固定或随机效应模型；如果截距项 α_i 和解释变量之间不相关，就是随机效应模型。混合估计模型和随机效应模型是 Panel－Tobit 模型的两种常用形式，选择混合或随机效应模型，则可以根据 LR（likelihood ratio）检验（似然比检验）的结果进行判断。利用被解释变量和解释变量指标数据对模型（1）和模型（2）进行 LR 检验：

表 5—7　模型设定检验结果

	LR 统计量	P 值
模型（1）	86.66	0.000
模型（2）	82.65	0.000

根据 LR 检验结果，统计量 P 值均为 0.000（小于 0.01），在 1%的显著性水平下拒绝不存在个体效应的虚无假设，即拒绝混合估计模型，应该采用随机效应的面板随机 Tobit 模型。再者，Panel－Tobit 模型是受限因变量模型，对受限被解释变量模型进行回归分析，使用最小二乘法（OLS）难以得到一致的估计结果[①]（McDonald，2009），而最大似然法（maximum likelihood，ML）可以得到 β 和 σ 的一致估计，所以采用最大似然法进行模型估计，并利用 STATA 16.0 软件计算参数值。

三、模型估计结果和分析

根据模型（1）和模型（2）估计数据，Wald 检验值和对数似然值（两个模型的对数似然值分别为 759.458 和 762.080）显示模型的整体回归系数显著，并有较好的拟合优度。模型的个体效应标准差 σ_μ 和随机干扰项标准差 σ_e 数值较小，表明模型个体值相对集中，均数对总体数据有较强的代表性。两个模型控制变量回归系数的程度显著相同，系数的正负值基本接近，表明模型估计结果的稳健性较强，回归结果可信度高。

① Mcdonald J. “Using least squares and tobit in second stage DEA efficiency analyses,” *European Journal of Operational Research*，2009，197（2）：792—798.

表 5—8　模型估计结果

解释变量	模型（1）			解释变量	模型（2）		
	系数	标准误	P 值		系数	标准误	P 值
cons	0.224 *** (10.78)	0.0208	0.000	cons	0.210 *** (9.82)	0.0214	0.000
GJJS	0.469 *** (9.46)	0.0496	0.000	JYQJ	0.148 (0.74)	0.2014	0.461
ln(XFSP)	−0.011 *** (−2.98)	0.0038	0.003	ZZJS	0.758 *** (4.60)	0.1648	0.000
GJXQ	0.005 (0.50)	0.0106	0.616	CCCX	0.540 *** (5.82)	0.0928	0.000
GYHL	0.006 (−0.39)	0.0164	0.697	ln(XFSP)	−0.014 *** (−3.55)	0.0040	0.000
				GJXQ	0.015 (1.34)	0.0111	0.179
				GYHL	0.016 (0.98)	0.0165	0.325
σ_μ	0.009 *** (6.56)	0.0013	0.000	σ_μ	0.008 *** (6.58)	0.0013	0.000
σ_e	0.009 *** (20.36)	0.0004	0.000	σ_e	0.009 *** (20.41)	0.0004	0.000
Wald x^2	122.14 ***		0.000	Wald x^2	138.66 ***		0.000

注：“***”表示1%的显著性水平。“cons”代表常数项，标准误是样本均数标准差，常项和变量回归系数下括号内为T值 。σ_μ代表设定模型的个体效应标准差，σ_e代表设定模型的随机干扰项标准差。

从模型估计结果来看，工匠精神（GJJS）对我国制造业高质量发展存在显著的正向效应。根据模型（1）的结果呈现，解释变量工匠精神在1%的水平上通过显著性检验，并且该变量的回归系数①为正数，说明工匠精神对我国制造业高质量发展有积极的正向影响。经验数据表明，工匠精神的氛围越强，越有利于制造业高质量发展；倡导和弘扬工匠精神，是推动我国制造业高质量发展的重要举措。同时也表明，随着

① 由于Tobit模型的回归系数不具有特定的经济含义，必须将系数转化为体现数量效应的边际效应，才能解释自变量与因变量之间的影响效应，解释变量的系数没有实际的经济意义，故不做分析说明。

我国制造业发展战略的深入实施，生产要素已经突破了成本、价格和资源优势的约束，质量、技术和品牌等逐渐成为我国制造业发展中的重要内容，为我国制造业的高质量发展提供了现实基础。

从工匠精神的三个维度来看，精益求精（JYQJ）、专注坚守（ZZJS）和传承创新（CCCX）等都对制造业高质量发展存在正向效应，但在影响程度上存在差异。根据模型（2）的估计结果，专注坚守与传承创新维度的工匠精神与制造业高质量发展存在显著正相关，并且都在1%的水平上通过显著性检验，表明弘扬专注坚守的工匠精神，强化了制造业专业生产能力、提升了行业专注度和深耕品牌培育，为我国制造业高质量发展提供了必要的发展基础；彰显传承创新的工匠精神，提升研发机构水平，增加制造业创新投入，提高社会创新强度和扩大创新产出，是推进我国制造业高质量发展的重要举措。而工匠精神的精益求精维度，在数据分析中未通过显著性检验，表明其对我国制造业高质量发展的影响并不显著，该维度下的准则层包括工艺设计、技术改造和行业标准等数据指标，是提升制造业产业附加值和产品质量的驱动因素，但相比于技术创新和品牌创建对制造业高质量发展的显著推动作用，呈现出较为弱化的正向效应。

控制变量的估计结果稳健性强，消费水平（XFSP）对我国制造业高质量发展有显著的反向关系。在模型（1）和模型（2）的估计结果中，无论是显著性还是回归系数正负值都呈现出了较为一致的结果，这也从侧面表明设定模型的回归结果相当稳健。在控制变量中，只有消费水平在1%的水平上通过了显著性检验，表明消费水平对制造业转型发展有显著影响。消费水平指标的回归系数为负数，说明消费水平的提高对我国制造业高质量发展在一定程度上产生了显著的抑制作用。另外，国际需求（GJXQ）的系数也为正数，对我国制造业高质量发展有正向影响；工业化水平（GYHL）的系数为负数，对我国制造业高质量发展的影响呈现反向效应，但都不显著。控制变量并非本书研究的重点，故不详述其对制造业高质量发展产生相关效应的原因。

第六章

工匠精神嵌入我国制造业高质量发展的重点领域

确立主导产业或产业发展的重点领域，是国际社会推进国民经济持续发展的普遍做法和重要选择。制造业高质量发展是一项复杂的系统工程，不能一蹴而就。鉴于我国制造业的规模大、门类多、覆盖广，选择制造业发展的重点领域，将有限的资源配置到亟须突破发展的制造业重点领域，发挥重点产业对新技术的吸收能力、对关联产业的带动效应及对经济增长的推动作用，对我国制造业高质量发展具有重大的战略意义。在制造业发展的重点领域，倡导和弘扬工匠精神，发挥工匠精神对我国制造业高质量发展重点领域的促进作用，一方面可以提高重点领域发展质量，另一方面可以为制造业其他领域高质量发展提供借鉴经验。

第一节　重点领域测度指标选择依据

制造业高质量发展的重点领域测度指标，是选择重点领域或行业的重要依据，决定重点领域或行业的选择结果。制造业重点领域测度指标的选择标准，直接关系到重点领域或行业选择结果是否与研究目的一致。所以，确定指标的选择标准根据世界主导产业选择理论、制造业发展趋势和制造业发展的现实考量等三个维度依据进行选择。

一、主导产业选择的理论

国外经济学界，特别是美国和日本在 20 世纪 50 年代就开始研究主导产业选择的理论。日本经济学家筱原三代平[①]提出，区域主导产业应满足两个条件：一是收入弹性高，二是生产效率提高快，即“收入弹性基准”和“生产效率上升基准”。美国经济学家罗斯托[②]（Rostow）提出了主导产业的概念，认为主导产业应具有较高的增长率和显著的发展规模，还要有较高的创新能力和较强的其他部门发展带动能力，这也被学界称为“罗斯托基准”。美国经济学家赫希曼[③]（Hirschman）在其

---

① 〔日〕筱原三代平：《产业结构论》，中国人民大学出版社 1990 年版。

② W. Rostow. “The Stage of economic growth,” *The Economic History Review*，1959，12（3）：1—16.

③ A. O. Hirschman. *The Strategy of Economic Development*，Yale University Press，1959.

The Strategy of Economic Development 一书中认为，受资本约束的发展中国家，应集中资本和资源寻求重点发展领域，并渐次扩展至其他产业，发挥主导产业的关联效应，带动产业整体发展；并提出以产业关联效应的大小来选择主导产业，即“产业关联度基准”。克鲁格曼[①]（Krugman）提出“核心与外围”的产业空间分布模式，并把这一模式的形成归因于运输成本、经济规模和制造业在国民经济中的地位等因素；将“空间概念”和“政府干预”引入产业选择理论，为相关区域或国家从空间定位视角选择主导产业提供了理论基础。

我国学界在 20 世纪 80 年代开始涉足产业理论及政策的研究。国内学者在随后的理论研究中，不断丰富有关我国主导产业选择的理论，在筱原三代平、罗斯托和赫希曼等西方学者的研究基础上，根据我国产业基础和发展实践，提出了缺乏替代弹性、增长后劲最大化（周振华[②]，1992）、动态比较优势基准、可持续发展基准、技术进步基准、竞争优势基准、产业关联基准（王辰[③]，1994；关爱萍[④]，2002；叶安宁[⑤]，2007；宁凌等[⑥]，2012）等产业选择基准理论。当前，主要研究集中在区域主导产业在区域经济中的战略地位、区域主导产业选择的基准及区域主导产业成长的判据体系等方面[⑦]。在西方关于产业选择的各种“基准”理论的影响下，我国学界在关于主导产业选择的研究中多采用定量模型的研究方法，以确定主导产业的现实选择，如 Weaver－Thomas 模型、DEA 模型、投入产出模型及三角白化权函数灰色聚类模型等都被广泛应用于我国产业选择的研究之中。定量研究可以用数据直观表达产业优势和排位以确定主导产业的选择，但如果“基准”出现偏差或经济系统存在不稳定性，特别是在产业融合的背景下，采用定量指标设计的

---

① P. Krugman. “Increasing returns and economic geography,” *Journal of Political Economy*, 1991, 99 (3): 483－499.

② 周振华：《产业结构优化论》，上海人民出版社 1992 年版。

③ 王辰：《主导产业的选择理论及其实际运用》，《经济学动态》1994 年第 11 期。

④ 关爱萍：《区域主导产业的选择基准研究》，《统计研究》2002 年第 12 期。

⑤ 叶安宁：《主导产业选择基准研究》，厦门大学博士学位论文，2007 年。

⑥ 宁凌等：《海洋战略性新兴产业选择基本准则体系研究》，《经济问题探索》2012 年第 9 期。

⑦ 宋继承：《区域主导产业选择的新思维》，《审计与经济研究》2010 年第 9 期。

“基准”评价体系，就会造成研究结果的失效。所以，在区域主导产业选择的研究中，确定产业选择基准，要明确产业发展的微观基础和产业选择的约束条件，要重视定性分析在主导产业选择中的重要作用（宋继承[①]，2010）。本书为规避因“基准”模型严格的设定条件而导致的选择结果由数据单一维度生成，运用定量与定性相结合的方式选择我国制造业发展的重点产业领域。

二、世界制造业的发展趋势

（一）人工智能

从20世纪50年代伴随着科技革命浪潮出现，到90年代后在计算机硬件、运行速度及存储量等方面取得的突破，再到现在与大数据和互联网的广泛结合，人工智能不断释放其对社会各个领域发展的推动作用，已经成为现代高技术领域的重要组成部分。当前，美国、德国及法国等发达国家也纷纷将智能制造作为制造业发展和变革的重要方向。这主要源于当代信息通信技术的快速发展，使众多领域的生产方式发生了根本性的变革，原有的传统生产方式开始为智能制造方式所替代。智能制造，是在现代信息技术革命的基础上，将信息技术与人工智能运用于制造业生产的全过程，实现资源数据共享和信息服务畅通的智能化运营模式[②]。就当前制造业分类而言，无论是传统制造业还是装备制造领域，都可以充分利用互联网、微电子等信息技术，将智能要素嵌入制造业生产链条的各个环节，打造智能车间和智能工厂，通过物理生产系统与信息系统的全面交互，提升产品设计、生产制造和管理服务的智能化水平，提高制造业产品的生产效率。特别是通过智能系统的数字化管理，实现供给侧的产品生产与需求侧的消费者需求无缝对接，以满足消费者个性化、多样化的需求结构。

① 宋继承：《区域主导产业选择的新思维》，《审计与经济研究》2010年第9期。

② 穆良平等：《中国抢占智能经济发展先机的战略要素及重点领域》，《理论探讨》2017年第4期。

（二）绿色制造

世界制造业绿色化发展，是当前国际社会的广泛共识，也是制造业高质量发展的重要方向。传统的生产方式由于能源的大量消耗和生产技术条件的约束，带来了大量的温室气体和污染物，并在一定程度上威胁到了人类的生存环境，推动社会可持续发展的绿色发展理念，也在社会环境的变革下酝酿而生。制造业的先行发展地区——欧美及日本等发达国家提出的“绿色供应链”[①]（美国密歇根州立大学制造研究协会，1996）、“低碳革命”及“零排放”等绿色制造的产品设计和生产理念不断兴起[②]，成为世界制造业转型发展的重要方向。绿色发展理念的生成又进一步催生了制造业绿色生产技术的发展，并应用于产品研发、制造流程、销售服务和回收利用等生产环节之中，提升制造工艺和生产效率。特别是3D打印技术的出现，使制造业生产由“减材制造”转向“增材制造”，为制造业实现低能源、低污染的生产方式提供了可能，也为人类的绿色发展理念的释放提供了物质基础。

（三）制造业服务化

当今互联网信息时代，工业生产的特征发生了很多重大改变(Chris Freeman，1990[③])，特别是新一代信息技术与制造业结合，使制造业企业由单一产品制造向“产品＋服务”转移，制造业的服务化倾向日益凸显。制造业企业也在新一代信息技术的广泛应用下，逐渐摆脱产业价值链的低端制造环节，向附加值更高的服务环节位移。在同质化竞争和供大于求的全球市场环境下，制造业产业价值链的高端制造环节向

---

① 绿色供应链，又称环境意识供应链或环境供应链，最早由美国密歇根州立大学制造研究协会在1996年提出，是一种在整个供应链中综合考虑环境影响和资源效率的现代管理模式，以绿色制造理论和供应链管理技术为基础，涉及供应商、生产工厂、销售商和用户，其目的是使产品从物料获取、加工、包装、仓储、运输、使用到报废处理的整个过程中，对环境影响最小，资源效率最高。

② 苗圩：《世界制造业发展和我国装备制造业状况》，《时事报告》2016年第1期。

③ Freeman Alan. “Introduction to Chris Freeman’s ‘Schumpeter’s “business cycles” revisited’,” *European Journal of Economic and Social Systems*, 2015, 27 (1—2): 37—46.

研发和产品运营维护等服务生命周期转移，更多的制造业企业成为提供产品、服务、支持、自我服务和知识的综合体。服务与制造相互渗透融合，从生产型制造走向服务型制造是大势所趋，产业模式向“定制化的规模生产”和“服务型生产”转变特征明显。[①]

三、我国制造业的发展特点

制造业发展重点领域的选择，充分结合世界制造业的发展趋势和主导产业选择理论，并切实考虑我国制造业的发展特点和现状进行设定。改革开放40多年来，我国制造业发展成绩斐然，但由于长期重视生产规模而忽视产品质量和技术创新，和世界制造强国相比，我国制造业技术创新能力和品牌国际竞争力存在明显差距。制造业重点领域测度指标的选择，除了考虑专业化水平、行业利润和劳动生产率等先进指标外，还应根据我国人口就业的社会现实，考虑行业发展的社会贡献和增长速度，在实现制造业转型发展的基础上，保证社会稳定和经济增速，以推进社会主义现代化强国建设。

第二节　重点领域选择过程及结果

一、制造业重点领域的定量选择

（一）选择标准及指标体系构建

国家统计局2017年发布的《国民经济行业分类》（GB/T4754—2017），将全部制造业细分为31个大的门类。其中，烟草制造业实行国家专营专卖体制，其发展环境迥异于其他制造行业，行业发展指标的可比性不强，故将该行业排除在选择集合之外。另外，其他制造业、废弃资源综合利用业、金属制品机械和设备修理业等制造行业，和其他制造行业门类相比，缺乏制造行业发展的代表性。从《国民经济行业分类》

① 《关于印发“十三五”先进制造技术领域科技创新专项规划的通知》，《国科发高〔2017〕89号》2017年4月14日。

中划分的31个制造行业中，剔除烟草制造业、其他制造业、废弃资源综合利用业、金属制品机械和设备修理业等4个行业，研究行业的选择总数为27个。

1. 行业选择标准

行业选择标准，综合考虑世界制造业发展趋势、主导产业选择理论和彰显工匠精神的程度进行设定。

（1）发展基础和增长潜力。

制造业发展的重点领域需要具备一定的发展基础，特别是具有一定的市场规模。另外，市场需求是产业发展的基本前提和直接动力，并直接反映产业的发展空间。罗斯托（Rostow[①]，1959）就提出主导产业应具有较高的增长率和显著的发展规模。确立为制造业高质量发展的重点领域，首要条件就是产品要有广阔的市场需求。拥有市场发展空间牵引的产业，其自我发展就不会停止，产业规模也将日益扩大（Whipp M.[②]，2006）。

（2）行业技术水平。

随着制造业技术水平的不断提高，技术在推动经济增长中的作用愈发凸显。选择具有较高技术水平的产业作为发展重点领域，可以保证区域产业结构不断保持技术领先（关爱萍[③]，2002），并在国际分工中占据有利的发展地位。在新一轮技术革命和产业变革的趋势下，拥有行业生产的技术优势，是提高所在行业劳动生产率的重要手段，同时行业技术水平也是工匠精神指数测度指标的重要内容。综合考虑，行业技术水平标准是制造业发展重点领域选择参考的关键因素。

（3）专业化水平。

在制造业国际分工日益深化的背景下，专业化水平较高的部门将获取国际市场竞争的绝对优势，并逐渐成为一国经济发展的主体和支柱，在国际经济结构中占有重要的地位和作用。区位商是衡量区域经济发展

① W. Rostow. “The Stage of economic growth,” *The Economic History Review*，1959，12（3）：1—16.

② Whipp M. “Black market thrives on vulnerability trading,” *PCpro*，2006（3）.

③ 关爱萍：《区域主导产业的选择基准研究》，《统计研究》2002年第12期。

专业化水平的重要概念，由美国经济学家哈盖特①（Haggett）提出，反映区域某产业部门的专业化程度。专业化水平标准同时也反映了该制造业领域的工匠精神彰显程度。

（4）行业发展的社会效应。

经济发展的规模、市场需求、技术水平和专业化水平等选择标准，是制造业发展的重要动力和条件。除此以外，选择制造业发展重点领域，还要考虑行业发展的社会效应，特别是在吸纳劳动力，推进社会就业方面的重要作用。所以，行业发展的社会效应也是评定制造业发展重点领域的重要参考。

2. 评价指标体系构建

制造业高质量发展重点领域的选择是对相关行业发展的综合性评价，需要综合考虑产业自身及其所在区域的发展条件。一方面要考虑该领域自身的发展基础、发展潜力和所在区域的资源要素禀赋，另一方面也要考虑该领域发展对所在区域其他产业发展和经济增长的带动作用。本书评价指标体系的构建，根据行业选择标准和选取评价指标应遵循的科学性、系统性、可操作性及战略性原则，参考黄浩等（2016）关于重点领域选择的研究成果②，从经济效益、社会贡献、规模速度、发展质量等四个衡量基准，选取 9 个行业发展指标，建构重点领域评价指标体系（见表 6—1），评定我国制造业高质量发展的重点领域。

表 6—1　中国制造业发展重点领域评价指标体系

衡量基准	评价指标	指标释义
经济效益	X_1：行业利润总额（亿元）	行业当年利润总额
	X_2：行业成本利润率	行业利润总额/行业营业成本
社会贡献	X_3：行业人均利税（万元）	行业利税总额/行业总就业人数
	X_4：就业吸纳率（%）	行业就业人数/社会总就业人数

① P. Haggett. "Locational analysis in human geography: Classics in human geography revisited," *Progress in Human Geography*, 1991, (15): 300—303.

② 黄浩、黄阳平：《福建省现代服务业发展的重点领域选择研究》，《福建论坛》2016 年第 1 期。

续 表

衡量基准	评价指标	指标释义
规模速度	X_5：行业增加值增长率（%）	（本期行业增加值－上期行业增加值）/上期行业增加值
	X_6：行业增加值占 GDP 比重（%）	行业增加值/GDP
	X_7：行业投资占社会投资比重（%）	行业资产投资额/社会资产投资额
发展质量	X_8：专业化水平（区位商）	（行业增加值/全国 GDP）/（全球该行业增加值/全球 GDP）
	X_9：比较劳动生产率	（行业生产总值/行业就业人数）/（社会生产总值/社会总就业人数）

（二）研究方法与选择过程

1. 测度方法与数据说明

本书采用主成分法，通过主成分分析模型，综合评价我国制造业各领域发展状况，选择我国制造业高质量发展的重点领域。主成分分析（Principal Component Analysis，PCA），也称主分量分析，是通过降维的方式将多个相互关联的指标转化为较少的互不相关的综合指标，研究多个变量间相关性的一种多元统计方法。该方法是统计学之父 Karl Pearson（1901）在非随机变量的讨论中首次引入，并由统计学大师 Harold Hotelling（1933）进一步推广到随机向量的研究中。主成分分析方法，通过提取评价指标的主成分，剔除相关系数较大的因素，避免变量信息重叠和多重共线性问题，保证数据分析的科学性和评价结果的有效性。本书原始数据来源于 2019 年《中国工业统计》、《中国统计年鉴》、国家统计局 2019 年统计公报、Wind 数据库和中经产业研究院数据库等。表 6—2 中评价指标根据 2019 年前三季度原始数据测算获得，采用 SPSS20 数据分析软件计算。

表 6—2 制造业重点领域评价指标数据表

行业	X_1	X_2	X_3	X_4	X_5	X_6	X_7	X_8	X_9
1 农副食品加工业	1195.5	0.039	7.28	4.49	5.83	1.92	2.05	1.084	0.39
2 食品制造业	1166	0.108	8.73	2.34	7.76	0.67	0.8	1.144	0.228

续　表

行业	X_1	X_2	X_3	X_4	X_5	X_6	X_7	X_8	X_9
3 酒、饮料和精茶制造业	1714	0.220	10.2	1.78	15.45	0.56	0.53	1.068	0.319
4 烟草制造业①	997.1	0.335	57.99	0.23	2.55	0.26	0.03	0.795	1.207
5 纺织业	689.7	0.043	5	5.03	5.9	2.22	1.26	1.051	0.383
6 纺织服装、服饰业	626.1	0.060	3.34	4.11	4.82	0.66	0.77	1.087	0.144
7 皮革、毛皮羽毛及制鞋	509.1	0.065	3	3.04	3.82	0.37	0.4	1.019	0.113
8 木材加工和木竹藤棕	256.4	0.046	5.67	1.55	9.47	0.38	0.72	1.187	0.226
9 家具制造业	307.1	0.073	3.32	1.48	10.95	0.26	0.48	0.953	0.203
10 造纸和纸制品	436.9	0.051	5.98	1.5	5.89	0.44	0.45	0.966	0.315
11 印刷和记录媒介复制	296.4	0.075	5.16	1.09	12.15	0.19	0.25	1.048	0.163
12 文教、工美、体育娱乐	507	0.058	4.4	2.7	12.1	0.31	0.42	0.948	0.118
13 石油煤炭及其他燃料	907.5	0.031	7.75	0.93	1.62	1.46	0.42	1.043	1.528
14 化学原料和化学制品制造业	3152.8	0.076	8.7	5.33	5.89	2.59	2.31	0.99	0.532
15 医药制造业	2390.3	0.231	9.89	2.16	16.22	0.88	1.09	0.851	0.315
16 化学纤维制造业	202.2	0.035	6.59	0.6	4.49	0.23	0.2	1.092	0.367
17 橡胶和塑料制品业	933	0.059	5.71	2.97	11.38	0.92	1.25	1.264	0.24
18 非金属矿物制品业	3196.8	0.100	5.84	5.75	7.74	1.86	2.76	1.088	0.278

① 因考虑主成分分析贡献率值对数据分析统计意义的影响，数据分析时将该行业数据放入其中，但在选择制造业高质量发展的重要领域时将其剔除。

续 表

行业	X_1	X_2	X_3	X_4	X_5	X_6	X_7	X_8	X_9
19 黑色金属冶炼和压延	1972.1	0.040	1.5	3.92	0.55	0.22	0.66	1.001	0.062
20 有色金属冶炼和压延	915.6	0.023	7.75	2.52	3.26	1.24	0.79	1.209	0.574
21 金属制品业	1077.3	0.049	6.09	3.53	8.4	1.05	1.57	0.926	0.297
22 通用设备制造业	1759.3	0.076	7.11	5.03	15.04	1.56	2.22	0.798	0.274
23 专用设备制造业	1553.8	0.088	6.78	3.58	8.63	1.07	1.75	0.979	0.292
24 汽车制造业	3734.6	0.076	11.14	4.47	7.42	2.34	2.02	1.137	0.452
25 铁路、船舶、航空航天运输设备制造业	438.1	0.063	5.59	2.26	4.85	0.53	0.57	1.061	0.262
26 电气机械和器材制造业	2773.3	0.068	7.38	6.53	15.6	2.22	1.98	0.871	0.282
27 计算机、通信和其他电子设备制造业	3436.7	0.049	4.71	10.53	18.74	2.77	2.2	0.888	0.294
28 仪器仪表制造业	481.3	0.116	6.59	1.23	14.92	0.25	0.27	1.299	0.235

2. 数据标准化处理及计算相关系数矩阵

为消除各项原始指标数据在量纲和数量上的差异，实现无量纲化，对原始数据进行标准化处理，并根据标准化数据，计算相关系数矩阵（见表6—3）。相关系数矩阵数据显示变量间具有较强的相关性，说明9个变量存在多重共线性，指标数据在涵盖信息上具有重叠性。

表6—3 相关系数矩阵

	X_1	X_2	X_3	X_4	X_5	X_6	X_7	X_8	X_9
X_1	1.000	0.140	0.031	0.716	0.284	0.749	0.779	−0.267	0.035
X_2	0.140	1.000	0.774	−0.293	0.197	−0.226	−0.193	−0.339	0.282

续　表

	X_1	X_2	X_3	X_4	X_5	X_6	X_7	X_8	X_9
X_3	0.031	0.774	1.000	−0.277	−0.183	−0.103	−0.194	−0.334	0.599
X_4	0.713	−0.293	−0.277	1.000	0.323	0.803	0.810	−0.252	−0.250
X_5	0.284	0.197	−0.183	0.323	1.000	0.168	0.271	−0.186	−0.379
X_6	0.749	−0.226	−0.103	0.803	0.168	1.000	0.849	−0.149	0.188
X_7	0.779	−0.193	−0.194	0.810	0.271	0.849	1.000	−0.181	−0.123
X_8	−0.267	−0.339	−0.334	−0.252	−0.186	−0.149	−0.181	1.000	−0.146
X_9	0.035	0.282	0.596	−0.250	−0.379	0.188	−0.123	−0.146	1.000

3. 特征值和方差贡献率

根据相关系数矩阵计算特征值，以及各个主成分的方差贡献率和累积贡献率，在统计意义上判断该组数据是否适合运用主成分分析法进行计算及确定主成分的个数。选取主成分的个数，应根据特征值大于 1 且累积方差贡献率在 80%以上的原则，在上述条件下提取的主成分能够反映原来多个指标的信息。根据特征值和累积方差贡献率表可知，前 3 个主成分已经解释了总方差的 81.48%，并且其特征值均大于 1，说明近 82%的原始指标变量信息由这 3 个主成分所涵盖，而第 4 个主成分的特征值仅为 0.699，所以选择前 3 个主成分进行数据分析（见表 6—4）。

表 6—4　解释的总方差

成分	初始特征值			提取平方和载入		
	合计	方差（%）	累积（%）	合计	方差（%）	累积（%）
1	3.624	40.271	40.271	3.624	40.271	40.271
2	2.349	26.096	66.367	2.349	26.096	66.367
3	1.360	15.113	81.481	1.360	15.113	81.481
4	0.699	7.762	89.242			
5	0.450	5.004	94.246			
6	0.231	2.570	96.816			
7	0.166	1.844	98.660			

续 表

成分	初始特征值			提取平方和载入		
	合计	方差（%）	累积（%）	合计	方差（%）	累积（%）
8	0.074	0.818	99.478			
9	0.047	0.522	100.000			
提取方法：主成分分析。						

4. 成分载荷矩阵

主成分载荷是反映主成分与原变量之间的相互关系程度，是各个变量分别在主成分上的加权系数。加权系数越大，表明该指标在该主成分上的重要性越大。

表 6—5　成分矩阵

/	成分		
	F_1	F_2	F_3
X_1	0.828	0.355	0.010
X_2	−0.258	0.795	−0.417
X_3	−0.313	0.885	0.048
X_4	0.935	−0.034	0.005
X_5	0.405	−0.006	−0.781
X_6	0.882	0.176	0.345
X_7	0.929	0.071	0.104
X_8	−0.232	−0.582	0.303
X_9	−0.203	0.657	0.593

根据成分矩阵（见表 6—5）可知，第一主成分 F_1 与行业利润（X_1）、就业吸纳率（X_4）、行业增加值增长率（X_5）、行业增加值占 GDP 比重（X_6）和行业投资占全社会投资比重（X_7）等指标呈现出较强的正相关性，而这几个变量综合反映了我国制造业的综合发展水平，因此可以认为第一主成分 F_1 是我国制造业综合发展水平的代表。第二主成分 F_2 与行业成本利润率（X_2）、行业人均利税（X_3）和比较劳动

生产率（X_9）等指标呈现出较强的正相关性，而这几个变量反映了我国制造业的发展效益，所以可以将第二主成分 F_2 视为制造业发展效益的代表。第三主成分 F_3 与比较劳动生产率（X_9）呈现出较强的正相关性，其次是行业增加值占 GDP 比重（X_6）和专业化水平（X_8），这几个变量反映了我国制造业的竞争力水平，因此可以认为第三主成分 F_3 是我国制造业竞争力水平的代表。

5. 标准化正交特征向量矩阵（见表 6—6）

成分矩阵数据与其相对应的特征值的比值开平方根，为主成分指标所对应的系数，该特征向量与标准化数据相乘，则可建立主成分得分模型。

表 6—6　特征向量矩阵

	F_1	F_2	F_3
X_1	0.4351	0.2316	0.0090
X_2	−0.1358	0.5188	−0.3577
X_3	−0.1646	0.5772	0.0409
X_4	0.4911	−0.0224	0.0041
X_5	0.2128	−0.0037	−0.6694
X_6	0.4631	0.1149	0.2962
X_7	0.4879	0.0463	0.0891
X_8	−0.1219	−0.3799	0.2602
X_9	−0.1066	0.4287	0.5088

$$F_1=0.4351X_1^*-0.1358X_2^*-0.1646X_3^*+0.4911X_4^*+0.2128X_5^*+0.4631X_6^*+0.4879X_7^*-0.1219X_8^*-0.1066X_9^*$$

$$F_2=0.2316X_1^*+0.5188X_2^*+0.5772X_3^*-0.0224X_4^*-0.0037X_5^*+0.1149X_6^*+0.0463X_7^*-0.3799X_8^*+0.4287X_9^*$$

$$F_3=0.0090X_1^*-0.3577X_2^*+0.0409X_3^*+0.0041X_4^*-0.6694X_5^*+0.2962X_6^*+0.0891X_7^*+0.2602X_8^*+0.5088X_9^*$$

6. 综合评价得分

将 4 个主成分以各自的方差贡献率作为权重，加权计算综合得分，则得分函数如下：

$$F=35.517\% F_1+26.096\% F_2+15.113\% F_3$$

根据主成分得分模型和综合得分函数，利用原始数据标准化后的数据，计算得到主成分得分和综合评价值（表6—7）。

表6—7　综合评价结果

行业	F_1	F_2	F_3	综合得分 F	排序
1	1.2322	−0.3750	1.1912	0.5784	7
2	−0.8166	−0.4070	−0.1631	−0.4597	18
3	−0.8200	0.9594	−1.8542	−0.3601	16
4	−3.5520	6.4173	0.2233	0.2780	9
5	0.8924	−0.5086	1.0888	0.3912	8
6	−0.5269	−1.1585	0.1988	−0.4845	19
7	−1.1780	−1.0588	−0.0301	−0.7553	23
8	−1.3708	−1.4128	−0.1267	−0.9399	25
9	−1.3012	−0.7091	−1.0564	−0.8687	24
10	−1.4321	−0.5449	0.0247	−0.7152	21
11	−1.6341	−0.9453	−1.1484	−1.0783	27
12	−0.8619	−0.8255	−1.2670	−0.7540	22
13	−1.4754	1.1027	3.2299	0.1818	12
14	2.7019	0.9834	1.3283	1.5455	2
15	0.2906	1.8857	−2.2819	0.2643	11
16	−2.1766	−1.0230	0.5383	−1.0621	26
17	−0.1664	−1.2883	−0.0085	−0.4045	17
18	2.7549	0.2886	0.5110	1.2620	5
19	−0.3413	−1.0476	0.4079	−0.3492	15
20	−0.7556	−0.7893	1.7850	−0.2405	14
21	0.4758	−0.1982	−0.0565	0.1314	13
22	2.1241	0.6503	−1.1270	0.8548	6
23	0.6760	0.0908	−0.1588	0.2719	10

续　表

行业	F_1	F_2	F_3	综合得分 F	排序
24	2.3391	0.6624	1.1762	1.2926	3
25	−1.2698	−0.8231	0.2583	−0.6872	20
26	3.0575	0.6834	−0.7782	1.2920	4
27	4.8644	0.5392	−0.8241	1.9751	1
28	−1.7304	−1.1484	−1.0810	−1.1599	28

（三）制造业发展重点领域的定量选择结果

根据数据分析综合评价结果，总分排列居于前十位的制造业领域综合得分均为正数，分别是计算机、通信和其他电子设备制造业、医药制造业、铁路、船舶和航空航天运输设备制造业、化学原料和化学制品制造业、汽车制造业、电气机械和器材制造业、非金属矿物制品业、通用设备制造业、农副食品加工业、纺织业、专用设备制造业等制造业行业。

二、制造业重点领域的定性选择

为更全面地选择我国制造业发展重点领域，在定量选择的基础上，还应结合世界制造业发展趋势、《中国制造 2025》战略规划等外在因素，并根据产业选择“基准”等相关理论逻辑，以确立我国制造业高质量发展中亟须重点发展的领域。

（一）选择依据

1. 国际市场需求

市场需求是产业发展的基本前提和直接动力。国际市场需求是推动我国经济增长和制造业发展的重要外部力量。受世界金融危机影响，在国际市场萎缩的背景下，我国仍能保持一定出口规模和增速，并且占制造业出口总值比重较大的行业，在推动国内就业和经济增长方面发挥着重要作用，是判定我国制造业发展重点领域的重要标准。

2. 制造业发展趋势

技术进步和产业变革是当今制造业发展的主旋律。选择制造业高质量发展的重点领域，把握世界制造业的发展趋势，才能在国际市场上立于不败之地。智能制造、绿色制造及制造业发展的服务化趋势是制造业重点领域选择的必要参考依据。选择符合制造业发展国际趋势的制造领域，或确立通过产业升级以趋向制造业国际潮流的产业，是制造业高质量发展的重点领域。

3. 国家战略规划

推动现代市场经济的发展，有效的市场和有为的政府都必不可少，既要发挥市场对资源配置的决定作用，也要更好地发挥政府对资源配置的调节和引导作用。《中国制造 2025》规划，明确了国家在制造领域的战略发展需求，是确定我国制造业高质量发展重点领域的重要参考依据。

（二）选择范围

定性选择我国制造业发展的重点领域，仍然剔除烟草制造业、其他制造业、废弃资源综合利用业、金属制品机械和设备修理业等 4 个行业，并从定量选择的 10 个备选制造行业集合之外的其他 17 个行业中，根据选择依据和相关行业发展实践遴选我国制造业发展的重点领域。

（三）行业选择

1. 纺织服装、服饰业

纺织服装、服饰业是传统制造业的劳动密集型行业，是关系到我国民生福祉的制造产业。目前，该制造业在我国业已形成完整的产业链，在国内制造业行业中的发展规模和发展水平居于前列，一直是我国经济发展和劳动就业的重要产业领域，在我国外向型经济结构中占有重要地位。根据相关统计，我国每年人均的衣着消费支出尚不足 200 美元，和发达国家人均超过 1000 美元以上的支出仍有差距，国内消费市场仍有巨大的发展空间。2019 年前三季度，全国限额以上纺织服装、服饰业商品零售额为 9479 亿元，同比增长 3.3%，而网络销售的穿着类商品销售额同比增长了 18.6%。我国纺织服装、服饰业在国际市场上也占据较大的国际份额和市场空间，呈现出了明显的竞争优势。从 21 世纪初开始，我国纺织服装、服饰业制成品出口额占世界比重基本上处于上升状态，2000 年占全球出口额比重为 18.22%[①]，2018 年达到 35%。受中美国际贸易战影响，2019 年 1—12 月纺织服装、服饰业出口额累计同比下降 1.85%，2019 年 12 月，纺织服装、服饰业出口额达 246.85 亿美元，同比增长 6.86%[②]。

根据数据分析结果，我国纺织服装、服饰业的就业吸纳率为 4.11%，在 28 个测评行业中排位第 8；专业化水平为 1.087，在推动社会就业、专业化程度和技术进步方面作用明显。但和发达国家相比，我国纺织服装、服饰业仍处于大而不强的发展状态，在附加值高的产品设计、研发和品牌创建方面仍有一定差距。在世界经济基本面疲弱，再加上发达国家和发展中国家的双向挤压的背景下，纺织服装、服饰业的稳定发展仍是推进社会就业水平和就业质量的重要保证。当前，世界制造业智能化、绿色化和服务化的发展趋势日益凸显，我国纺织服装、服饰业在市场空间、技术水平方面的能力累积，为行业进行智能化改造、服务化延伸及推进绿色发展理念提供了市场和技术基础，是我国传统制造业高质量发展的重点领域。

2. 铁路、船舶和航空航天运输设备制造业

打造具有国际竞争力的制造业，是提升我国综合国力、建设世界强国的重要途径。《中国制造 2025》战略规划，提出了我国制造业发展的十大重点领域，其中包括航空航天装备、海洋工程装备及高技术船舶和先进轨道交通装备三个制造业发展的重点领域。随着我国制造业的快速发展，我国航空航天装备产业、造船业、铁路和城市轨道交通运输装备制造领域也取得了长足的进步。在航空航天装备产业领域，航空航天的创新产品不断涌现，搭载涡轮 16（WZ16）发动机的 AC352 直升机、C919 大型客机试飞成功，载人航天、月球探测与北半导航系统稳步推

① 李晓华：《中国制造业国际竞争力的转变与重构》，《青海社会科学》2017 年第 2 期。

② 《纺织服装行业周报》，《光大证券》2020 年 1 月 9 日。

进。2018 年我国航空航天装备产业继续发展，卫星导航与位置服务产业总产值达 3016 亿元，同比增长 18.3%，而北斗卫星导航带来的产值就达 1947 亿元[①]。在造船领域，2019 年全国造船完工量 3672 万载重吨，同比增长 6.2%；造船业的产业集中度进一步提高，造船完工量前 10 家企业占全国 67.2%，骨干优势企业的地位进一步凸显[②]。铁路和城市轨道交通运输装备方面，2019 年 1—9 月我国铁路机车产量为 864 辆，累计增长 18.2%，表现出较为强劲的增长速度。中国中车 2019 年三季度业绩报告显示，第三季度公司营业收入达 583.73 亿元，同比增长 18.94%。近年来，我国轨道交通装备自主创新能力大幅提升，大量轨道交通装备整机产品达到国际先进水平[③]。

当前，我国铁路、船舶和航空航天运输设备制造业在产品质量和技术水平方面实现得了跨越式发展，但在制造规模和核心技术方面同发达国家仍存在一定的差距。在航空航天领域，我国通用航空制造业仍处起步阶段，高端机生产的自主创新能力比较缺乏，卫星产业发展迅速但产值占全球比重不到 15%，整体上与欧美国家相比差距明显。船舶制造业在生产技术水平、生产效率和配套产业上，与日韩相比，仍然存在一定距离。轨道交通装备行业，在关键系统和生产技术上，特别是核心技术仍受制于人，创新能力有待进一步提升，亟须推进铁路、船舶和航空航天运输设备制造业高质量发展。

三、制造业重点领域的选择结果

根据本书定量研究和定性分析的结果，从 28 个制造行业中选出 12 个行业作为我国制造业高质量发展的重点领域：计算机通信和其他电子设备制造业、医药制造业、铁路船舶和航空航天运输设备制造业、化学原料和化学制品制造业、汽车制造业、电气机械和器材制造业、非金属

---

① 《中国卫星导航与位置服务产业产值突破 3000 亿元》，《人民日报（海外版）》2019 年 5 月 22 日。

② 《2019 年我国造船三大指标国际市场份额继续领先》，澎湃网，http：//m.thepaper.cn/newsDetail_forward.5558557，2020－01－18.

③ 国家制造强国建设战略咨询委员会：《中国制造 2025 蓝皮书》，电子工业出版社 2017 年版，第 85—120 页。

矿物制品业、通用设备制造业、农副食品加工业、纺织业、专用设备制造业、纺织服装、服饰业等重点发展行业。制造业发展的重点领域，是我国产业结构的重要组成部分，是推动我国经济增长和社会进步的重要力量。在世界经济格局深刻变化、国内经济转型发展的背景下，制造业重点领域的快速发展，关系到我国制造业高质量发展的成败，亟须在制造业重点领域倡导和弘扬工匠精神，在发展政策和制度上给予倾斜和扶植，提升制造业发展重点领域国际竞争力。

第三节　工匠精神嵌入制造业高质量发展的重点领域

根据国家统计局《中国2016年国民经济和社会发展统计公报》中，对高技术制造业、装备制造业、工业战略新兴产业及高耗能制造业的类别划分，本书通过定量和定性选择的12个制造业重点领域中，通用设备制造业，专用设备制造业，汽车制造业，铁路、船舶和航空航天运输设备制造业，电气机械和器材制造业，计算机、通信和其他电子设备制造业属于装备制造业。而装备制造业中，航空、航天及设备制造业，电子及通信设备制造业，计算机及办公设备制造业属于高技术制造业；化学原料和化学制品制造业，医药制造业和非金属矿物制品业，属于高耗能行业。而纺织业、农副食品加工业及纺织服装、服饰业不属于上述类别，故归为传统消费品制造业。当前，我国经济总量已位居世界第二，但制造业供给质量远远滞后于制造业规模的增长速度。特别是与发达国家相比，我国制造业供给质量水平不高、质量基础薄弱，国际市场竞争力不强。传统消费品制造业、装备制造业和高技术制造业等制造业重点领域的供给质量，已经不能满足我国消费结构升级需求和国际市场竞争的发展趋势。

一、“精益求精”提升制造业重点领域供给质量

近年来，我国制造质量快速提升，但部分制造领域产品不合格率仍在高位徘徊。部分领域产品供给质量问题直接导致我国制造质量损失快

速上升，年均损失已超过 2000 亿元人民币，并且出口欧美等国的商品通报召回数量居于首位①。党的十九大报告提出："我国经济已由高速增长阶段转向高质量发展阶段"，"建设现代化经济体系，必须把发展经济的着力点放在实体经济上，把提高供给体系质量作为主攻方向，显著增强我国经济质量优势。"提高我国经济供给体系质量，亟须在制造业重点领域融入工匠精神，推进我国制造业高质量发展。

（一）提高重点制造领域的产品质量

精益求精的工匠精神，追求高质量和高层次的极致产品，注重生产细节，视质量为生命，是提升制造业产品质量的重要保证。在我国现代制造业的发展历史上，工匠精神的弱化是我国制造业产品质量不高的重要原因。一方面是经济理性无限扩张压缩了工匠精神的存在空间，另一方面则是一定经济发展阶段下的消费需求层次束缚，使工匠精神难以在制造业发展过程中得以彰显，导致制造业产品质量低下。在国际经济环境深刻变化和国内消费结构升级的背景下，亟须培育和弘扬精益求精的工匠精神，提升制造业重点领域的产品质量。

传统消费品制造领域中，纺织业、农副食品加工业及纺织服装、服饰业等制造业是我国传统优势产业，该领域低端产品仍占据着不可或缺的重要地位。随着我国消费品领域需求结构的不断升级，在纺织业、农副食品加工业及纺织服装、服饰业等领域中融入工匠精神，释放生产者精益求精的生产理念和追求极致的生产态度，是加快产品升级换代，提高产品质量，满足人民群众日益增长的美好生活需要的重要保证。在装备制造业和高技术制造业领域，核心零部件可靠性低、内在质量不稳定等问题，是影响制造产品质量的重要障碍。推进装备制造业和高技术制造业高质量发展，亟须嵌入工匠精神，追求产品的极致生产，以提高核心零部件产品的性能和安全性，避免产品的同质化竞争。而高耗能制造业重点领域因生产技术落后和行业特质原因，导致出现了行业产品质量不高及资源消耗、污染排放等问题。精益求精工匠精神的彰显，并非市

① 黄鑫：《制造业转型重点在提升供给质量》，《经济日报》2017 年 7 月 13 日。

场机制运行的自然结果，仍需要社会制度的外在约束，为工匠精神嵌入制造业重点领域提供制度保证。在制造业重点领域融入工匠精神，发挥工匠精神对产品质量提升的推动作用，应进一步建立健全质量激励制度，强化生产者“以质取胜”的战略意识；加大对假冒伪劣产品的惩处力度，降低产品质量安全风险，提升重点领域制造产品的质量水平，推进制造业高质量发展。

（二）推动制造业重点领域开展定制化服务

传统手工业社会，精益求精的工匠精神体现在生产者对所制造产品的不断打磨和极致追求。现代机器大工业社会，随着信息技术的持续发展，新的生产方式也不断涌现，满足消费者对产品的个性化需求、开展定制化服务是精益求精的工匠精神在生产领域的重要体现。在制造业发展的重点领域嵌入精益求精的工匠精神，推动制造业重点领域开展定制化产品供给，为消费市场提供个性化、多样化、高品质的产品和服务，进而提高生产效率和产品附加值，是提升我国制造业供给质量的重要发展方向。

随着我国经济的快速发展，人们的收入水平不断提高，消费者个性化、多样化和高品质的消费需求日益发展。社会需求的变化，为生产过程中工匠精神的彰显提供了现实空间。特别是信息技术扩大了企业外部的交流范围，为企业提供了与客户沟通的桥梁[①]，为我国消费者个性化产品需求的释放和制造业重点领域开展定制化服务提供了技术基础。在互联网信息时代，开展定制化服务是制造业发展过程中嵌入工匠精神、追求极致生产的必然结果，是制造业发展的必然趋势。传统消费品制造领域中的纺织业、农副食品加工业及纺织服装、服饰业，装备制造业中的汽车制造业、电气制造等行业的产业特点是，直接面向14亿消费者、生产批量大、销售量大而广、个性化需求明显、市场响应速度快，[②] 是制造业中开展定制化服务的重点领域。制造业重点领域开展定制化服

① 王岳平：《现代制造业发展的特点与趋势》，《宏观经济研究》2004年第12期。

② 制造质量强国战略研究课题组：《制造质量强国战略研究》，中国质检出版社2016年版，第100—101页。

务，就要建立基于“互联网+制造”的客户数据采集系统，并与生产管理系统无缝对接，实行智能化的生产管理模式，以降低成本、提高生产效率。[①] 在制造业高质量发展的重点领域，嵌入精益求精的工匠精神，推进制造业企业开展定制化服务，一方面有利于降低生产成本，提高产品竞争力；另一方面可以利用信息技术充分掌握市场信息，了解客户需求，避免纺织服装、服饰业及船舶制造业等重点领域出现产能过剩现象，减少库存，提高制造业重点领域的供给质量。

二、“传承创新”推进制造业重点领域技术创新

创新历来是工匠精神的重要内涵。传统手工业社会中，从属于精益求精的“非破坏性”边际创新的基础是已有的行业规范和标准，并利用原有的知识积累，根据社会的主流要求提高定型产品的性能（柳卸林[②]，2000）。进入现代社会，消费需求日益呈现出个性化和多样化的发展趋势，生产技术也快速进步，工匠精神的创新内涵又呈现出新的表现形式，是在建构与现有知识完全不同的新知识基础上的创新（Aderson & Tushman[③]，1990），即熊彼特所强调的“破坏性”创新，成为工匠精神的核心要素。而内涵创新的工匠精神是推进制造业技术创新的重要驱动力量。

根据表6—8的数据，在本书选择的制造业重点领域中，研究与实验经费投入强度最大的为铁路、船舶、航空航天和其他运输设备制造业，达2.53%；而其他行业的研究与实验经费投入强度均未超过2%，远低于欧美制造强国制造业企业3%以上的实验经费投入强度。传统消费品制造业是我国传统优势产业，但仍处于“微笑曲线”底部，在纺织业、农副食品加工业及纺织服装、服饰业的研发经费投入中，强度最高的仅为0.54%，生产技术多半依赖于传统手工制造，虽然不少企业引

① 张得红等：《互联网+制造：发现工业4.0时代微蓝海》，人民邮电出版社2014年版，第80—81页。

② 柳卸林：《不连续创新的第四代研究开发》，《中国工业经济》2000年第9期。

③ Aderson P. and Tushman M，“Technological discontinuities and dominant designs：A cyclical model of technological Change，” *Administrative Science Quarterly*，1990，(35)：604—634.

进了国外先进技术设备，但行业技术整体落后的局面并未改变。随着劳动力成本的不断上升，增强行业生产技术创新能力，是传统消费品制造业提高产品附加值和竞争力的重要途径。而在化学原料和化学制品制造业、非金属矿物制品业等高耗能制造业领域，研发经费投入不足是生产技术落后的重要原因，这也致使产品竞争力弱化，并且也带来了严重的资源损耗和环境污染问题。

表 6—8　2018 年制造业重点领域规模以上工业企业研发经费投入及强度

行业	R&D 经费（亿元）	R&D 经费投入强度（%）	行业	R&D 经费（亿元）	R&D 经费投入强度（%）
农副食品加工业	260.07	0.41	通用设备制造业	735.60	1.52
纺织业	255.44	0.70	专用设备制造业	725.76	1.8278
纺织服装、服饰业	110.5	0.53	汽车制造业	1164.6	1.38
医药制造业	580.89	2.14	铁路、船舶、航空航天运输设备制造业	428.8	2.53
非金属矿物制品业	415.85	0.64	电气机械和器材制造业	1320.14	1.70
化学原料和化学制品制造业	899.93	1.08	计算机、通信和其他电子设备制造业	2279.90	1.94

数据来源：国家统计局网站公布的 2018 年规上工业企业 R&D 经费投入及增加值增速计算总值计算，其中纺织服装、服饰业、汽车制造业、铁路、船舶、航空航天运输设备制造业为 2017 年数据（国家统计局未公布三个行业 2018 年的 R&D 经费投入）。

装备制造业领域中，我国已探索出一条“引进—消化—吸收”的技术进步途径。但总体来说，自主创新能力不足导致的核心技术和关键零部件缺乏是制约我国装备制造业转变增长方式、实现产业升级的最大瓶颈。[①] 相比于机械工业发展强国，我国装备制造业的经费投入强度有一定差距，是我国高端装备的核心技术关键零部件缺乏的重要原因。机床工具行业的中、高端数控机床制造并未掌握核心技术，仍处于组装制造环节，工业机器人的核心部件、加工装备工艺等技术与国外先进产品仍

① 王燕梅：《装备制造产业现状与发展前景》，广东经济出版社 2015 年版，第 84—85 页。

有较大差距；航空航天装备领域，发动机、机载设备与系统、关键材料工艺及元器件技术仍然依赖进口，卫星终端产品技术和服务水平的国际竞争力不强；先进轨道交通装备制造业的基础性研发缺乏，行业科技存储、分析计算和试验验证的原始性创新不足；汽车制造业中，涡轮增压器、多挡位自动变速器液压阀体总成、高压共轨柴油喷射等核心技术仍受制于人；在高技术制造业领域，信息技术产业中国主要地区专利申请量较少，核心专利掌控力不够，新材料行业中高技术含量的产品较少，高端和关键新材料保障能力较弱，相当比例的核心工艺和基础材料仍依赖进口①。

当前，我国制造业生产技术仍与欧美发达国家存在较大差距，大量生产领域的核心技术和关键零部件仍不能自给。提升制造业自主创新能力，是我国制造业高质量发展和建设制造强国的重要途径。在制造业高质量发展的重点领域嵌入工匠精神，推进传统消费品制造业重点领域的“非破坏性”边际创新，即渐进性创新，实现纺织业、农副食品加工业及纺织服装、服饰业的工艺创新和流程创新，提高产品附加值；推进装备制造业、高技术制造业和高耗能高污染等制造业重点领域的“破坏性”创新，即突破性创新，提升装备制造业和高技术制造业的技术创新能力和产品竞争力。弘扬工匠精神，推进制造业重点领域技术创新，亟须为生产领域工匠精神的彰显与释放提供制度保障和战略指引。一是建立和完善知识产权保护制度，发挥制度创新对技术创新的推动作用，激发社会创新活力和创新潜能，为内涵创新的工匠精神的生成提供制度保证。二是向企业开放专利信息资源和科研基地，引导金融机构为制造业技术创新提供资金支持，探索建立创业保险、担保和风险分担制度②，为工匠精神创新理念的释放提供现实平台和制度激励。三是实施制造业技术创新专项规划和发展战略，深入落实《国家创新驱动发展战略纲要》《国家中长期科学和技术发展规划纲要》《“十三五”先进制造技术

① 国家制造强国建设战略咨询委员会：《中国制造 2025 蓝皮书（2017）》，电子工业出版社 2017 年版，第 69—177 页。

② 《中共中央国务院关于营造企业家健康成长环境弘扬优秀企业家精神更好发挥企业家作用的意见》，《人民日报》2017 年 9 月 26 日。

领域科技创新专项规划》和《中国制造 2025》发展规划等，为制造业技术创新提供发展目标和战略指引，推动我国制造业高质量发展。

三、“专注坚守”驱动制造业重点领域品牌创建

在现代市场竞争中，品牌已是最重要的无形资产之一，并成为提高产品附加值、竞争力以及获取市场竞争优势的重要保证。根据发达国家发展经验，培育企业品牌，提高产品的市场认可度是赢得国际市场竞争的不二选择。制造业品牌的创建与推广，是企业长期化经营行为的结果，需要企业在其制造领域的长期坚守，并专注于产品质量、价值和市场竞争力的提升。内涵专注与坚守理念的工匠精神，是企业在制造业某一专业领域潜心耕耘的精神动力，是进行品牌创建的必要条件。

表 6—9　2019 年我国制造业重点领域产能利用率①

制造业	产能利用率（%）	比上年增减（%）
	77.1	0.2
化学原料和化学制品制造业	75.2	1.0
医药制造业	76.6	−1.0
化学纤维制造业	83.2	1.4
非金属矿物制品业	70.3	0.4
通用设备制造业	78.6	1.3
专用设备制造业	78.8	−0.3
汽车制造业	77.3	−2.5
电气机械和器材制造业	79.4	1.4
计算机、通信和其他电子设备制造业	80.6	1.2

品牌缺失是中国制造业在全球产业价值链体系中，长期处于低端制造环节，并呈现大而不强发展状态的重要原因。从 2019 年我国制造业重点领域部分行业的产能利用率数据来看，我国制造业重点领域部分行业存在一定程度的产能过剩。缺乏自主品牌也令我国制造业在世界经济

① 根据国家统计局网站公布的 2019 年我国工业产能利用率数据整理。

利益分配格局中处于不利地位，并在相当大的程度上损害了其可持续发展的能力[①]。根据世界品牌实验室（World Brand Lab）公布的2019年度《世界品牌500强》排行榜，中国有40个品牌入选，而美国上榜品牌达208个，我国具有国际影响力的品牌数量，与世界第二大经济体的地位并不相称。纺织业、农副食品加工业及纺织服装、服饰业等传统消费品制造的重点领域，在发展过程中已经建立起了大量的自主品牌，但与国际知名品牌相比，品牌附加值低、竞争力不强，甚至占传统轻工业相当比例的制造企业在制造工艺和生产技术上，虽然堪与国外企业媲美，但因为品牌认可度的现实差距，根本无法与之竞争。在装备制造和高技术制造领域的重点制造行业中，高端产品质量和技术水平不断提高，甚至有些领域已经达到了国际领先水平，但由于自主品牌的市场认可度不高，特别是对设备品质要求最高的汽车和电子工业，难以在市场投放和推广应用[②]。

当前，我国制造业品牌缺失和品牌营造困局，与长期以来生产领域中工匠精神的匮乏不无关系。而工匠精神弱化缘于社会对短期经济利益的追求和品牌创建能力的弱化。品牌的创建和推广，离不开制造业企业在其专业生产领域的长期专注与坚守。专注与坚守的工匠精神是提升制造业产品附加值和技术创新能力的前提，是品牌塑造的必要条件。在国际市场竞争愈发激烈的背景下，品牌已然成为制造业强国撬动世界经济与市场的无形杠杆[③]，也是我国经济保持活力、迈向全球产业价值链中高端的重要依托。所以，我们亟须在制造业高质量发展的重点领域嵌入工匠精神，推动重点行业品牌塑造进程：一是引导企业家弘扬工匠精神，鼓励企业家专注专长领域，加强企业质量管理，立志于“百年老店”的持久经营与传承，把产品和服务做精做细，以工匠精神保证质量、效用和信誉[④]。二是深入贯彻《中国制造2025》品牌建设战略规

---

① 梅新育：《中国制造业向何处去》，云南教育出版社2013年版，第69—80页。

② 国家制造强国建设战略咨询委员会：《中国制造2025蓝皮书（2017）》，电子工业出版社2017年版，第79页。

③ 王建成：《突围：中国制造业品牌的现状与出路》，《中国工业评论》2016年第4期。

④《中共中央国务院关于营造企业家健康成长环境弘扬优秀企业家精神更好发挥企业家作用的意见》，《人民日报》2017年9月26日。

划。《中国制造 2025》明确将加强品牌建设列为九大战略任务之一，提出推进制造业品牌建设，引导企业制定品牌管理体系，增强企业以质量和信誉为核心的品牌意识，建设品牌文化，提升品牌附加值和软实力[①]。三是支持和鼓励地方开展区域品牌建设探索，推动打造具有国际影响力的中国区域品牌，大力推广标杆企业和区域在品牌建设方面的先进经验，发挥优秀品牌在品牌建设方面的示范和引领作用，带动企业和区域品牌建设[②]。

---

① 《国务院关于印发〈中国制造 2025〉的通知》，中华人民共和国中央人民政府网站，http：//www. gov. cn/zhengce/content/2015—05/19/content9784. htm，2015 年 5 月 19 日。

② 《质检总局关于印发〈质量品牌提升“十三五”规划〉的通知》，国家质检总局网站，http：//zlgls. aqsiq. gov. cn/zjwj/201612/t20161227479702. htm，2016 年 12 月 16 日。

第七章

世界制造强国弘扬工匠精神的发展经验与启示

工匠精神是影响制造业高质量发展的重要因素，其蕴含的精益求精、专注坚守和传承创新的生产理念是推进制造业转型发展的基本条件。当今世界制造强国无不重视工匠精神在推进制造业发展中的重要作用。制造强国工匠精神的形成与释放，并非自然天成，而是与本国文化和社会运行机制紧密相关。德国、日本与美国等国家之所以能够在当今世界制造业中居于强势地位，离不开生产中对工匠精神的培育和传承，也得益于工匠精神在制造业发展过程中的彰显。当前，培育和弘扬工匠精神，推动制造业产品质量提升、品牌创建和技术创新，是我国由制造业大国向制造业强国迈进的必然路径，亟须借鉴世界制造强国在培育和弘扬工匠精神方面的先进经验和做法，并结合我国制造业的发展实际，建立有利于工匠精神的生成机制。

第一节　制造业发展中彰显工匠精神的国际样本

制造业发展中富于工匠精神的国家，在技术创新、人才培养及法律监管方面会衍生出明显的竞争优势。根据德勤有限公司与美国竞争力委员会发布的《2016 年全球制造业竞争力指数》（GMCI）报告，美国、德国和日本被列入制造业创新方面最强劲的全球市场，并且这三个世界制造强国在制造业发展的人才、创新政策和基础设施及法律监管环境等驱动因素方面具有明显的竞争优势（见表 7—1）[①]。《2019 中国制造强国发展指数报告》显示，中国制造业处于全球第三阵列，位居第四名，在美国、德国、日本之后，但质量效益、结构优化和持续发展指数仍与排在前三位的国家存在巨大差距（见表 7—2）。

① 德勤与美国竞争力委员会：《2016 年全球制造业竞争力指数》，德勤中国，2016，https://www2.deloitte.com/cn/zh/pages/manufacturing/articles/2016－global－manufacturing－competitiveness－index.html.

表 7—1　重点国家制造业竞争力驱动因素

项目 \ 国别	美国	德国	日本	韩国	中国	印度
人才	89.5	97.4	88.7	64.9	55.5	51.5
创新政策和基础设施	98.7	93.7	87.8	65.4	47.1	32.8
法律监管环境	88.3	89.3	78.9	57.2	24.7	18.8

注：数值越大表明该国在相应驱动因素的竞争优势越明显，在制造业发展中越具工匠精神。

表 7—2　2018 年中国与制造业强国发展指数比较

国别 \ 项目	发展指数	规模发展	质量效益	结构优化	持续发展
美国	166.06	36.12	49.84	48.77	31.33
德国	127.15	29.60	26.65	46.27	24.63
日本	116.29	22.76	30.55	33.50	29.48
中国	109.94	55.16	15.05	23.40	16.33

注：数据来源于《2019 中国制造强国发展指数报告》。

一、德国的工匠精神

（一）德国工匠精神的价值趋向

1. 追求完美主义

20 世纪前“德国制造”曾是劣质产品的代名词，当时的工业强国英国修改《商标法》条款，规定从德国进口的商品必须注明“德国制造”，以区分英国优质产品和德国劣质产品。这一歧视性法律条款极大地触动了德国政府和工商界，促使其开始反思和觉醒，并坚定地寻求“质量兴国、技术产国”的发展道路，重塑了“德国制造”的国际声誉。从德国现代化历程来看，德国制造业对生产质量的重视摆在了无以复加的地位，并认为“没有质量的数量毫无意义”，注重产品生产细节，并不断修正和完善，最大限度地向完美生产靠近，对质量的追求近乎达到宗教般狂热。

2. 标准化生产

严谨、认真是德国展示在世人面前的典型特征，而这一民族性格在工业生产中也演化为制造过程的“标准主义”。德国的师徒传承并不停留在言传身教，而是会将生产过程中有价值的东西以数据的形式记录和保留，作为生产的标准和参考，用于行业的长期发展。在德国的制造体系中，产品生产制造前，往往要先确立生产标准。根据相关数据，全球2/3的国际机械制造标准都由德国标准化学会制定。[①] 他们对生产标准的依赖、追求和坚守，在一定程度上衍生了“德国制造”精益生产的结果，为保证产品质量提供了衡量标准和外在约束，也极大地提升了德国制造品牌的信誉度和知名度。

3. 专注利基市场

专注坚守是工匠精神的重要内涵，是追求精益生产的必要前提。德国制造业企业的一个重要特征就是关注被大公司或行业巨头忽略的某些细分市场。众多中小企业专注于利基市场，致力于某一领域产品的生产和制造，直至成为在国际上处于领先地位的“隐形冠军”。根据相关统计数据，全世界共有2734家“隐形冠军”企业，其中德国企业数量就达到1307家（见表7—3），占总数的47%。德国“隐形冠军”企业并非只是存在于少数制造领域，而是散布于各行各业，其中工业产品占69%，消费类产品占20%，服务型产品占11%。在工业产品中，机械制造、电子、金属加工、化工类占比分别为36%、12%、11%和7%。[②] 德国这些知名度不高且规模相对较小的“隐形冠军”企业，凭借其产品质量和技术水平，在各自制造领域取得世界市场的领头羊地位，成为德国制造业的重要支撑力量。

表7—3　“隐形冠军”企业国家排名　（单位：个）

排名	1	2	3	4	5	6	7	8	9	10
国家	德国	美国	日本	奥地利	瑞士	意大利	法国	中国	英国	瑞典
数量	1307	366	220	116	110	76	75	68	67	49

① 工业和信息化部工业文化发展中心：《工匠精神——中国制造品质革命之魂》，人民出版社2016年版，第39页。

② 周磊：《德国中小企业太剽悍　一千多家“隐形冠军”占据全球半壁江山》，《欧洲时报（德国版）》，http://www.oushinet.com/news/europe/germany/20151218/215675.html，2015年12月18日。

（二）德国工匠精神的现实表征

李工真（2005）在其著作《德意志道路》中研究了德国两百年来的现代化历程，认为“技术立国、制造兴国”是“德意志道路”的经济发展路径，而内部支撑这一道路历史演进的基础是“工匠精神”。[①] 德国制造业强国地位的确立，源于工匠精神在制造业生产中的彰显，极大地提升了制造技术、生产工艺和产品质量，并培育出了众多德国百年工业品牌，使“德国制造”从20世纪中叶以来，成为国际市场上最具竞争力的制造品牌。

1.“德国制造”成为质量保证的代名词

高质量的产品是精益求精的工匠精神的内在追求。在德国现代化历程中，充分释放精益求精的工匠精神，革新制造工艺，制定行业生产标准和质量体系，追求产品质量的完美和极致，使德国一跃成为现代制造强国。20世纪70—80年代，德国的机床、汽车、照相机等机械产品大量走向世界，其中汽车出口占世界汽车市场销量的17%。[②]“德国制造”在当前的国际市场上，已然成为高质量和高品质的代名词，欧盟外以及欧元区国家对德国产品的需求十分强劲[③]。国际间的贸易竞争，存在短期内的价格竞争，但归根结底是产品质量水平的竞争。根据世界经济论坛（World Economic Forum）发布的《全球竞争力报告》（2017—2018）（*The Global Competitiveness Report*），德国企业的生产工艺水平得分为5.9，在参与测评的140个国家当中，排名第十位（2015年排名第三位）[④]，表明德国产品的质量在全球处于领先地位。

2. 制造品牌和百年老店数量世界领先

品牌是工匠精神在国家工业化发展过程中的现实沉淀。制造企业深耕某一专业制造领域，是专注坚守的工匠精神的现实表征，是培育世界

---

① 李工真：《德意志道路——现代化进程研究》，武汉大学出版社2005年版，第211页。

② 付向核：《解读德国工匠精神　创新中国工业文化》，《中国工业评论》2016年第6期。

③ 驻德国经商参处：《2017年上半年德国出口同比增长6.1%》，中华人民共和国商务部，http://www.mofcom.gov.cn/article/i/jyjl/m/201708/20170802624560.shtml，2017年8月10日。

④ Klaus Schwab, *The global competitiveness report* （2017—2018），World Economic Forum.

品牌和长寿企业的重要基础。19世纪末，德国从农业向工业化转型时，面对英国《商标法》中要求的进入英国本土及其殖民地市场的德国产品须注明“德国制造”的歧视性条款，德国政府提出了国家品牌的发展战略，将“完美”“精准”“专注”的德国“工匠精神”注入制造业的生产过程中，[①] 强化制造领域中技术创新和质量管理。至今，富于工匠精神的德国制造业，已经诞生了2300个世界名牌。根据国际品牌咨询公司Interbrand发布的2019年度全球最具价值品牌100强排行榜中，德国的梅赛德斯奔驰、宝马、思爱普等10个品牌位列其中，品牌数量仅次于美国，居世界第二位。[②] 就长寿企业而言，全球共有5586家企业具有超过200年的历史，其中德国拥有837家[③]，占据全球总量的15%，仅次于日本。从德国工业化历史来看，由“价廉质劣”到“精工质优”的蜕变力量，除了来自大企业，更来自德国的中小企业，特别是家族企业。在德国350万家企业中，超过90%是家族企业，其中规模最大的100家企业，平均年龄都超过了90岁，属于名副其实的百年老店。[④]

3. 制造业的研发投入和创新能力持续提高

工匠精神内涵的创新精神是提升制造业技术创新能力的重要动力。德国在确立了“技术立国、质量兴国”的发展道路后，在制造业发展过程中彰显工匠精神，建立起适合本国企业技术创新的创新体系，并不断加大研发投入，将制造有高使用价值和高技术含量的产品作为制造业发展的核心思想。德国研发机构的预算从2006年至今持续增长，研究预算每年增加3%，2019年德国联邦政府与各州达成协议，未来10年仍以3%的速度增长，总增长额达170亿欧元[⑤]。德国研发投入和创新的另一个重要特征，是在德国的创新体系中活跃着一大批具有极强创新能力的企业，其中80%的大型企业集团拥有独立研发机构，是企业技术创新的主体。德国的中小企业，特别是“隐形冠军”，除企业自主研发

---

① 杨忠阳：《品牌培育需要良好营商环境》，《经济日报》2015年12月17日。

② Interbrand, “*Best global brands* 2019 *rankings*, *Interbrand*,” http://interbrand.com/best-brands/best-global-brands/2019/ranking/.

③ 张鑫：《制造强国品牌大国迫切需要工匠精神》，《上海证券报》2017年2月13日。

④ 管克江：《德国的百年老店与工匠精神》，《人民日报》2015年3月24日。

⑤ 《德国未来10年科研预算增加170亿欧元》，《科技日报》2019年5月7日。

投入外，还在政府的扶持下成立联合研发机构，以共享创新资源，降低研发成本。① 从世界范围内来看，德国企业研发支出在全球排名第四位②；欧洲最具创新力的10家企业中，有5家来自德国③。

二、日本的工匠精神

（一）日本工匠精神的价值趋向

1. 爱业精神

日本的“职人文化”从明治维新开始就已经形成。职人即工匠，在“职人文化”中，工匠对所从事专业领域的热爱及对工作的认真态度，是日本工匠精神的主要特征之一。日本的“职人文化”将工作视为“天职”，无论是匠人还是农民皆是如此，所以社会对从事手工制造业者无歧视并给予高度尊重，这也成为日本工匠认同和热爱职业的重要原因。爱业精神使日本工匠摆脱了仅将职业作为谋生工具的社会意识，而将职业当成自己的人生事业，甚至毕其一生专注于专业领域的钻研和经营，并产生对从事职业的使命感和荣誉感。

2. 追求极致生产和人性化产品

追求精益求精的极致化生产，是工匠精神的普遍化特征。日本制造业的极致生产在追求零缺陷和高品质的基础上，考虑成本约束，并通过准时制生产实现精准交付节省成本。④ 另外，在机器大工业时代，规模化、流水线和标准化生产方式下，消费者被大量千篇一律的产品所控制，而生产者的主体性也逐渐丧失。日本产品研发部门为满足消费者的人性化需求，并彰显生产者的主体性，在产品工艺设计过程中，更多从消费者的现实需求考虑问题，并作为设计和改进的出发点，最大程度地为消费者提供使用便利。日本工匠精神对产品精益求精的极致追求，除

---

① 田园：《创新推动德国制造业发展》，《光明日报》2016年6月6日。

② Klaus Schwab, “*The global competitiveness report* (2017—2018),” World Economic Forum.

③ 田园：《创新推动德国制造业发展》，《光明日报》2016年6月6日。

④ 中国社会科学院工业经济研究所：《2016年中国工业发展报告》，人民邮电出版社2016年版，第244—245页。

了提升产品质量和功能外，更注重满足消费者作为消费个体对人性化产品的极致需求。

3. 模仿学习与渐进性创新

“学习—模仿—创新”是日本制造业技术进步的重要路径。学习世界先进技术，并与本国原有技术和市场相结合，进行二次工艺和设计创新，最大限度满足消费者人性化需求。日本的企业结构同德国相似，存在大量的中小企业并集中在高端制造领域，实行家族式管理模式，并且成为各自细分市场的“隐形冠军”①。这些“隐形冠军”企业，在制造业技术创新方面，更多属于迭代创新或微创新，善于在美国行业创新与德国技术产品创新后模仿跟进②，从产品高性价比的角度，结合时间、空间和资源等约束条件，进行精巧化设计和创新，实现精益求精的人性化制造生产。

（二）日本工匠精神的现实表征

1. 日本制造业产品竞争力优势明显

“日本制造”也曾经因劣质产品而缺乏国际竞争力。20 世纪 60 年代，日本把“质量救国”作为国家战略，弘扬精益求精的工匠精神，在全国范围全面推广质量管理，迅速提升了质量水平③。当今，日本制造业的质量已为国际市场所认可，并呈现出很强的国际竞争力。根据世界经济论坛发布的《全球竞争力报告》（2017—2018）（*The Global Competitiveness Report*，2017—2018）④，日本企业的生产流程成熟度得分为 6.4，在参与测评的 137 个国家当中，排名第二位。在我国制造业存在供给侧结构性矛盾的背景下，国内供给难以满足日益升级的消费需求，大量国内消费者从日本购买高品质的制造产品。根据日本经济产业

---

① 中国社会科学院工业经济研究所：《2016 年中国工业发展报告》，人民邮电出版社 2016 年版，第 244—245 页。

② 中国社会科学院工业经济研究所：《2016 年中国工业发展报告》，人民邮电出版社 2016 年版，第 244—245 页。

③ 史丹：《国外经济转型升级的经验启示》，《人民日报》2016 年 3 月 28 日。

④ Klaus Schwab，“*The global competitiveness report*（2017—2018），” World Economic Forum.

调查，2016年中国消费者在日本购物网站上购买物品的总金额达到10399亿日元，化妆品、纸尿裤和健康食品等物品都在国人的购买之列。同年，美国人在日本购物网站上购物的金额达到6256亿日元。[①]根据2020年1月银联国际和携程网发布的《2019年中国人出境旅游消费报告》，日本成为2019年中国人出境消费和购物的第一大目的地国[②]。

2. 长寿企业制造品牌数量位居前列

在日本文化中，由“天职”使命衍生的爱业精神，为日本企业专注于某一专业领域钻研和经营提供了精神动力，使日本成为世界上长寿企业最多的国家。根据相关数据，世界历史上超过200年的企业共5586家，日本则占有3146家[③]，占全球长寿企业总量的56.32%，比排在第二位的德国（837家）多出2309家。日本专注坚守的工匠精神除了孕育出大量的“百年老店”，还催生了众多的“隐形冠军”和世界名牌企业。日本“隐形冠军”企业有220家，仅次于德国和美国，很多“隐形冠军”企业成为世界知名品牌。根据国际品牌咨询公司Interbrand发布的2019年全球最具价值品牌100强排行榜，日本有包括丰田、本田和日产等7家企业上榜，上榜品牌数量排在美国、德国和法国之后，居世界第四位。

3. 研发投入和科技产出位居世界前列

研发投入是提升科技产出和增强创新竞争力的重要保证。根据日本科技政策研究所（NISTEP）发布的《科学技术指标2017》，2016年日本科技预算占GDP总额的0.65%，在全球主要国家中仅次于韩国、中国、德国和美国，研发人员数量达66.2万人，仅次于中国和美国，位列全球第三。世界经济论坛发布的2019年《全球竞争力报告》（*The Global Competitiveness Report*，2019）显示，日本R&D经费支出占

① 《中国消费者去年网购日货总金额突破1万亿日元》，人民网—日本频道，http://japan.people.com.cn/n1/2017/0425/c35421-29235148.html，2017年4月25日。

② 携程网、银联国际：《2019中国人出境旅游消费报告》，《经济日报》2019年11月28日。

③ 胡洪江：《“工匠精神”首次登上政府工作报告为何总理如此看重》，《人民日报》2016年3月7日。

GDP的比重为3.1%，每百万英镑专利申请量为490.35个，分别位居参与评价的141个国家中的第六位和第一位[①]。日本在制造业发展过程中，倡导和弘扬工匠精神，不断加大研发投入，科技创新成效明显，科技创新能力位居世界前列。

三、美国的工匠精神

（一）美国工匠精神的价值趋向

1. 标准化生产

在美国，工匠精神又被称为职业精神，生产过程中追求精益求精的生产理念，遵循标准化的生产模式，根据生产标准进行程序化操作，为社会提供高品质和高附加值的产品。标准化生产是美国工匠精神的重要内涵和特征。美国发明家Whitney（1789）首创了生产分工专业化、产品零部件标准化的生产方式。[②] 制造业标准化的意识，极大地提高了美国制造业的生产效率和质量，推动了美国经济的快速发展。在标准化生产方面，美国显著区别于德国和日本，德国强于制定技术和产品标准，日本精于制定管理标准，而美国则优于制定行业标准；在对待标准的态度方面，德国和日本以“标准为尊”，而美国更倾向于打破旧标准、建立新标准。[③]

2. 颠覆性创新精神

当今社会，创新已经成为工匠精神的核心要素，制造业创新是经济发展的动力和源泉。渐进性创新和颠覆性创新是两种不同的创新类型。渐进性创新是在原有技术基础上进行的延伸创新，是对原有技术的继承和提高；而颠覆性创新是首次出现的与现有技术和工艺完全不同的创新，对原有技术具有替代和破坏作用。利用现有技术解决实际问题或研

---

① Klaus Schwab, “*The Global Competitiveness Report*（2017—2018）,” World Economic Forum.

② 工业和信息化部工业文化发展中心：《工匠精神——中国制造品质革命之魂》，人民出版社2016年版，第39页。

③ 中国社会科学院工业经济研究所：《2016年中国工业发展报告》，人民邮电出版社2016年版，第244—245页。

创出解决问题的新方法、新技术进而创造财富，是国家进步和发展的原动力。[①] 美国社会崇尚自由与开放，思想不受固化思维的约束和限制。美国工匠在生产中注重创新，执着于探索新生事物，突破原有空间界限的颠覆性创新是美国工匠精神的重要内涵。美国企业擅长在科技和制度方面进行颠覆式的行业创新，并享有这种创新带来的先发优势和标准优势，而德国和日本的企业则更多是在技术、产品及细节改进方面的渐进性创新[②]。

3. 专注于精准研发和营销

专注坚守是工匠精神的重要组成理念，是品牌创建的重要基础。而美国的制造业企业的专注精神在现实表征上，同德国和日本有着显著的区别。德国和日本制造业主要集中在高端制造业领域，企业规模以中小型居多，多数采用家族式管理模式，易于代际传承并专注于产品制造、物流和服务的精细化发展，并培育出了大量的百年老店和“隐形冠军”。美国制造业则因为在产业结构、企业规模、股权结构的差异，其专注精神更多体现在制造业的精准研发和精准营销领域。[③] 这也与全球价值链的产品分工模式直接相关，产品的制造和物流等环节实行跨国外包，而美国制造业则专注在基于市场需求的研发和营销环节。美国制造业这一工匠精神的重要特征，为美国制造业的技术创新和品牌创建奠定了重要基础。

（二）美国工匠精神的现实表征

1. 制造业产品精益程度全球领先

20 世纪 80 年代，美国制造业国际市场的地位受到日本高质量产品的冲击，美国国会出台《质量振兴法案》，将提高制造业产品质量确立为国家战略，弘扬工匠精神，推动制造业产品质量提升。美国制造业中

---

① 〔美〕亚力克·福奇著，陈劲译：《工匠精神：缔造伟大传奇的重要力量》，浙江人民版社 2014 年版，第 11 页。

② 中国社会科学院工业经济研究所：《2016 年中国工业发展报告》，人民邮电出版社 2016 年版，第 244—245 页。

③ 中国社会科学院工业经济研究所：《2016 年中国工业发展报告》，人民邮电出版社 2016 年版，第 244—245 页。

进行标准化生产和程序化操作，提高了制造业的精益程度和产品质量。杨芷晴（2015）对占世界制造业增加值 70%以上的 15 个国家的制造业质量竞争力水平进行了测评，美国制造业质量竞争力得分为 0.711，排在参与测评的 15 个国家的第五位[①]。另外，根据世界经济论坛发布的《全球竞争力报告》（2017—2018）（*The Global Competitiveness Report*，2017—2018）[②]，美国企业的生产工艺水平得分为 5.9，位列参与测评的 137 个国家中的第九位。从美国制造业质量竞争力和生产流程成熟度排名来看，美国制造业产品质量在世界制造业中处于领先地位。

2. 世界品牌数量居世界第一位

专注坚守是工匠精神的重要内涵。美国制造业中工匠精神的专注内涵不同于德国和日本，德国和日本企业终身专注和多代专注，美国企业专注的时间周期较短，美国 62%的企业寿命不超过 5 年，世界 500 强企业的平均寿命仅为 40—42 年[③]。但在国际产品分工的背景下，美国制造业专注于全球价值链的高附加值环节，特别是在精准研发和精准营销方面处于世界领先地位，培育了大量的世界知名品牌。根据国际品牌咨询公司 Interbrand 发布的 2019 年全球最具价值品牌 100 强排行榜，美国有包括苹果、谷歌、微软在内的 50 家企业上榜，是名副其实的品牌强国。美国最具价值的品牌数量占世界百强品牌量的 50%，是排在百强品牌榜第二位德国的 5 倍。

3. 美国创新能力居全球第二位

创新是当代工匠精神的核心内涵，创新能力是制造业发展的内在动力，而研发支出则是提升创新能力的现实基础。美国一直是研发经费支出大国，研发经费持续增长。根据世界经济论坛发布的《全球竞争力报告》（2017—2018）（*The Global Competitiveness Report*），美国企业研

---

① 杨芷晴：《世界主要国家制造业质量竞争力测评》，《财政研究》2015 年第 9 期。

② Klaus Schwab，“*The global competitiveness report* (2017—2018)，” World Economic Forum.

③ 中国社会科学院工业经济研究所：《2016 年中国工业发展报告》，人民邮电出版社 2016 年版，第 244—245 页。

发经费支出测评得分 5.9，位居 137 个国家中的第二位；创新能力得分为 6.0，也排在 137 个测评国家中的第二位。另外，美国在欧洲专利局的专利申请量排在全球首位。2018 年欧洲专利局共收到专利申请 174317 份，其中，美国专利申请量达 43612 份，位居第一，占比达 25%。

第二节　世界制造强国弘扬工匠精神的发展经验

倡导和弘扬工匠精神，是世界制造强国提升产品质量、塑造制造品牌和加强技术创新的重要原因。世界制造强国工匠精神的彰显，是思想文化、社会环境和教育体制等系列因素共同发挥作用的现实结果。探索制造业先进国家工匠精神的形成机理和彰显条件，是制造业后进国家培育和弘扬工匠精神，推动本国制造业转型发展的重要经验参考。

一、历史文化传统是工匠精神形成的理念先导

工匠精神的形成与彰显往往与区域的历史文化渊源相伴相生，从哲学思维、民族性格到宗教信仰无不影响着人类的社会实践行为。

（一）哲学思维

德意志民族历来被称为“哲学的民族”，历史上产生了康德、黑格尔、马克思等一批伟大的哲学家。哲学思维构建了德国人强大的思辨能力和寻求终极真理的逻辑意识。理性严谨的民族性格和刨根问底的思维方式，必然影响到其社会行为方式。① 德国制造业的强大，离不开哲学的发达和哲学思想的百年浸润。在哲学思维的影响下，求真、严谨、务实的理念已然成为德意志民族的群体品质并注入德国的制造业发展之中。培育和弘扬工匠精神，成为将质量作为“德国制造”的根基并专注于某一专业制造领域，进行品牌创建和技术创新的理念先导。

① 姚先国：《德国人的工匠精神是怎么样炼成的》，《人民论坛》2016 年第 6 期。

（二）民族性格

民族性格是一个民族基于历史与现实创造成果的积淀，是一个兼有历史烙印和时代特色的精神综合体[①]。不同民族性格特征的迥异性，缘于由生存环境所决定的生产方式的基础上形成的差异化的社会心理或意识。各国制造业的发展特点和生产特征是民族性格或气质的物化表现。德国人的民族性格尊重传统、服从规则，甚至近乎刻板的严谨和理性，成为“德国制造”在追求极致产品和技术方面，彰显工匠精神的文化影响因素；美国是多民族融合的国家，[②] 美国的民族性格崇尚自由与开放，并敢于突破和创新，彰显了“美国制造”的创新精神，极大地促进了美国制造业技术和产品颠覆性创新。

（三）宗教信仰

宗教信仰一直是欧洲社会的重要文化传统。在古希腊和古罗马时代，思想和理论被极度推崇，体力劳动则被轻视和贬抑。11 世纪的宗教改革推动了社会对劳动认识的演变，逐步形成了劳动是服从并忠诚于上帝[③]和劳动不分高低贵贱的宗教意识，极大地提高了工匠群体的社会地位。手工劳动被看作净化灵魂和精神的修行，手工艺理想主义者的劳动在颂扬上帝的同时，也在拯救自己。[④] 对于工匠来说，劳动不再是无奈的谋生工具和忍受的惩罚，而是在对上帝的敬畏和虔诚中，专注于手工制造、提高技艺水平，成为其在宗教信仰的逻辑中自我救赎的重要途径。德国工匠精神的兴盛与彰显，与其宗教背景密切相关。工匠精神形成的宗教向度为不少思想家所推崇。马克斯·韦伯将基督教的突出特征

---

① 谢冬慧：《从民族性格看德国的潘德克顿法学》，《法学评论》2015 年第 2 期。

② 中国社会科学院工业经济研究所：《2016 年中国工业发展报告》，人民邮电出版社 2016 年版，第 244—245 页。

③ 罗贝尔·福西耶著，陈青瑶译：《中世纪劳动史》，上海人民出版社 2007 年版，第 13 页。

④ 〔英〕卢西·史密斯著，朱淳译：《世界工艺史：手工艺人在社会中的作用》，中国美术学院出版社 2006 年版，第 92 页。

概括为“基督教一开始就是手工业者的宗教”。① 履行天职的劳动是对同胞之爱的外在表达，是上帝唯一能够认可的生活方式，而每一种天职在上帝看来都有完全等同的价值。② 因为宗教的介入，在德国，新教伦理阐释的“天职”观念，将世俗工作赋予了宗教意义，为人们广泛认同和接受。“天职”观念这一宗教信仰，成为德国工匠从事社会生产、追求高超技艺的内在文化约束。

日本的宗教信仰与德国截然不同，但佛教信仰仍然是日本制造业发展的重要推动力量。在中世纪，日本人认为“职人”可与神鬼世界沟通，一直就有尊重“职人”的文化传统，特别是日本德川初期，禅师铃木正三将佛教系于世俗生活，重新诠释劳动观和职业伦理，提出专注工作、精于本职就能修行成佛，主张“工匠的佛道就是投入精魂、一心制造”，推动了当时手工业的发展。铃木正三的佛教劳动观与职业伦理的交叉理论，成为日本工匠精神的重要思想先导和“勤劳精神”的源流。③ 宗教信仰与职业伦理直接相连，从思想文化上给予了职业劳动更高的社会地位，衍生出德国和日本人爱业敬业、尊重劳动的思想意识，从而推动着工匠精神的形成与彰显。然而，不能把工匠精神仅仅归因于历史文化和民族特性，否则就会有失偏颇，国家的管理体制与治理机制才是决定工匠精神更为重要的因素。④

二、社会经济环境是工匠精神彰显的外在约束

在现代市场经济条件下，影响工匠精神形成的社会经济环境主要包括社会环境、经济体制和企业制度。宏观的社会环境、经济体制以及微观的企业管理制度都是工匠精神彰显的外在约束条件和驱动力量。

---

① 〔德〕马克斯·韦伯著，阎克文译：《经济与社会》第 1 卷，上海人民出版社 2010 年版，第 612 页。

② 〔德〕马克斯·韦伯著，马奇炎、陈婧译：《新教伦理与资本主义精神》，北京大学出版社 2012 年版，第 77 页。

③ 周菲菲：《试论日本工匠精神的中国起源》，《自然辩证法》2016 年第 9 期。

④ 姚先国：《德国人的工匠精神是怎么样炼成的》，《人民论坛》2016 年第 6 期。

（一）社会环境

本部分所指的社会环境，是对工匠精神形成产生影响的两个因素：工匠或技术工人的社会地位和社会收入。工匠或技术工人作为独立的社会个体，有其自身的物质需求和精神需求，社会地位和社会收入，是其钻研技术并追求极致生产的内在激励。我国历史上形成的“重艺轻技”即尊崇艺术家而贬低手工艺人的思想，一直延续至今。西方社会不同于我国，手工劳动者与艺术家的社会地位相当，并无高低之分，这主要缘于在西方复兴时期，所有的艺术家几乎都是从工匠转变而来的，再加上宗教改革使西方社会的劳动观发生转向，手工劳动者或工匠在社会中有着较高的地位。在德国，职业平等是人们普遍认同的社会观念，作为工匠或技术工人受人尊敬，拥有与工程师、教授等其他职业相当的荣誉和社会地位。而在社会收入方面，德国工匠的工资高于社会平均工资水平，优秀技术工人的工资还超过医生、教授和律师等职业。日本的“职人”文化也给予了工匠充分的尊重和较高的社会地位，甚至超过那些出类拔萃的文学艺术人才①，不少行业的技术工人的工资水平高于公务员和教授②。世界制造强国给予了工匠或技术工人良好的社会氛围和发展环境，较高的社会地位和体面的工资收入为工匠专注专业领域，提高生产技能提供了坚实的社会基础。

（二）经济体制

经济体制是制造业发展的宏观经济环境，决定着制造业发展过程中的资源配置方式。市场经济或以市场为基础的资源配置方式是当今世界主流的经济体制，但市场经济体制在促进自由竞争、提高经济效率的同时，也存在内生缺陷并产生市场垄断和贫富差距的现象。特别是在市场垄断的环境下，不利于制造业工匠精神的培育和彰显，阻碍了中小企业专注技术研发和产品创新。世界金融危机后，德国经济在西方世界的群

---

① 胡立彪：《日本企业的“职人精神”》，《中国质量报》2012 年 8 月 13 日。

② 人民日报时评：《把优秀人才吸引到制造业来》，《人民日报》2017 年 2 月 16 日。

体性疲弱中独树一帜，这在一定程度上与其建立的“社会市场经济体制”密切相关。“社会市场经济体制”模式，是由德国经济学家与文化社会学家米勒在1947年出版的著作《经济调控与市场经济》一书中提出的，而这种模式的意义在于将市场自由和社会平衡相结合。[①] 德国社会市场经济，仍是在生产资料私有制的基础上，发挥市场对资源的决定性配置作用，但为了规避完全自由竞争条件下产生的市场垄断和贫富差距现象，国家就要承担维护社会秩序的职能，为市场自由竞争确立强制性的发展框架，提供法律和制度保障，以免影响经济发展和社会公平。李工真（2005）认为德国社会市场经济体制的核心是“竞争原则”与“社会公正原则”的结合，其实质是国家干预的市场经济发展模式。[②] 德国对市场中的高收入者实行累进税制，并建立社会保障体系，解决社会发展的公平问题；颁布了《反对限制竞争法》，约束市场垄断，规范竞争秩序。特别是在部分领域对大企业进行垄断限制，使德国的中小企业得以在稳定的发展环境下，专注制造领域的技术研发和产品创新，坚守利基市场，也为培育和弘扬工匠精神创造了有利的宏观经济环境。

（三）企业制度与融资方式

德国与日本的企业在员工管理方式上，都能通过制度设计使员工与企业成为同命运、共进退的共同体，极大地提升了员工爱岗敬业、认真负责的使命感。德国企业管理制度最大的特点，是建立“雇员共同决策制度”，将部分决策权赋予雇员，这一制度使雇员拥有了比其他国家工人更为广泛的决策权利，除了可以“参与”企业经营决策和收益分配外，还享有企业部分的支配权和决定权，特别是有权否决雇主的经营决策。[③] 而日本企业管理制度的最大特点是，实行“终身雇佣制”，为企业拥有一支稳定的员工队伍提供了制度基础，极大地提升了企业的团队合作精神，也为技术工人钻研技术、追求精益求精的产品生产提供了稳

---

① 冯兴元：《社会市场经济：德国的经验与底蕴》，《公共管理与政策评论》2013年第1期。

② 李工真：《德意志道路——现代化进程研究》，武汉大学出版社2005年版，第470—471页。

③ 蔡秀玲等：《德日工匠精神形成的制度基础及其启示》，《亚太经济》2016年第5期。

定的工作环境。在企业融资方式上，德国和日本因证券市场不够发达和体制原因，企业主要通过银行获取发展资金。银行与企业之间形成以某一个或两个大银行为主导的企业融资和治理的长期稳定关系。德国银行主导作用的基础是银行高比例的产权投资，日本银行主导作用的基础主要是银行信贷。由于银行的主导地位，以及大量资金安全性和收益性与企业长期利益正相关，决定了企业经营目标的长期性。[①]德国和日本的银行与企业间建立起的企业性银企关系制度，在一定程度上约束了企业短期经营行为和投机主义倾向，为企业弘扬工匠精神，树立长期经营理念，专注行业技术创新、产品经营和打造“百年老店”提供了外在驱动力量。

三、制定行业生产标准是工匠精神彰显的制度保障

美国发明家 Whitney[②]（1789）首创了生产分工专业化、产品零部件标准化的生产方式。制定行业生产标准是世界制造强国追求精益生产、提高生产质量的重要途径。美国、德国和日本等制造业的强势发展，在很大程度上得益于其制造行业的标准化意识。

（一）美国以民间标准化机构为主的运行体系

美国是世界上最重视标准化的国家之一，很早就成立了大量的民间标准化机构。1894 年成立电子与电气工程师协会（IEEE），1898 年成立美国材料与试验协会（ASTM），1918 年成立美国国家标准研究院（ANSI）等。[③] 1998 年美国制定标准化战略，强调要加强国际标准化活动，使国际标准反映美国技术。[④] 美国的行业标准制定呈现出以下特点：一是民间为主、官方为辅的标准化体系。美国工业标准化体系非常完善，由上百个政府和非政府标准机构组成，以众多的非政府机构标准

① 王昭凤：《论德国企业性银企关系制度》，《南开经济研究》2000 年第 3 期。

② 工业和信息化部工业文化发展中心：《工匠精神——中国制造品质革命之魂》，人民出版社 2016 年版，第 39 页。

③ 张明兰：《美国标准化体系及启示》，《上海标准化》2002 年第 3 期。

④ 韩可卫：《欧盟、美国、日本标准化战略模式比较分析及启示》，《武汉工程大学学报》2007 年第 5 期。

化组织为主导架构，政府机构只是参与者和利益相关方。二是政府经费支持。为保证分散动态的标准化体系正常运行，美国政府部门通过财政支持的方式，由美国国家标准与技术研究院（NIST）协调政府部门标准化活动，由美国国家标准研究院（ANSI）协调民间标准化组织。三是美国行业标准被世界广泛采用。美国材料与试验协会（ASTM）制定的标准包括有关材料、产品、系统和服务等领域的特性和性能标准、试验方法和程序标准，这些标准中约有40%为国外采用。[①] 美国制造行业标准化的意识和完善的标准化体系，为美国制造业弘扬工匠精神，提高美国制造业的生产效率和质量奠定了坚实的基础，极大地推动了美国经济的快速发展。

（二）德国以DIN为核心的标准化运作体系

德国是一个崇尚理性、严谨的国家，生产标准不仅是技术操作规范，还上升为国家发展战略，在工业体系中占据重要地位。德国首次发布工业标准可追溯至1918年，近百年来共发布了上千个行业标准，其中近80%的行业标准为世界各国认可和采纳。根据相关研究，标准化运作体系每年为德国带来的经济收益达160亿欧元，对经济的贡献率为2.7%，是专利对经济贡献率的9倍，[②] 产品标准化极大地提升了德国工业的国际竞争力。德国标准化运作体系的主要特点：一是德国标准化建设的核心是德国标准化学会（DIN）。德国标准化体系中拥有包括德国机械制造标准委员会、德国机床标准委员会、德国技术监督协会等标准化机构，其运作体系以德国标准化学会（DIN）为核心。DIN源于1917年成立的德国机械工程师协会通用机械制造委员会，为非政府性的民间组织，通过联邦德国政府签署协议开展合作。二是德国标准分国家标准和公司标准。国家标准主要由DIN制定，公司标准由相关企业的标准化室和专业人员共同制定，制定公司标准旨在总结经验，为产品设计和生产提供标准依据。三是DIN拥有多渠道的经费来源。DIN的

---

① 郑鹰：《美国材料与试验协会（ASTM）的标准制定工作》，《世界标准化与质量管理》2001年第9期。

② 张明兰：《德国标准化战略》，《上海标准化》2006年第8期。

经费 15%来自国家基金，其他来源于出售标准出版物、会员会费和专项赞助①。德国的标准化运作体系推动了德国制造业产品和技术的标准化实践，为德国制造领域弘扬工匠精神，进行标准化的产品生产和技术运用提供了制度保障。

四、职业教育制度是工匠精神形成的技术基础

制造业领域工匠精神这一社会意识的形成，离不开生产技术这一物质基础，而生产技术的发展又离不开职业教育对制造业人才的培养。进入机器大工业生产时代，学校职业教育渐次替代了手工业时代的学徒制，成为生产技能的形成机制，满足了标准化生产模式对技能人才的需求。在当今信息技术时代，产品精益化生产的市场需求，使学校职业教育“理论化”的培养方式难以满足企业对技能人才的现实需求。而世界制造强国对职业教育体系的构建，能够有效地解决学校职业教育与现实需求相脱节的问题，满足了本国制造业发展对技能型人才的需求。

（一）德国“双元制”职业教育体系

德国始创的“双元制”职业教育体系，弥补了学校职业教育因过度“理论化”而脱离具体实践的弊端，将学校理论知识与企业技能实践紧密结合，培养制造业发展所需的各类技能型人才。双元制职业学校、双元制大学及培训企业主办的校外培训场所，是“双元制”职业教育的重要载体。在“双元制”教育体系中，一元是职业学校（高中阶段）和应用技术大学，传授专业理论知识，一元是企业实训场所，学习专业实践技能。职业学校的学生每周在企业培训至少三天，其余时间在学习专业知识，毕业后获得行业协会颁发的职业资格证书。② 应用技术大学的学生需要先同企业签订合同后，才能进入大学，并由企业与学校签订正式培训合同，明确双方权责关系。学生在大学学习三个月后，进入企业实

---

① 邵志勇：《市场经济下德国标准化工作的现状——考察记述》，《仪器仪表标准化与计量》1993 年第 4 期。

② 韩凤芹、于雯杰：《德国“工匠精神”培养及对我国的启示——基于职业教育管理模式的视角》，《地方财政研究》2016 年第 9 期。

习三个月，如此交替以实现理论知识与专业实践的紧密结合，提升学生的理论和实践能力。[①] 教育分流制度是“双元制”职业教育体系的重要支撑。德国中学教育指向性非常明确，分为文理中学、实科中学和完全中学，不同中学的学生基本上已经走在不同的“轨道”上，其中就读10年实科中学的结业生进入职业学校，完全中学的学生则已经定向选择了职业教育。学徒制是德国“双元制”教育模式的核心内容。随着机器大工业的出现，手工业时代的学徒制逐渐消失。第二次世界大战后，德国的“双元制”职业教育体系中又确立了现代学徒制。在行会的组织和实施下，学生以学徒的身份在企业进行实训，传统手工业时代的教育模式又以“职业性”教育的方式被传承下来，并成为德国现代职业教育模式的核心[②]，以发挥学徒制在技能型人才培养中的重要作用。德国职业教育体系通过实施“双元制”的教育方式，并采用教育分流制度和学徒制，为德国制造业输入了大量实用性技能人才，推动了德国制造业的快速发展。

（二）日本以企业内教育为主体的职业教育体系

日本的职业教育体系由三大系统构成，即学校系统下的职业教育、企业系统下的职业教育以及社会保障系统下的终身教育。[③] 其中，企业内教育是日本职业教育体系的核心构成，并与学校系统和社会保障系统下的职业教育相辅相成。一是企业内教育采取多元化的教育模式。日本企业基于“综合能力”[④] 的认识，认为人的职业能力可以在工作实践中逐步形成，企业可以培训出高素质的员工[⑤]，而学校职业教育难以培养出企业所需的职业能力，因此协调企业职业资格与学校教育内容的职业

---

① 杨佩昌：《德国工匠精神的摇篮》，《企业管理》2017年第4期。

② 唐林涛：《设计与工匠精神——以德国为镜》，《装饰》2016年第5期。

③ 顾红、徐觉元：《日本职业技术教育体系研究及借鉴》，《天津中德职业技术学院学报》2015年第5期。

④ 日本产业能率大学综合能力开发研究所提出了“综合能力”的概念，认为人的全部能力应包括基础能力、性格特征和职业能力。

⑤ 夏光、陆珍珍：《中日两国人力资源管理特点的比较研究》，《东北亚论坛》2006年第5期。

学校趋于弱化，而企业与市场的主体作用日趋明显。[①] 实力较强的公司成立企业内培训机构，如丰田工业大学、松下电气工学院等；实力薄弱的企业则采取和政府、其他企业、职业培训学校合作的方式对员工进行职业培训。[②] 二是日本企业内教育实行终身教育体制。日本企业认为，在经济全球化背景下，企业国际间的竞争越来越激烈，学习能力是企业长期发展的内在动力，人生的纯粹学习与工作时段无法明确划分，特别是日本执行“终身雇佣制”的人力资源管理制度，这些都成为企业建立终身教育体制的重要原因。三是在学校系统下的职业教育中，已经设计出与普通高等学校相衔接的高职教育学位制度，高职学生可继续深造，申请更高学位，并赋予他们相应的社会权利，提高了职业教育学生的社会地位；另外学校职业教育体系将专业教育与职业资格教育紧密融合，提高了职业教育的市场针对性，提升了教学质量。

第三节　国际经验对我国制造业弘扬工匠精神的启示

德国、日本和美国等世界制造强国在弘扬工匠精神、推动本国制造业发展方面，已探索出了符合本国实际的发展经验。我国作为后进工业化国家，应积极总结并借鉴世界制造强国的发展经验与启示，促进我国经济社会工匠精神的形成与彰显，推动我国制造业高质量发展，进而加快我国建设现代化经济体系的步伐。

一、重视传统文化在工匠精神形成中的推动作用

文化来源于人类的社会实践，但文化一旦形成，上升为社会观念或意识，就具有一定的独立性和能动性，并影响甚至决定着人类社会的物质生产活动。世界制造强国的历史文化传统中，哲学思维、民族性格及宗教信仰等因素都在一定程度上影响着人类的物质生产活动，并推进了

① 宫照军、李丹：《浅析日本企业内职业教育特点》，《成人高教学刊》2009 年第 3 期。

② 吉光瑜：《战后日本的职业教育及其特点》，《日本研究》2002 年第 1 期。

工匠精神的形成与彰显。哲学思维中的“求真”意识，民族性格中的“严谨”与“理性”思维，宗教信仰中的“天职”观念，都为制造业发展过程中形成精益求精、专注坚守和传承创新的工匠精神提供了文化动力。因此，重视传统文化在工匠精神形成中的推动作用，是培育和弘扬工匠精神的重要考量和现实问题。

根据世界制造强国工匠精神形成的文化逻辑，培育和弘扬工匠精神，应从我国悠长的历史文化基因中挖掘利于工匠精神形成的先导性理念，并加以倡导，形成影响人类生产实践行为的文化观念，推进工匠精神的形成与彰显。一是中国传统文化的“求真”精神。在我国传统文化中，真理是历代哲人探索的重要目标。“真理”概念虽不构成中国哲学基本范畴，但当它被把握为“道”和“理”时，其思想在中华传统文化中却是源远流长。[①] 二是中国传统文化中的“理性”观念。理性精神是中国文化的基本精神，中国社会的持续健康发展都离不开对理性的追求与坚守。[②] 三是中国传统文化中的“敬业”精神。中国古代社会极为注重敬业精神，《论语·学而》有云：“敬事而信”，即认真严肃地对待自己的工作。挖掘我国传统文化中利于工匠精神形成的社会意识和行为理念，是我国当今时代培育和弘扬工匠精神的重要抓手。

二、构建利于工匠精神形成的社会经济环境

精益求精、专注坚守和传承创新的工匠精神的形成，离不开一定的社会经济环境。德国、日本和美国等世界制造强国工匠精神的彰显得益于良好的社会经济环境，特别是工匠或技术工人有较高的社会地位和工资收入，经济体制有利于企业专注于制造业的技术创新、产品升级和品牌塑造，良好的企业管理制度和企业融资环境，都为工匠精神的生成提供了有利的外部条件。根据世界制造强国的发展经验，当前在我国制造业发展过程中，工匠精神缺失的重要原因是社会经济环境不佳，缺少工匠精神生成的社会土壤。

---

① 王景华、韩振丽：《中国传统文化中的真理观念探析——兼论中国哲学从“道”到“理”的范式转换》，《甘肃理论学刊》2016 年第 9 期。

② 王研：《理性精神是中国文化的基本精神》，《辽宁日报》2012 年 10 月 22 日。

构建有利于工匠精神形成的社会经济环境，是我国培育和弘扬工匠精神的重要前提。社会经济环境是引导人们行为的重要激励机制，是社会各个主体追求工匠精神的外部条件。从工匠或生产技术从业者的角度来说，职业本身的社会收入和社会地位，是其从事工匠职业的社会驱动力量。工匠或技术工人拥有较高的社会地位和社会收入，以及企业内部完善的管理制度，都是能够使其钻研技术并热爱职业的社会环境。因此营造有利于工匠生存和发展的社会环境，是激励劳动者从事工匠职业的重要抓手。从企业发展的角度来说，外部经济环境，特别是适宜制造业发展的经济体制，是制造业企业专注于技术创新和产品升级的先决条件。利用社会主义市场经济的体制优势，在发挥市场对资源配置的决定性作用的同时，更好地发挥政府的作用。培育和弘扬工匠精神，就要完善有利于制造业发展的经济体制，构建有利于制造业企业投资和融资的社会机制。

三、完善催生工匠精神彰显的行业标准化管理机制

美国与德国制造业标准化实践历程表明，建立有效的行业标准化管理机制，推进制造业技术和产品的标准化建设，是提高制造业发展质量和效益的重要手段，是工匠精神形成的现实驱动。在标准化管理机制方面，美国以民间标准化机构为主，德国以德国标准化学会（DIN）为核心，都属于以市场为导向的自下而上的分散自治体制。美国与德国的标准化管理体制坚持“市场导向”，可以兼顾到标准化各参与方的现实利益，最大限度地保护市场竞争，这是美德两国制造业技术和产品创新的重要源泉。

当前国际上标准化管理体制主要有两种方式：一是政府直接管理，由政府制定并发布标准；二是政府或法律授权某一机构管理，由该授权机构制定并发布标准。[①] 而标准化管理体制的选择，在很大程度上取决于该国的经济体制。我国在计划经济体制时代，建立起了“政府主导”的标准化管理体制。随着我国市场经济的快速发展，原有的标准化体制

① 刘三江、刘辉：《中国标准化体制改革思路及路径》，《中国软科学》2015 年第 7 期。

已然不能适应我国经济转型发展的现实需求，导致了标准供给渠道单一和供给不足等问题的出现，并影响到制造业生产质量提高和技术进步，特别是国际竞争的不断加剧，获取国际标准制定的主导权，已经成为构建国际竞争优势的重要方面。新时代建设现代化经济体制，亟须借鉴世界制造强国的标准化体制管理经验，进一步完善我国标准化管理运行体系，健全标准化的法律监管体系，重视并发挥行业协会、生产企业等市场主体在行业标准制定方面的积极作用，兼顾各参与方利益，构建包括多元化主体的标准化管理机制，以提高我国制造业生产质量和效益。

四、改革奠定工匠精神技术基础的职业教育制度

职业教育是现代制造业生产技能的形成机制，为工匠精神的形成提供了技术基础。相比于传统手工业时代的学徒制，学校职业教育“理论化”的培养方式，使技能教育存在脱离生产实践的潜在可能，导致人才培养与需求难以有效对接。而世界众多制造强国通过有效的职业教育制度供给，特别是德国的“双元制”职业教育体系和日本以企业内培训为主体的职业教育体系，能够有效地解决学校职业教育与现实需求相脱节的问题，满足了制造业发展对实用技能型人才的需求，也为我国构建契合制造业发展的职业教育体系提供了发展经验。

在我国当前的职业教育中，学校的理论教育与企业的实践教育存在脱节现象，并且企业实践的机会和时间较少，影响了学生实际操作能力的提高，导致职业学校技能供给不能满足企业用人的实际需求。因此，我国职业教育制度的改革应从增加学生实践机会和操作能力入手，协调职业学校与企业之间的培训职能。再者，我国选择职业教育的学生来源与德国大不相同，我国进入职业教育学校的学生多数为高考的低分考生，这极大限制了我国职业教育的发展空间和教育质量，而德国的中学教育分流制度，为我国职业教育制度改革提供了方向。另外，日本的企业内培训制度，也为我国职业教育体制改革提供了可资借鉴的重要经验。

第八章

我国制造业高质量发展中弘扬工匠精神的应对策略

制造业高质量发展是我国经济转型的关键领域。根据以上内容对工匠精神及其与制造业高质量发展的内在关系论述，特别是工匠精神对制造业高质量发展的效应分析，工匠精神是制造业向产业链中高端迈进的精神力量和制度约束。根据世界制造强国的发展经验，培育和弘扬工匠精神，推进制造业高质量发展，是建设制造强国的重要前提，但工匠精神并非外来给定也非天然生成，而是内生于经济社会体制系统的长期运行之中。培育和弘扬工匠精神，亟须整合政府、社会和企业等多方主体，完善经济社会的运行系统，构建适于工匠精神生成的社会环境和经济体制，以彰显精益求精、专注坚守和传承创新的工匠精神，提高我国制造业供给质量，推动制造业品牌创建和技术创新，实现制造业高质量发展。

第一节　培育工匠精神的社会观念革新

根据马克思主义唯物史观，社会存在决定社会意识，社会意识反作用于社会存在；先进的社会意识对社会发展起积极的促进作用；落后的社会意识对社会发展起阻碍作用。现阶段，我国社会中存在的对工匠、职业教育和就业等方面的观念和认知，在很大程度上对我国制造业发展中工匠精神的培育和彰显产生了负面影响，阻碍了我国制造业的高质量发展。“工匠精神”的孕育和传承，需要制度土壤和文化环境，倡导和实践“工匠精神”，先决条件是改变人们的社会观念[①]（李金华，2016）。当前，我国经济处于转型发展时期，经济转型为工业生产领域的社会观念革新提供了物质基础和现实条件。

一、树立尊崇工匠观念

作为物质财富的生产者和产业技术的创新者，工匠或技术工人是社会生产发展的重要动力。在制造业高质量发展背景下，工匠或技术工人在生产中的作用日益凸显，成为制造业转型发展的重要驱动力量。在对

① 李金华：《“工匠精神”的理性》，《文汇报》2018 年 6 月 1 日。

工匠“贬抑”观念的影响下，一方面将工匠或技术工人作为职业，使他们不被社会推崇且缺乏尊严感，另一方面社会给予技术工人的地位、待遇和福利水平，与制造业强国相比存在一定差距，在很大程度上影响了我国制造业领域技术工人数量和素质的提高。2018 年，我国技能劳动者人数为 1.7 亿，其中高技能人才仅有 5000 万人，仅占整个就业人员数量的 6.2%。技术工人的求人倍率一直保持在 1.5 以上，高级技工的求人倍率甚至达到 2.0 以上的水平，供需矛盾非常突出①。从制造业发展战略视角看，缺少稳定、高质量的技术工人队伍，就难以实现中国制造从低端到高端、从“制造业大国”到“制造业强国”的转变，产业结构优化和经济方式转变都将失去演进基础②。培育和弘扬工匠精神，亟须树立尊崇工匠的社会观念，提高技术工人的社会地位，为工匠精神的生成提供物质载体，为制造业高质量发展提供技术人才。

（一）营造崇尚技能的社会氛围，为尊崇工匠观念的生成提供舆论引导

技能人才是我国制造业高质量发展的内生诉求，良好的社会氛围是技能人才培育和成长的重要基础。从古至今，传统文化中“士”尊“工”贱的职业等级意识，一直是我国社会发展过程中存在的社会观念③。但一种新的社会观念并不会凭空产生，它依赖于特定的经济社会体制系统，树立尊崇工匠观念，亟须营造崇尚技能的社会氛围：一是加强社会舆论引导，营造劳动光荣的社会风尚和精益求精的敬业风气，树立重视技能人才、尊重价值创造的社会共识。二是大力宣传技能人才的劳动成果和个人事迹，彰显其在社会发展中的实际贡献和重要地位，提升技能创造价值的社会影响。三是通过举办职业技能大赛，让技能人才及其专业走向社会大众在社会普及，提高其对自身工作的价值认同和信心，增强职业自豪感，并产生工匠价值的“溢出”效应，带动更多的从

---

① 李桂杰：《我国技术工人待遇偏低 各项保障较弱》，《中国青年报》2018 年 1 月 26 日。

② 程名望：《提高工人待遇应有战略思维》，《新民晚报》2015 年 12 月 12 日。

③ 在特定的特殊历史时期，工匠或技术工人的地位曾在短时期内得到提升，但在我国的历史长河中，基本上处于被贬抑的地位。

业者通过技能成才。

（二）提高技能人才的经济待遇，为尊崇工匠观念的形成提供经济基础

在市场经济条件下，经济待遇是技能人才社会价值的重要表现，也是尊崇工匠观念形成的重要基础。在农业经济社会，古时工匠即使被社会文化掷于贬抑和歧视的社会网格之中，但由于社会生产力水平低，工匠技能是手工业者维持生存的重要手段，再加上技艺家族传承制度和市场狭小、竞争激烈，仍然为手工业时代工匠精神的孕育提供了丰裕的社会土壤。2018 年中共中央办公厅、国务院办公厅发布《关于提高技术工人待遇的意见》指出，长期稳定地提高技术工人的工资水平，使技能价值作为制定技术工人工资的重要结构性因素，凸显技能价值的激励导向机制，将在很大程度上有助于转变人们“重学历轻技能”的思想观念。技术工人待遇的提高，除了政府倡导和政策保障外，还要充分发挥市场在资源配置中的决定性作用，促进用工单位结合收入分配制度改革，完善技能和薪酬的配套机制。

（三）提高技术工人的社会地位，为尊崇工匠观念的形成提供社会基础

在当代中国文化的价值观念和意识中，轻视工匠的社会心理在一定程度上仍然存在。即使在我国制造业高质量发展的背景下，工匠或技术工人的地位并未得到实质性的提升，这与社会对技术工人的内在认知观念直接相关。尊崇工匠的社会观念，难以在其社会地位较低的环境中产生，提高技术工人的社会地位，是树立尊重劳动、崇尚工匠社会观念的重要条件。一是完善技术人才的社会保障水平，在其住房、医疗、休假及子女教育等方面提供保障服务，提高技能人才的社会待遇，为其钻研技术、突破创新提供稳定的社会环境，吸引更多的从业者投身专业技术领域。二是在我国当前的思想意识和制度结构下，提高政治待遇是提高技能人才社会地位的关键内容。加大在技术人才中发展党员的力度，提高技能人才参与企业管理、决策及参政议政的能力和加强技能

人才的政治参与度，是提高技能人才政治地位、形成尊崇工匠观念的重要途径。

二、革新职业教育观念

根据《中国人才发展报告》的统计数据，高级技工缺口高达上千万人，高级技工仅占产业工人比重的5%左右，相比于日本和德国的40%和50%，我国高级技能人才的数量差距明显①。我国制造业高质量发展对高级技能人才的需求存在巨大缺口，这与我国职业技能教育的供给质量和供给数量直接相关。在我国传统的思想观念中，对职业教育的贬抑观念根深蒂固，一直存在“看不起”的现象。“万般皆下品，唯有读书高”，在一定程度上反映了传统文化“重学术轻技术”的事实，并左右着现实中人们对职业教育的看法和态度。追求外在功利的价值观念，使人们认同普通教育衍生的社会地位和其他外在价值获取，而不是职业教育产生的技术技能人才。

当前，我国职业教育本身还存在教育理念、内容和方法陈旧，以及与生产实践相脱节的现实问题，再加上长期以来，政府对职业教育的重视程度不够，仅将其看作普通教育的附属品。② 虽然出台过众多支持职业教育的政策，但效果并不明显，因而产生了制造业发展中技能人才出现缺口的问题。职业教育是现代制造业生产技能形成的重要路径，是工匠精神形成的技术基础。在制造业发展对技能人才巨大需求的背景下，应进一步转变社会对职业教育的既有认知，革新职业教育观念，推进职业教育快速发展，为我国制造业的高质量发展提供人才支持。

摆脱传统文化和社会价值观念的羁绊，转变职业教育为普通教育附属品的观念认知，正确认识职业教育在教育活动中的地位和作用。职业教育并非普通教育的附属品，而是国民教育体系中的重要结构组成。2019年习近平总书记主持审议的《国家职业教育改革实施方案》提出：

---

① 郑若玲：《扩招百万，高职可试点“开放入学”》，《光明日报》2019年5月14日。

② 赵春艳：《对人们不选择中等职业教育的研究——大安市初中三年级师生及家长的职业教育观念的调查报告》，东北师范大学硕士学位论文，2007年。

“职业教育与普通教育是两种不同的教育类型，具有同等重要地位”[①]，这为转变社会对职业教育的传统认知观念提供了重要的政策支持。另外，还应进一步改革产生职业教育与普通教育差别化待遇的社会制度，为改变原有社会观念对职业教育的贬抑看法提供制度激励。革新职业教育观念，发挥职业教育培养高素质和传承技能的“大国工匠”的重要职能，是培育和弘扬工匠精神、推动我国生产技术和方式变革的重要途径。

树立实践教学理念，根据生产需要建立系统性的实践教学体系，革新职业教育内容、方法和模式，提高职业教育的吸引力和生源质量，培养实际操作能力过硬的创新型技术人才。职业教育的差异化特征是培养应用型技能人才，实践教学是职业教育必不可少的环节，只有通过实践教学，才能提高学生的实际操作和创新能力，以适应实际生产活动的现实诉求。执行实践教学理念，就要紧跟制造业发展的步伐，将实践教学理念融入职业教育的教学内容和方法，建立以学生为中心的实践教学场景，促进理论知识向实践能力转化，为培育高质量的技能人才提供先进的教学理念。

切实扭转政府对职业教育的观念偏差，在思想上提高对职业教育的重视程度，树立两种不同类型教育平等发展的观念。根据《国务院关于加快发展现代职业教育的决定》，发展现代职业教育，既是教育改革的战略问题，也是经济和民生发展的战略问题。结合德国、澳大利亚和韩国的职业教育发展经验，政府在发展职业教育的过程中发挥主导作用，为职业教育提供发展规则、法律制度和教育资金，促进职业教育发展。转变对职业教育的传统观念，就要求各级党委和政府摆脱职业教育是普通教育附属品的先天认知，将职业教育发展摆在更加突出的位置，加大教育资金的倾斜力度，创新职业教育发展模式，构建中国特色职业教育体系[②]，为培养技术技能人才和弘扬工匠精神提供重要基础。

---

① 《国家职业教育改革实施方案》，《人民日报》2019 年 2 月 14 日。

② 《更好支持和帮助职业教育发展 为实现“两个一百年”奋斗目标提供人才保障》，《人民日报》2014 年 6 月 24 日。

三、重构社会择业观念

悠久的农耕传统和农业的核心文化衍生了“农本工末”的职业观念，这种职业偏见引发的对职业教育的“看不起”，抑制了优秀生源对职业技术教育的选择，也极大地影响着现实中人们的就业观念。当前，相比于公务员、事业单位和国有企业的就业选择而言，技术工人职业仍偏于一隅，并非人们职业规划中的首选职业，甚至成为大多不能进入综合性大学的高考落榜者的无奈选择。传统择业观念影响了我国技术人才的供给，导致就业市场出现供需不匹配的结构性矛盾，使我国制造业发展中呈现出一定的技能“真空”。社会择业观念，属于一定历史条件下的产物，并随着历史条件的变化呈现出不同的价值认同。

（一）消除不同职业间的价值隔阂，树立职业平等的择业观念

择业观念是对职业选择的基本认知和态度，受外部社会力量或舆论共识的约束和形塑，直接影响学习专业选择和就业选择。我国劳动者的择业观念深受传统文化的影响，导致更多人趋向普通教育而非职业教育和技术技能岗位。对于劳动者来说，不同职业岗位存在文化价值认同的优先顺序排列，而不同岗位之间的价值隔阂来自现实中差别化的制度安排。重构社会择业观念，就要营造职业平等的社会氛围，改革社会体制机制，拉近不同岗位在社会结构中所对应的经济、政治待遇的距离，特别是提高技术技能人才的社会地位，消除职业技术岗位与在当前价值观念中排位优先的其他岗位的价值隔阂。

（二）倡导自我价值与社会价值结合，规避功利主义的择业观念

我国传统职业选择观念对职业岗位的优先顺序进行了充分的表达，“士农工商”的择业分级呈现了社会文化对不同职业价值的界定，代表了不同的社会地位和其他的外在功利性价值。功利主义择业观念的趋利特性完全忽视了自我价值和社会价值的存在，是我国当前职业技能人才缺乏的重要原因。职业生涯并不仅是谋生手段，更是完善自己、服务社

会的发展过程。职业选择应该是在充分认识自我能力和身心特征的基础上，根据社会发展诉求，实现自我价值与社会价值有机结合的实践过程。倡导自我发展与社会进步相结合的择业观念，避免陷入功利价值的单一择业思维，是我国制造业领域培育技术技能人才、彰显工匠精神的重要途径。

（三）鼓励自主创业创新，拓展社会职业选择观念

2015年政府工作报告提出了“大众创业、万众创新”的重大战略部署。在“大众创业、万众创新”背景下，特别是随着互联网和大数据技术的快速发展，创业创新成为当下职业选择的重要方向，通过创业创新实现就业，延展了新时代劳动者的职业选择观念和范围。择业观念受外部力量的影响，数字技术的广泛运用使生产资金、技术的低门槛获取成为可能，解决了工业经济时代无法逾越的要素障碍，为以“创业创新”的方式择业提供了物质条件，同时也为择业观念的进一步拓展提供了物质基础。重构社会就业观念，就要通过体制机制改革，采取税收、资金和技术等系列优惠举措，推进“大众创业、万众创新”大规模实践活动的开展，鼓励工业生产领域创业和创新行为，也为培育和弘扬工匠精神提供了现实路径。

第二节　塑造工匠精神的社会环境优化

培育一种社会精神或文化，离不开长期沉浸于相互交织又相互影响的社会文化、经济与政治环境的复杂过程，同时也需要厚植孕育其成长的社会环境土壤。当前，在制造业高质量发展的背景下，塑造有利于工匠精神生成的社会环境，亟须优化孕育工匠精神的市场、经济和文化环境。

一、政治环境优化

根据马克思主义唯物辩证法，世界处于普遍联系之中，政治现象与

其他事物也存在普遍联系①。政治环境通过传播一定的政治思想、制定和实施一定的政治准则、开展一定的政治活动为经济环境、文化环境的建设提供制度规范、思想引导和行为示范②，即政治环境通过制度保障为经济环境和文化环境建设提供发展条件。2016 年至 2019 年，“工匠精神”连续四年出现在我国政府的工作报告当中，工匠精神从行业话语转向政府政策话语，为工匠精神培育及其依赖的经济环境和文化环境建设提供了政治保障。工匠精神式微并影响制造业的顺向演进，是我国经济发展中存在的客观现象。政府提出倡导和弘扬工匠精神，通过优化和完善政治环境，利用政治手段倡导工匠精神的示范作用，纠正社会发展中工匠精神失落这一行为偏差，确保制造业沿着预期的高质量发展轨道前进。

坚持工匠精神培育政策的连续性和稳定性，为全社会塑造精益求精、专注坚守和传承创新的工匠精神提供可预期的制度保障。制度和政策激励是经济增长的重要条件，经济体内要素发展、个体和组织行为、经济绩效等都是政治经济制度作用的外部特征③。经济体内实现经济进步根本上依赖于政治制度的供给，实施制度激励特别是政治制度和政策供给，是推动社会投资、技术创新和提高资源配置效率的主要动力④（Acemoglu D. et al.，2005）。在培育和弘扬工匠精神，推进制造业高质量发展的背景下，优化政治环境，强化政治制度供给的连续性和稳定性，为经济环境和文化环境建设，特别是为工匠精神的培育提供适宜的政治条件，并形成统一的价值认同，为全社会倡导和彰显工匠精神做出具体的政治行为示范。

加强国家级新闻媒体对培育工匠精神的政治宣传，营造社会氛围，形成思想共识，消除培育和弘扬工匠精神的阻碍力量和离心因素。倡导工匠精神是一个系统工程，亟须全社会形成合力、共同推进，国家级新

---

① 张顺：《试论政治环境的内涵与意义》，《长白学刊》2001 年第 1 期。

② 吴伟达：《民营企业市场竞争的政治环境探讨》，《中南民族大学学报（人文社会科学版）》2006 年第 5 期。

③ 董直庆、王林辉：《政治制度对经济增长贡献的文献述评》，《南方经济》2009 年第 7 期。

④ Acemoglu D. et al，“Institutions as the fundamental cause of long－run growth，” *Handbook of Ecomomic Growth*，(2005)：389－472.

闻媒体通过其专业能力和公信力宣传国家战略，会在社会中形成更大的影响力，更容易达成共识。中央电视台播出的纪录片《大国工匠》，通过讲述八位普通工匠的平凡故事，展现了大国工匠精湛的劳动技艺，讴歌了当代工人的工匠精神，准确把握"尊重劳动、崇尚创新"的时代脉搏，引发了广泛的社会共鸣，为加强工匠精神战略的进一步宣传，构建了良好的社会舆论氛围。

深化机构和行政体制改革，转变政府职能，进一步厘清政府和市场的关系，全面改革审批方式，营造稳定、公平、透明、可预期的市场准入环境。营商环境是深化机构和行政体制改革的外在表现形式，优质的营商环境可以降低市场主体交易成本，稳定企业家政策预期，激发企业创新性生产行为。根据世界银行发布的《全球营商环境报告 2020》，我国营商环境全球排名第三十一位，达到全球最佳水平的 77.9%[①]，但与英国、美国和日本等国相比劣势仍比较明显，尚有很大发展空间。当前，深入推进简政放权改革，优化营商环境，为我国经济持续健康发展提供了外在条件，也为激发企业彰显工匠精神创造了良好的发展环境。

二、经济环境优化

社会经济发展环境是工匠精神孕育和传承的重要物质条件。当前我国进入全面深化改革的关键时期，亟须进一步完善社会主义市场经济体制的运行环境，营造良好市场和金融资本的运行环境，这是推动工匠精神形成的必要基础。[②]

"竞争原则"与"社会公正原则"的结合，是德国社会市场经济的核心，是维护社会和市场公正环境的重要机制。德国通过"社会公正原则"的干预机制，建设社会保障体系，约束市场垄断行为，为德国中小企业创造了稳定的发展环境，是德国工匠精神彰显的重要原因。为推进我国制造业升级，培育和弘扬工匠精神，应加快完善社会主义市场经济

① 姚亚奇：《我国营商环境持续优化》，《光明日报》2019 年 10 月 26 日。

② 潘竞男：《从时代需求看"工匠精神"的培育路径》，《国家治理》2017 年第 2 期。

体制，在发挥市场决定资源配置作用的基础上，建立政府维护社会和市场公正的干预机制，更好地发挥政府的作用，防止市场垄断，保护知识产权，为我国中小企业彰显工匠精神，专注制造领域技术创新和产品升级，提供健康稳定的市场发展环境。

优化金融资本运行环境。一是借鉴德国和日本银企合作经验，建立完善银行和中小企业的合作机制。银行间接融资仍是中小企业获取发展资金的重要渠道，探索有效的银企合作机制，鼓励银行等金融机构加大对先进制造业领域的资金支持。二是积极规范发展多层次资本市场，创造良好金融环境，疏通金融进入实体经济的渠道，提高企业直接融资比例，降低企业融资成本。通过深化金融体制改革，畅通制造业领域的融资渠道，减轻企业的融资负担，有利于中小制造业企业专注于谋求制造领域产品质量提高和技术突破，避免投机主义倾向和制造业资金外流。

三、文化环境优化

工匠精神的价值观是一种深层次的社会文化形态，需要在长期的价值激励中慢慢形成。而在德国传统文化中，哲学思维的“求真”意识，民族性格中的“严谨”与“理性”思维，宗教信仰中的“天职”观念，都成为促进工匠精神形成的文化动力。我国传统文化中内涵的“敬业”“求真”“理性”精神意蕴，是推动工匠精神形成的重要文化基因，也是工匠精神在生产实践中的具体表征。培育工匠精神，离不开我国传统历史文化对工匠精神形成的思想引导作用。

（一）构建传统文化与社会主义核心价值观结合的宣传教育环境

敬业、求真和追求理性的传统文化理念是工匠精神生成的文化驱动，而其中的敬业精神也是社会主义核心价值观的重要组成部分。在现实的文化宣传和教育中，将弘扬敬业、求真和追求理性的传统文化精神与社会主义核心价值观结合起来，形成叠加效应，将敬业、求真和追求理性的传统文化，融入人们的思想之中，并成为影响和约束生产行为的重要理念，推进制造业生产中的提质、增效和创新行为，为工匠精神的形成提供思想和文化基础。

（二）将敬业、求真和理性的传统文化精神融入学校教育

将优秀的传统文化融入学校教育，让敬业、求真和理性的传统文化，内化于国人的日常行为之中，特别是成为制造业发展的指导性理念，为我国制造业中工匠精神的形成提供文化基础。由于历史原因，在当前我国学校教育中，优秀传统文化教育的内容相对较少，并且系统性和整体性仍存在较大欠缺。优秀传统文化教育的缺失和不足，在一定程度上影响了传统文化对工匠精神形成驱动作用的发挥。在当前的学校教育中，应进一步拓展优秀传统文化课程的教学内容和形式，加强优秀传统文化学科专业和研究平台建设，提高其在学校教育中的地位。

（三）将敬业、求真和理性的传统文化精神融入企业文化

企业是经济社会的微观主体，也是工匠精神的重要承载者。企业文化是企业或企业员工从事经营活动所秉持的价值理念和行为准则。将敬业、求真和理性的传统文化精神融入企业文化，有利于丰富和扩充企业文化的原有内涵，将敬业、求真和追求理性的价值理念内化为企业和企业员工的行为准则。敬业精神可以提高企业员工忠诚度，而求真务实和严谨理性的价值理念，也为企业追求精益生产和技术创新的现实行为提供了内在的精神驱动。

第三节　倡导工匠精神的政策机制构建

一、职业技术教育制度改革

结合德国和日本的职业教育发展经验，应进一步完善我国职业教育体系，为我国培养制造业发展所需的技能人才提供制度保障。

（一）建立职业学校和企业联合培养制度

根据德国“双元制”教育启示，建立职业学校和企业的联合培养制度，是解决当前我国职业教育中理论与实践脱节问题的重要途径。政府通过设立专门的职业教育基金或利用税收优惠政策，鼓励支持企业为职教学生提供生产实践场地，培养学生的动手能力和创新能力，有条件的企业可以为学生提供实践导师，将“学徒制”嵌入现代职业教育体系，提高学生理论与实践的结合能力。

（二）探索试点中学教育分流制度

中学教育分流制度是德国职业教育体制中的重要组成部分，为学生提供了定向选择职业的机会，并根据分流结果，进行有针对性的职业教育供给，极大地提升了技能人才的培训质量。由于国情不同，对于德国这一教育制度不能照抄照搬，但可以考虑探索教育试点，改变我国当前职业教育体系下只有低分考生成为职教学生的教育现状，为有志于从事职业技术工作的学生提供发展空间；不断健全和完善职业教育发展体系，并提供更高层次（学位）的职业教育。

（三）鼓励支持企业开展企业内职业教育

企业内职业教育的教学内容直接针对岗位需求，有利于发挥理论培训和实际操作相结合的教育优势，为企业提供高素质技能人才，满足企业发展需求。但由于劳动力的自由流动，存在“挖墙脚”的风险，导致企业参与职业教育动力和资源投入明显不足。职业教育的跨界属性决定了企业应当在职业教育中发挥重要作用，鼓励企业参与职业教育，要靠一定的制度安排来塑造劳动力稳定的就业环境，通过企业与培训学徒之间的培训协议规避劳动力流失的风险[①]。

---

① 李俊：《我国企业参与职业教育的困境及其突破——基于公共选择理论与劳动经济学的分析》，《教育发展研究》2015 年第 3 期。

（四）完善职业教育法律和法规

世界制造强国职业教育的制度化和可持续发展，依赖于不断完善的职业教育法律法规的保障。当前，为保证我国经济转型发展所需的技能人才供给，职业教育体系已经在动态调整之中，也亟须根据职业教育发展的现实需求，修订和完善相应的法律法规。通过健全职业教育法律法规的保障体系，以法律的形式明确职业教育的发展方向，强化职业教育学校与企业联合办学制度，完善职业考试和资格认证制度，保障职业教育的经费来源，推进我国职业教育的快速发展。

二、收入分配和职称制度改革

市场经济社会中，劳动收入和社会地位是人们择业的重要参考因素。在德国，技术工人有较高的社会地位，收入也高于社会平均水平，技师的收入高于大学本科毕业生，甚至高于大学教师。而我国制造业中技术工人的总体收入偏低，甚至低于普通的管理者，更是远低于银行保险、房地产、计算机行业的收入[①][②]。另外，技能人才的职称序列社会认可度不高，同其他职称序列相比社会地位较低。为提升技能劳动的价值和技能人才的获得感，《中共中央关于制定国民经济和社会发展第十三个五年规划》中提出，提高技术工人待遇，完善职称评定制度。改革收入分配和职称评定制度，提高技术工人的劳动收入和社会地位，有利于建立健全工匠精神养成的制度体系。

（一）收入分配体制改革

在当前分配制度中，由于资本与劳动之间对企业利润的分配结构不合理，导致产业工人成为低工资的主体阶层[③]。而在企业技术的收入中，技能价值并未充分体现，技能要素在收入分配权重中占比较低。一

① 任小璋：《倡导工匠精神　给技能人才体面的收入》，《第一财经日报》2016年10月26日。

② 张丹宁：《中国智造呼唤工匠精神》，《社会科学报》2017年2月26日。

③ 张丹宁：《中国智造呼唤工匠精神》，《社会科学报》2017年2月26日。

般而言，高技能人才的薪酬和福利要低于专业技术和企业管理人才[①]。收入分配机制改革，即是我国经济结构转型对技能人才的现实需求，也是落实党的十八届五中全会提出的“共享”发展理念的重要举措。从企业的角度来说，应加大对技能人才的重视程度，根据技术工人特点，在其收入中体现技能价值的激励导向，建立补助性津贴制度、工资正常增长机制，并利用股权、期权和技术创新成果入股等多种激励机制，提高技能人才收入水平。从政府的角度来说，应进一步构建利于技能形成与提升的社会保障体系，为技能人才提供更多的发展机会和晋升渠道，切实提高技术工人待遇。

（二）职称评定制度改革

根据现有的技能人才的职称制度，技能人才的职业晋升通道为高级工—技师—高级技师。虽然技能人才创造的价值在社会上广为认可，但技能人才职称的社会认可度与专业技术人员相比有较大差距，社会地位较低，使技能人才对其所从事的职业缺乏荣誉感和自豪感。技能人才的职称评审制度改革，就是要打破技能人才发展的观念羁绊和体制障碍，避免在技能人才的职业发展中设置人为障碍，贯通技能人才与专业技术人才职业的发展通道，扩大技能人才的职业发展空间。另外，鼓励企业增加技术工人的技能等级层次，拓宽技术工人晋升通道，探索设立技能专家、首席技师、特级技师等岗位。

三、完善标准化管理运行机制

美国和德国制造业标准化的发展实践充分证明，标准化是制造业企业追求精益生产、彰显工匠精神的重要机制。当前我国“政府主导”的标准化管理体制，存在标准供给渠道单一和供给不足等问题，在世界制造业智能化发展的趋势下，亟须完善标准化管理运行机制，推进我国标准化建设，特别是智能制造标准建设，抢占智能制造的发展先机和制高点。

---

① 陈晓燕、张锐：《中等收入群体应有技术工人一席之地》，《工人日报》2017 年 3 月 4 日。

（一）发挥社会组织在标准化制定中的积极作用

随着我国经济和科技实力的不断增强，我国“政府主导”的标准化管理体制，由于政府存在理性、能力和资源限制，标准供给能力难以贴合产业发展的标准需求，很大程度上影响到我国制造业供给质量的进一步提高。面对经济发展过程中的标准供需矛盾，采取渐进式的机制变革方式，标准化管理机制应逐步向政府、市场和社会三方共同治理模式迈进。发挥市场和社会在标准化管理中的积极作用，培育参与标准化制定的社会组织，并渐次放开竞争性强的技术领域的标准制定权，发挥市场竞争的活力和优势，弥补政府标准未覆盖领域。[①]

（二）健全标准化的法律监管体系

我国制造业的快速发展，市场对标准的需求规模日益增加，标准化管理运行机制也在动态调整中，社会组织（行业协会或企业）也开始介入部分领域的标准化工作。标准化管理运行机制的渐进性变化，客观上要求完善标准化的法律监管体系，以规范和约束我国的标准化活动。特别是当前的《中华人民共和国标准化法》是计划经济时代的产物，为加快完善社会主义市场经济体制，应尽快修改有关标准化的法律和规章[②]，推进我国的标准化体制建设和提高标准化水平。

（三）建立完善标准化国际合作机制

我国是制造业发展的后进国家，相比于世界发达国家，我国标准化活动起步晚、水平低，特别是和美国与德国相比，差距明显。在推动形成全面开放新格局的背景下，提高我国标准化水平，亟须建立和完善标准化国际合作机制，搭建标准化合作平台和通道，加强同标准化先进国家的专家交流与项目合作，学习发达国家标准化的成功经验，积极参与国际标准修订和制定，推进我国标准与国际标准接轨。

---

① 刘三江：《中国标准化体制改革思路与路径》，《中国软科学》2015 年第 7 期。

② 孔建：《关于我国标准化管理体制的探讨》，《2013 年度标准化学术研究论文集》，山东标准化协会编，2013 年，第 3—6 页。

第四节　工匠精神嵌入制造业高质量发展的现实路径

一、实施技能人才战略，保障制造业人才供给

制造业高质量发展是我国经济转型发展面临的严峻课题，《中国制造 2025》为我国制造业转型发展绘就了宏伟的发展蓝图。然而，制造业高质量发展战略的执行和蓝图的绘就，终究离不开人才的推动，特别是承担制造业技术研发和产品创新的技能人才。改革开放至今，劳动密集型产业仍是我国经济发展的重要结构组成，大量的低素质劳动力也与其相伴相生，在推动我国低效能经济规模不断攀升的同时，也成为经济转型和制造业高质量发展的重要症结之一。根据统计，我国制造业中的技能人才在规模和结构上，都不能满足经济高质量发展需求。从总量上看，教育部、人力资源和社会保障部、工业和信息化部在 2016 年联合发布的《制造业人才发展规划指南》表明，我国制造业高质量发展相关领域技能人才存在巨大的缺口（见表 8—1）；从结构上看，我国高技能人才占就业人员的比重只有 6%左右，远低于发达国家高达 35%以上的占比[①]，2020—2035 年高级技能人才年均缺口超过 700 万人，并且缺口在数量上呈现逐年增大趋势[②]。制造业高质量发展战略的顺利实施，亟须制造业整体劳动队伍技能水平的大幅提升，为我国制造业转型发展提供技术技能支持。

表 8—1　制造业高质量发展相关领域的人才缺口预测　（单位：万人）

序号	制造业发展领域	2020 年人才缺口预测	2025 年人才缺口预测
1	新一代信息技术产业	750	950
2	高档数控机床和机器人	300	450

① 苗圩：《大力推动制造业高质量发展》，《智慧中国》2019 年第 4 期。

② 谭永生：《促进我国技术技能人才发展的对策建议》，《中国经贸导刊》2019 年第 12 期。

续　表

序号	制造业发展领域	2020年人才缺口预测	2025年人才缺口预测
3	航空航天装备	19.8	47.5
4	海洋工程装备及高技术船舶	16.4	26.6
5	先进轨道交通装备	6	10.6
6	节能与新能源汽车	68	103
7	电力装备	411	909
8	农机装备	16.9	44
9	新材料	300	400
10	生物医药及高性能医疗器械	25	45

数据来源：《教育部、人力资源和社会保障部、工业信息化部关于印发〈制造业人才发展规划指南〉的通知》。

（一）在国家层面加强谋划和布局，强化技能人才战略实施的顶层设计

技能人才战略是在国家战略层面，以供给侧结构性改革为契机，以精致生产和技术创新为牵引，以工匠精神为动力，实施的工匠培育工程，[①] 建设支撑中国经济转型和制造业高质量发展的新型技能人才队伍。制定技能人才发展战略，应对经济社会各领域发展的挑战，是世界上大多数国家以及国际组织的普遍做法（见表8—2）。在国际金融危机冲击全球经济和劳动力市场的背景下，发展中国家如印度、南非，发达国家如澳大利亚、英国、美国，以及经合组织（OECD）、联合国教科文组织（UNESCO）和欧盟等世界主要经济体、国际组织都从提升劳动者技能的角度，制定技能开发政策，加强人力资本投资，以应对各国产业和经济发展面临的严峻挑战。

当前，新科技革命和产业变革蓄势待发，国际市场竞争愈发激烈。想要推进我国制造业高质量发展，离不开"工匠"式的高精尖技术人才，特别是制造业重点发展领域的领军人才和大国工匠，亟须在国家层

① 潘晓燕、郭永辉：《实施"工匠战略"　制造中国完美》，《红旗文稿》2016年第11期。

面制定技能人才战略。一是要加强顶层设计，坚持规划引领。结合我国经济发展和产业转型的战略诉求，统筹规划构建技能人才队伍的发展目标、重点任务、组织措施和保障机制，系统制定职业技能提升的行动方案，并根据产业发展进程动态调整，为全面提升我国产业工人的职业技能水平和创业能力提供战略保障和规划引领。二是重构技能人才队伍建设的管理体系和规划体系。整合党中央、国务院和相关部门提出的《关于进一步加强高技能人才工作的意见》《职业技能提升行动方案（2019—2021年）》《关于加强企业技能人才队伍建设的意见》和《国家高技能人才振兴计划实施方案》等技能人才提升行动计划和方案，统筹协调各主管部门的相关职能，形成统一组织、部门联动的管理体系以及总体规划和专项规划相互协调的规划体系。三是根据区域产业发展特点和转型需要，在全国层面系统协调职业技术教育资源，谋划职业院校布局和专业结构调整，建设具有辐射引领作用的高水平、专业化的产教融合实训基地[①]，为我国制造业高质量发展亟须的技能形成和工匠精神培育提供现实基础。

表8—2　国际金融危机后世界主要经济体和国际组织的技能战略[②]

国家（组织）	年份	技能战略
印度	2009	《国家技能政策》
南非	2010	《国家技能发展战略（2011—2015）》
美国	2009	《技能战略：确保美国工人和行业形成具有竞争力的技能》
	2018	《先进制造业美国领导力战略》
英国	2009	《为了可持续发展的技能：国家技能战略》
	2011	《新挑战、新机会——继续教育和技能体系改革计划》
澳大利亚	2010	《澳大利亚未来劳动力：国家劳动力开发战略》
	2012	《面向所有人的技能：实现更具竞争力和活力的经济发展》

① 《关于印发国家职业教育改革实施方案的通知》，《国发〔2019〕4号》2019年1月24日。

② 谷峪、李玉静：《国际技能战略比较分析——从澳大利亚、英国、美国为中心》，《职业技术教育》2014年第1期。

续　表

国家（组织）	年份	技能战略
经合组织	2012	《更好的技能、工作和生活：技能政策的战略途径》
教科文组织	2009	《关于技术和职业教育与培训的发展规划》
欧盟	2010	《2011—2020 促进欧洲职业教育与培训的布鲁日公报》
	2012	《重新思考教育：加强技能投资，实现更好的经济社会发展》

（二）健全技能人才培养体系，夯实技能人才战略实施的基础条件

建立以受训者与企业为核心的职业教育与培训体系，是世界各国技能人才战略的核心内容。一是根据国际现代产业体系发展趋势，健全技能人才培养的体系框架。厘清我国制造业产业体系与技术技能人才培养的内在机理，建立开放、灵活、形式多样的职业教育和培训体系，健全各层次、各类型职业资格制度以及与其相配套的人才聘用和评价制度；树立终身教育和开放理念，构建劳动者终身职业教育和培训体系，尝试建立职业教育的专业学位制度，为高技能人才培养和制造业高质量发展提供制度保障。二是构建制造业产业发展与职业教育发展的联动机制。从全球发展经验来看，加强职业教育培训机构与相关产业的行业和企业合作，已成为世界各国提升技能人才生产场景适应性和就业能力的核心策略，也是促进产业发展的必然要求。树立实践教学的理念，改变原有人才培养重视理论而脱离实践的教学模式，鼓励企业深度介入现代职业教育培训，实现校企合作和产教融合，探索“产学研”协同的高技能人才培养模式，充分发挥产业发展与职业教育发展联动机制的内在效能。

（三）优化技能人才评价激励环境，激发技能人才战略实施的内在动力

评价制度是塑造技能人才标准的约束机制，激励制度是激发技能人才内在创造潜能的动力机制。我国关于人才的评价激励机制，长期存在

政府部门主导过度，评价导向不合理和分配激励制度不完善的现实问题[①]。一是进一步落实国务院推进"放管服"改革要求，政府部门要切实转变职能，改变政府主导过度的机制弊端，建立技能人才评价激励中的多元主体架构，着力发挥用人单位和社会组织在人才评价和激励中的功能性作用。二是人才评价要打破传统思维，建立专业化和常态化的考核理念，树立正确的用人导向，注重技能人才的实际贡献，建立健全职业资格评价、职业技能等级认定和专项能力考核为主要内容的技能人才评价制度[②]。三是正视我国高技能人才短缺的结构性问题，人才激励制度要突出"高精尖缺"导向，提升高技能领军人才待遇水平；实施技术工人的工资激励计划，提高技术工人待遇，特别是动态调整技术工人技能提升与工资增长机制，调动技能人才创新创业的积极性。

二、强化自主创新能力，提升制造业竞争实力

根据世界知识产权组织发布的《2019 年全球创新指数》报告，我国创新指数排名从 2018 年的第十七位上升至第十四位，但仍处于第二集团。[③] 世界上现有的 20 个创新型大国，在创新能力方面领先于其他国家，这些国家的研发投入占 GDP 比重通常在 2%以上，科技对经济增长贡献率在 70%以上，而对外技术依存度一般低于 30%。与世界创新型大国相比，我国自主创新能力仍有一定差距。2018 年，我国科技在经济增长中的贡献率达到 58.5%，但部分行业对外技术依存度超过 50%，特别是核心技术依存度较高，技术创新能力仍然处于落后地位。[④] 工匠精神倡导劳动者钻研技艺、技术的价值[⑤]，弘扬工匠精神是强化我国自主创新能力提升的重要基础。在我国制造业高质量发展背景下，亟须倡导和弘扬内涵创新理念的工匠精神，抓住以新一代信息技术为代表的新一轮产业变革和技术革命的发展机遇，强化我国制造业的自

① 何光喜：《改革人才评价激励机制》，《光明日报》2015 年 11 月 20 日。
② 《改革完善技能人才评价制度》，《中国组织人事报》2019 年 9 月 11 日。
③ 《2019 年全球创新指数发布，中国上升至第十四位》，《科技日报》2019 年 7 月 25 日。
④ 沈慧：《核心技术：要跟踪更要原创》，《经济日报》2016 年 6 月 12 日。
⑤ 封凯栋：《工匠精神对于实施制造强国战略意义重大》，《人民日报》2017 年 8 月 14 日。

主创新能力。

（一）持续深化科技体制改革，激发科技人员的积极性和创造力

习近平总书记在2018年两院院士大会上指出："实施创新驱动发展战略，最根本的是要增强自主创新能力，最紧迫的是要破除体制机制障碍。"[①] 新中国科技体制变革始终以国家经济社会发展目标和需求为动力，关注世界科技发展前沿，为我国科技事业发展发挥了体制保障和运行调控作用。但科技体制历经70多年的动态变革，在制造业高质量发展亟须强化自主创新能力的背景下，我国科技供给体制与创新引领高质量之间的结构性矛盾日益凸显，亟须持续深化科技体制改革，推进我国科技创新事业的蓬勃发展。

一是科技改革资源过度竞争化的配置方式，提高科技经费创新效率。1985年开始我国科技经费的使用从计划拨款转向以竞争性为主的配置方式。科技人员大多通过竞争的方式获取科研活动经费，导致科研活动从以解决问题为导向的科技创新行为，转向以争取经费为目标，在很大程度上影响了我国科技创新的高质量发展。二是摆脱过于行政化的科技评价制度，完善科技创新的评价体系。科技评价体系中的行政化思维，致使科研活动管理缺少有效的专业化评价机制，在着力破除"四唯"[②] 评价机制的同时，亟须建立回归科技评价本源的有效评价制度体系，为科技创新成果的科学评价和有效转化提供制度保障。[③] 三是在国家层面提出科技政策的执行力度不够，出台政策的相关部门更重视政策数量而非政策效用，政府更倾向于科技投入而少关注科技产出，应切实提高科技政策的落实力度，充分发挥科技政策对科技创新的激励效应。

① 《习近平关于科技创新论述摘编》，中央文献出版社2016年版，第16页。

② 《关于开展清理"唯论文、唯职称、唯学历、唯奖项"专项行动的通知》，《国科发政〔2018〕210号》2018年10月23日。

③ 李培楠、张苏雁：《面向科技强国的科技评价制度需要科技体制的结构性变革》，《中国科学院院刊》2019年第5期。

（二）推进科技资源配置市场化进程，发挥多元主体的创新效能

优化科技资源配置，发挥多元主体在科技创新中的结构性效能，对增强国家自主创新能力具有重要的推动作用。当前在我国科技资源配置中，政府仍具主导地位，并通过项目申请和经费拨付的形式分配给研发人员或组织[①]，为我国基础科学研究和相关国际战略竞争领域的科技创新，提供了强大的战略资源，保证了国家安全和经济发展的创新动力。现今我国科技资源的供给体系，已出现无法满足需求结构高度化和高端供给不足的问题[②]，亟须推进科技资源配置的市场化进程，增强企业在自主创新中的主体地位，改进科技资源供给结构，提升科技资源的供给效率。

一是强化企业在科技资源配置中主体地位，加强对中小企业科技创新的政策和资金支持，发挥市场在国家安全和战略领域中科技资源配置的决定性作用。同时，在纠正政府科技资源配置中，因计划管控和评价手段缺陷衍生的“科研导向”偏差，提升政府科技资源的供给质量。二是建立多元创新主体融合发展的技术创新体系。在国家实施创新驱动战略的背景下，我国科技资源供给主体协同发展的合力尚未形成，亟须破除多元创新主体的功能错位和协同发展机制缺乏持续性的制度樊篱，推进政产学研用深度融合发展，提高创新主体协同供给效率。三是发展科技金融，鼓励政府、企业和社会中介机构等主体为科技创新活动提供融资服务，为科技创新、成果转化和技术产业发展提供融资支持，提高科技资源的市场化服务程度，为科技创新提供发展动力。

（三）优化科技资源供给结构，强化基础研究和应用基础研究

从科技经费投入总量来看，我国研究与试验发展（R&D）经费投

---

① 李培楠、张苏雁：《面向科技强国的科技评价制度需要科技体制结构性变化》，《中国科学院院刊》2019 年第 5 期。

② 刘钒、彭虎、易晓波、夏清华：《新时代科技体制的结构性矛盾：逻辑、表征与改革路径》，《中国科技论坛》2019 年第 6 期。

入总量已位居世界第二，2018 年投入强度达到 2.19%，超出 2017 年欧盟 15 国平均水平的 0.06%，连续 5 年超过 2%，比上年增长 0.04 个百分点。从投入结构来看，基础研究领域科技资源投入相比于其他领域明显不足，2018 年基础研究占各类 R&D 经费比重为 5.5%，相比于发达国家平均水平仍有一定的差距[①]；而资源配置主体也主要是中央财政负担的高校和政府研究机构，企业配置经费占比仅为 3.2%[②]。基础研究领域投入不足，特别是企业基础研究投入缺乏，导致基础研究人才和团队匮乏，企业自主创新能力不高，使我国关键领域的基础性核心技术对外依存度过高。当前，推进我国制造业高质量发展，亟须强化基础研究和应用基础研究，强化自主创新能力。

一是进一步加大基础研究领域经费投入，缩小与发达国家投入强度差距，转变政府创新资源配置重心，扩大中央财政在基础性核心技术研究领域的支出比例，特别是提高企业在基础研究领域的主体地位，引导企业将更多的创新资源投入基础研究中。二是实施基础研究领域顶尖人才引进和培育计划，为实现重大核心技术和行业共性技术的突破提供人才支持，切实提高国家原始创新能力，引领前瞻性基础研究。三是提高应用基础研究的开放程度，拓展实施国家重大科技项目，积极寻求国际协同创新的合作途径，在国际创新体系中利用全球创新资源，突破单个创新主体难以实现的难点技术创新。

三、发展智能制造技术，提高制造业智能化水平

在当今制造业中，人工智能技术的突破性发展，不断释放其对社会各个领域发展的推动作用。数字技术与人工智能运用于制造业生产全过程，实现了数据资源共享和信息服务畅通[③]，逐步改变着制造领域的生产方式。在科技和产业革命的洪流中，发达国家通过构建智能生产体系，弥补劳动力成本劣势、重构产业价值链，在新的世界市场环境中重

① 李胤：《解读〈2018 年全国科技经费投入统计公报〉》，国家统计局，2019 年 8 月 30 日。

② 数据来源：根据《2018 年全国科技经费投入统计公报》公布的数据计算。

③ 穆良平、姬振天：《中国抢占智能经济发展先机的战略要素及重点领域》，《理论探讨》2017 年第 4 期。

塑国家竞争优势。和发达国家相比，我国制造业基础总体薄弱，生产模式粗放，劳动力成本的快速上升使我国制造业国际竞争优势消解。根据世界经济和国内制造业发展形势，实施智能制造战略，打造制造业新的竞争优势，是我国制造业高质量发展的必然选择。工匠精神内涵传承创新的价值意蕴，是促进我国智能制造技术发展的精神动力。推进制造业高质量发展，亟须倡导和弘扬工匠精神，完善我国技术创新的政策体系、建立与国际同步的智能制造标准体系和强化金融财税体系支撑与法律保障，推进我国制造业智能化水平。

（一）以政策引导和促进制造业智能技术发展

当代的中心科学技术是信息科学技术，并已成为经济社会发展的动力源。根据中心科学技术转移规律（见图 8—1），继将而至的中心科学技术分别是生命科学技术和认知科学技术。虽然智能生产技术目前尚未成为中心科学技术，但智能化已是高新技术和制造业信息化的发展方向。[①] 世界制造强国美国和德国的“再工业化”战略不断升级，2018 年 11 月美国推出《美国先进制造业领导力战略》，2019 年 2 月德国发布《国家工业战略 2030》，都将智能制造、人工智能作为本国制造业发展的战略目标，并不断强化政策引领和促进，推出智能制造的发展举措，通过政府、行业组织和企业协同推进，培育制造业未来竞争优势。

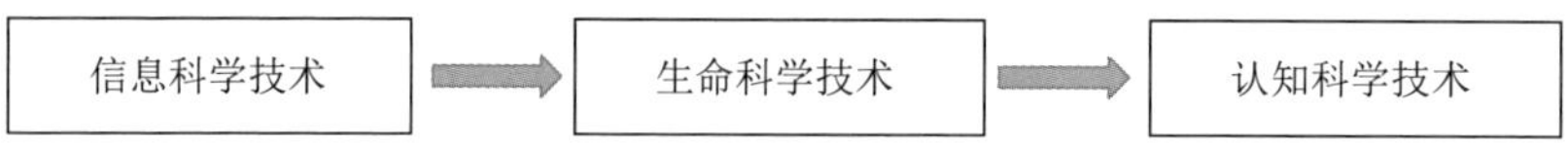

图 8—1　21 世纪中心科学技术转移趋势

大力推进我国制造业智能化发展，一是在《中国制造 2025》和《智能制造发展规划（2016—2020）》的基础上，根据我国制造业发展进程，进一步强化智能制造发展的顶层设计和规划引领，明确“智能发展”战略目标、发展重点和发展路径，建立健全我国智能制造发展的支

① 朱剑英：《智能制造的意义、技术与实现》，《航空制造技术》2013 年第 23—24 期。

撑体系，实现制造业重点产业的智能转型①。二是成立国家智能制造技术研发促进中心，解决技术创新及从基础性技术到市场化应用的转化问题，建立智能制造技术供给和市场需求的互动机制，发挥政府平台对我国制造业智能化发展的引领作用。三是制定普惠性发展政策，发挥产业制度对智能制造技术的研发、推广和应用的促进作用，设立“智能制造”研发风险专项准备金，加快基础系统软件开发，支持智能制造技术和装备产业化发展，提高制造业智能化水平，推进我国制造业高质量发展。

（二）构建较为完整的智能制造标准化体系

标准化是智能制造发展的关键环节和重要工具，标准体系可以提供基于信息流和高效系统的反应能力，促进技术创新并使新技术迅速扩散，为智能制造提供可持续发展的环境。在世界智能制造主导地位的争夺中，美国国家标准与技术研究院（NIST）发布《智能制造系统现有标准体系》，德国标准化学会（DIN）、电气工程师协会（DKE）和电工委员会（VDE）发布《德国工业 4.0 标准化路线图》②，两个制造强国都提出了符合本国智能制造发展趋势的标准化框架，以抢占智能制造的制高点。当前，争夺智能制造标准体系的制定权，已成为发达国家构建制造业新竞争优势的重要途径。

建设完备的智能制造标准化体系，提升标准对我国制造业高质量发展的支撑作用。一是健全智能制造标准体系的动态更新机制。智能制造是一个庞大、综合的产业发展系统，技术创新和产业变革要求智能制造标准体系与时俱进，满足新模式、新业态发展对标准的现实需求③。根据我国智能制造发展现状和趋势，动态调整工业和信息化部、国家标准化管理委员会制定的《国家智能制造标准体系建设指南

---

① 《工业和信息化部、财政部关于印发智能制造发展规划（2016—2020 年）的通知》，《工信部联规〔2016〕349 号》2016 年 12 月 8 日。

② 李清、唐骞璘、陈耀棠等：《智能制造体系架构、参考模型与标准化框架研究》，《计算机集成制造系统》2018 年第 3 期。

③ 辛国斌：《解读〈国家智能制造标准体系建设指南〉》，《中国能源报》2016 年 1 月 11 日。

（2018年版）》，建立涵盖基础共性、关键技术和行业应用等三类标准的国家智能制造标准体系[①]。二是推进基础性标准化体系再造工程，实现工业智能制造大规模应用，特别是统一关键智能部件、装备和系统的规格以及产品、生产过程、管理和服务的流程，进而提高我国智能制造的总体水平。[②] 三是遵循标准化体系建设的开放原则，积极参加国际标准化组织会议和活动，深化智能制造标准的国际交流与合作，与相关国家或地区开展技术标准互认，加快我国智能制造标准的国际化进程。

（三）推进传统产业和中小企业的智能化发展

智能化是我国制造业高质量发展的核心任务和主要方向。战略性新兴产业来源于重大前沿科技的创新和突破，是智能化运用的首要产业领域。根据《“十三五”国家战略性新兴产业发展规划》，2020年我国战略性新兴产业增加值占GDP比重达15%，在国内生产总值的贡献结构中，传统产业仍居主导地位。从企业发展规模来看，中小企业是我国经济发展的主体和基础力量，贡献了60%以上的国内生产总值。[③] 但传统产业和中小企业对高新技术的运用程度较低，大部分企业仍处于制造业智能化的初始阶段或发展阶段，推进其智能化发展进程（见图8—2），是提高我国制造业整体智能化水平的必然要求。

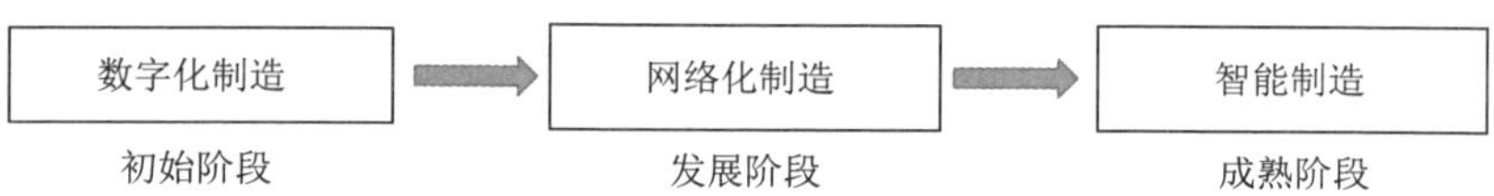

图8—2　制造业智能化发展的演进过程

一是传统产业特别是中小企业根据自身的智能化发展阶段，充分利

① 《国家智能制造标准体系建设指南（2018年版）》（工信部联科〔2018〕154号），2018年8月14日。

② 林汉川、汤临佳：《新一轮产业革命的全局战略分析——各国智能制造发展动向概览》，《人民论坛·学术前沿》2015年第6期。

③ 连俊：《大力支持中小企业健康发展》，《经济日报》2018年8月22日。

用数字化技术和网络信息技术[1]，优化企业信息流、物流和资金流管理，完善企业采购、销售与服务流程，提高企业的市场响应能力和生产效益，推进企业产品、生产方式、装备、管理和服务智能化。二是强化共性技术的研发和推广，提升智能制造的支撑能力，满足传统制造企业向智能化制造企业转型的技术诉求，协同企业、智库和中介等社会主体，加强技术宣传推介、咨询等技术服务活动，提高企业应用智能制造的实施效率。[2] 三是根据传统产业发展特点，制定针对性的税收、补贴和资金支持政策，帮助企业解决智能化发展中设备改造和技术学习成本过高的问题。我国传统制造业的显著特点就是低成本发展，智能化改造是企业生产方式的颠覆性变革，前期投资成本过大导致企业实施智能化发展的积极性受挫，因此专门推出鼓励传统产业发展措施，可以有效降低智能技术应用成本和企业采购成本，加快传统产业和中小企业智能化发展的进程。

四、加强质量品牌建设，推进制造业高质量发展

当今时代，质量和品牌已经成为国家核心竞争力的重要标志。长期以来的粗放式发展模式，导致我国制造业质量品牌发展滞后。根据相关调查，中国制造品牌存在一定的感知壁垒，33%的国外消费者认为中国品牌“档次低”，71.4%的国内消费者因产品质量原因而从国外购买同类产品。[3] 当前世界经济格局正在发生深刻变化，国际市场竞争愈发激烈，我国经济发展亟须从追求规模的赶超战略向质量品牌战略转变。工匠精神蕴含着精益求精和专注坚守的内在价值，是促进质量品牌建设的精神动力。弘扬工匠精神，提升制造业供给质量，塑造制造业品牌，是制造业强国生成的重要路径，德国和日本的制造业发展过程充分印证了这一逻辑。实施质量品牌发展战略，是在当前国内外经济形势下的必然

---

① 李廉水、石喜爱、刘军：《中国制造业 40 年：智能化进程与展望》，《中国软科学》2019 年第 1 期。

② 林汉川、汤临佳：《新一轮产业革命的全局战略分析——各国智能制造发展动向概览》，《人民论坛·学术前沿》2015 年第 6 期。

③ 林忠钦：《中国制造 2025 与提升制造业质量品牌战略》，《国家行政学院学报》2016 年第 4 期。

选择，也是推进我国经济转型、满足国内消费升级需求和建设制造强国的重要基础。

（一）着力提升制造业供给质量

在我国制造业供给体系中，主导产品的技术水平能达到国际先进水平的企业仍然只是少数，更多的制造业企业内部技术标准与国际标准相比差距明显，制造业产品只能在质量基线徘徊。另外，我国制造业在计量保障、认证体系和检验检测等领域的质量基础设施能力发展滞后①，并且符合我国制造业发展特点的质量管控体系并不健全，也导致部分企业质量主体责任意识缺乏，执行内部质量管控力度不够，特别是缺少对产品生产过程的定期审核。② 推进我国经济转型发展，着力提升制造业供给质量：一是充分发挥核心制造技术突破对产品质量的促进作用。制造技术是产品质量和附加值提升的关键因素，加强制造业核心基础零部件和关键基础材料创新的攻关力度，解决我国制造业技术发展中的“卡脖子”问题，提高制造业产品的供给质量，构建产品技术和质量的国际竞争优势。二是构建计量基（标）准体系、认证体系和检验检测技术保障体系，加强计量科技基础和前沿技术研究，建立新一代国际计量基准和制造业公用计量标准，探索适用测量方法和技术，强化计量技术保障能力；提高认证机构的创新实力和综合能力，推动质量基础国际互认；创新检验检测技术，提高制造业检验检测能力，建设高质量发展亟须的工业产品质量控制室和质量监督检验中心③。三是完善质量监管体系。确立企业质量主体责任，强化政府质量和安全监管，引导社会多元主体参与质量监督，健全质量信用体系和信息发布制度，建立区域和行业质量安全预警制度，加强产品和服务生产过程的质量监管，提高制造业供给质量。

---

① 张延：《先进质量观视角下制造业高质量发展路径探究》，《质量探索》2019 年第 1 期。

② 林忠钦、奚立峰、蒋家东等：《中国制造业品牌与质量发展战略研究》，《中国工程科学》2017 年第 3 期。

③ 张延：《先进质量观视角下制造业高质量发展路径探究》，《质量探索》2019 年第 1 期。

（二）扎实推进制造业自主品牌创建

现代产业发展中，品牌具有重要的价值和地位，品牌竞争是国际市场竞争的关键领域。近年来，我国进入世界品牌实验室（World Brand Lab）发布的《世界品牌 500 强》榜单上的品牌逐年增加，2019 年中国上榜品牌达到 40 个，其中 10 个品牌入选百强榜单。随着中国对品牌建设力度的不断加强，中国品牌的世界影响力开始逐渐显现。然而，我国制造业品牌数量、价值和影响力与世界品牌强国[①]相比仍有相当大的差距，特别是世界级品牌相对较少，与世界制造大国的地位并不相称。在国际市场竞争日趋激烈的背景下，亟须倡导和弘扬工匠精神，遵循专注坚守的价值内涵，建构引领品牌发展的制度和政策，提高企业品牌战略意识，将品牌创建与企业发展战略有机融合，推进我国制造业从规模效应向品牌效应转变。

一是制定国家品牌发展规划，完善品牌创建的顶层设计。规划引领和政策扶持制造业品牌创建，是世界品牌强国的普遍做法和发展经验。根据我国制造业发展的现实诉求，应进一步调整国家品牌发展规划，完善企业品牌创建的激励机制；成立国家品牌战略委员会，统筹协调国家制造业品牌塑造和推广；[②] 扶持制造业重点领域企业的品牌建设，发挥重点领域企业品牌培育的示范效应，并通过产业政策和政府采购的方式，为制造业品牌建设提供市场空间。二是强化企业品牌发展意识，确立企业在品牌创建中的主体地位。鼓励企业以自主创新为内核、以产品质量为基础进行品牌创建，并根据企业制度、文化和技术的发展进程，不断扩展和丰富自主品牌的价值内涵，提高品牌的知识含量，建立品牌的差异化定位和独特优势，切实提高品牌的市场竞争力。三是培育制造业国际化品牌，提高中国品牌的全球知名度。以质量和技术为基础的中

---

① 根据世界品牌实验室 2019 年发布的《世界品牌 500 强》，美国共有 208 个品牌进入世界 500 强，并且占据榜单前 10 位，我国品牌的最高排位是第 28 位；入选的 12 家制造业品牌中，只有 3 家进入百强品牌且排名较为靠后。数据来源：世界品牌实验室，http：//www. worldbrandlab. com/indexnew/worldbrand. htm.

② 上海质量管理科学研究院课题组、郭政、李敏珩：《中国制造业品牌培育的战略对策“制造业质量与品牌发展战略”系列研究（五）》，《上海质量》2016 年第 10 期。

国自主品牌，可以借助国际传媒或国际性专业展览会等形式提高全球知名度；支持自主品牌企业抓住“一带一路”建设机遇，与国际知名品牌企业开展合作，在更深层次和更高水平上配置全球资源，提高品牌国际化的运营能力，提高中国制造业品牌的国际影响力。

（三）构建质量品牌战略公共服务平台

实施质量品牌战略是一个系统性的工程，需要多元主体共同参与，整合、优化配置社会资源。发达国家在制造业发展中极为重视公共服务平台的建设，为制造业企业质量提升和品牌发展提供了强大的资源整合能力和知识服务功能。公共服务平台在供给端通过提供科技、信息、管理咨询、品牌创新与运营等战略资源，为企业发展创造优质的外部环境，服务于企业质量品牌建设对资源和知识的现实诉求，并降低市场交易成本，切实提升我国制造业的国际竞争能力。推进我国制造业高质量发展，强化质量品牌建设，亟须构建服务于企业发展的公共服务平台。

一是培育制造业质量品牌建设亟须的技术支持、信息服务、人才培训和品牌运营等公共服务机构，特别是为中小企业提供技术支持的公共技术服务平台，引进国外知名公共技术服务机构，保证制造业质量提升的技术供给；提高公共服务平台的品牌意识、经验和支持能力，为相关企业制定合理的品牌目标和规划，强化公共服务平台的扩张能力。二是推进先进制造业企业间的信息资源共享和研发平台建设；发挥产业集群的规模优势，鼓励产业集群内的企业建设技术资源库、品牌专家库、检验检测和认证平台等公共服务设施，构建质量品牌建设的服务平台合作体系，最大程度减少企业的交易成本，扩大产业集群或区域品牌的社会影响。三是鼓励科研机构、行业协会和中介机构等社会主体发挥专业优势，高度整合社会资源，建立质量提升和品牌发展的推进平台，实现质量品牌服务市场化运作，充分发挥社会机构的资源和知识优势，为企业发展提供专业化公共服务。

结　论

我国传统工匠精神的历史形成，寄生于手工业在农业经济时代这一特定历史阶段的线性发展，并在文化形塑、制度约束和技术不断进步的叠加影响下出现。随着社会历史的演进和生产技术的进步，社会的生产方式和组织方式发生重大变革，传统工匠精神实践领域也随着时代更迭不断扩展。

一是传统社会条件下工匠精神的生成基础：社会生产分工、传统文化重视工匠的社会性价值、手工业程式化的操作规范和管理制度以及家传（世袭）与学徒制的技艺传承方式分别为传统工匠精神的形成提供了产业、文化、制度和技术基础。二是手工业时代工匠精神的价值内涵：遵守生产规范、尊师重道和师徒相承、追求德艺兼修。三是机器大工业时代工匠精神的价值表征：技术创新、品牌塑造以及标准化、流水线式的生产模式下的流程再造和质量提升。四是互联网信息时代工匠精神的价值延伸：个性化定制、柔性化生产，创业、创新和制造业服务化。

制造业高质量发展是低技术水平、低附加价值状态向高新技术、高附加价值状态的演变，是要素资源禀赋优势的重新获取过程。根据产业发展的理论，我国制造业高质量发展路径是技术创新、品牌创新、制造业服务化、发展文化创意产业与制造业融合发展。工匠精神影响制造业高质量发展主要为以下三个方面：

一是精益求精的工匠精神可以通过提升产品质量、提高制造业生产效率和制造业服务化三个机制影响制造业高质量发展。二是专注坚守的工匠精神可以在提高制造业持续发展和强化制造业企业品牌塑造方面发挥现实效应。三是传承创新的工匠精神可以释放其在提升制造业技能创新能力、推动制造业与文化创意产业整合以及推进制造业技能形成方面的内在效应，发挥其对制造业高质量发展的正向影响。

根据工匠精神与制造业高质量发展的内在机理，建立数理模型，利用工匠精神指数和制造业高质量发展指标测度结果，实证检验工匠精神与我国制造业高质量发展的现实效应，结果表明：工匠精神对我国制造业高质量发展存在显著的正向效应，是我国制造业高质量发展的重要影响因素。随着我国制造业高质量发展的不断推进，生产要素已经突破了成本、价格和资源优势的约束，质量、技术和品牌等逐渐成为我国制造业发展中的重要内容，为我国制造业的高质量发展提供了现实基础。

从工匠精神的三个维度来看，精益求精、专注坚守和传承创新都对制造业高质量发展存在正向效应，但在影响程度上存在差异。专注坚守与传承创新维度的工匠精神与制造业高质量发展存在显著正相关，并且都在1%的水平上通过显著性检验，表明弘扬专注坚守的工匠精神，强化制造业专业生产能力、提升行业专注度和深耕品牌培育为我国制造业高质量发展提供了必要条件；彰显传承创新的工匠精神，提升研发机构水平，增加制造业创新投入，提高社会创新强度和扩大创新产出，是我国制造业高质量发展的重要基础。而工匠精神的精益求精维度，在数据分析中未通过显著性检验，表明其对我国制造业高质量发展的影响并不显著，该维度下的准则层包括工艺设计、技术改造和行业标准等数据指标，是提升制造业产业附加值和产品质量的驱动因素，但相比于技术创新和品牌创建对制造业高质量发展的显著推动作用，这个就呈现出了较为弱化的正向效应。

根据本书定量研究和定性分析的结果，从28个制造行业中选出12个行业作为我国制造业高质量发展的重点领域：计算机通信和其他电子设备制造业、医药制造业、铁路船舶航空航天运输设备制造业、化学原料和化学制品制造业、汽车制造业、电气机械和器材制造业、非金属矿物制品业、通用设备制造业、农副食品加工业、纺织业、专用设备制造业和纺织服装、服饰业等。在世界经济格局深刻变化、国内经济转型发展的背景下，发挥工匠精神对我国制造业重点领域供给质量、品牌塑造和技术创新的现实促进效应，提升制造业重点领域国际竞争力，释放重点产业对新技术的吸收能力和对关联产业高质量发展的带动效应，进而推进我国制造业实现高质量发展。

工匠精神是制造业高质量发展的重要条件，其蕴含的精益求精、专注坚守和传承创新的生产理念是制造业高质量发展重要的影响因素。德国、日本与美国等国家在当今世界制造业中居于强势地位，离不开生产中对工匠精神的培育和传承，也得益于工匠精神在制造业发展过程中的内在效应。德国、日本和美国等世界制造强国在弘扬工匠精神以推动本国制造业发展方面已探索出的经验启示：一是重视传统文化在工匠精神形成中的推动作用；二是积极构建利于工匠精神形成的社会经济环境；三是完善催生工匠精神彰显的行业标准化管理机制；四是改革奠定工匠精神技术基础的职业教育制度。

培育和弘扬工匠精神，一是亟须转变社会观念，树立尊崇工匠的观念，革新对职业教育贬抑的观念，重构社会就业观念。二是优化塑造工匠精神的社会环境，包括政治环境、经济环境和文化环境。三是构建利于工匠精神形成的政策机制，积极实施职业技术教育制度改革、收入分配和职称制度改革和完善标准化管理运行机制。发挥工匠精神对我国制造业高质量发展的现实效应，亟须在以下发展道路上探索和实践：一是实施技能人才战略，保障制造业人才供给；二是强化自主创新能力，提升制造业竞争实力；三是发展智能制造技术，提高制造业智能化水平；四是加强质量品牌建设，推进制造业高质量发展。

附录1：中国制造业面临的现实挑战与内生诉求

鸦片战争前，与工业革命后迅速崛起的西方制造业相比，我国工业组织形式仍以家庭手工业为主，不但机器工业发展缺失，传统手工业制品在国际市场上的竞争优势也逐渐消亡。不同于西方机器工业的创生模式，我国近代工业是在鸦片战争的外力冲击下，通过引进西方机器、技术和管理经验的方式才得以建立。新中国成立后，特别是改革开放以来，我国充分利用资源、劳动力等要素资源优势，参与国际产业分工和市场竞争，制造业发展突飞猛进。然而，由于制造业发展历史和模式的特点，我国制造业仍处于全球产业链的中低端，产品附加值不高，技术水平偏低，呈现出"大而不强"的发展状态。其中，由于长期忽视传承和发扬工匠精神，导致我国制造业出现一系列结构性矛盾。在国际金融危机影响下，世界经济格局进行深刻调整，我国制造业原有的发展模式，已然不能适应国内外市场变化的需求，结构性矛盾日益突出，亟须弘扬工匠精神，推动技术创新和品牌塑造，转换制造业发展动能。

第一节　近代工业的产生与当代制造业的发展

古老久远的中国历史，曾经孕育了灿烂辉煌的手工业制造文明。春秋战国始，中国制造业就领先于世界，手工业出口大国地位保持长达上千年之久。16世纪以前，我国的技术水平全面领先于西方[①]。然而在其

① Sivin N. "Why the scientific revolution did not take place in China or didn't it?," *Chinese Science*, 1982 (5): 45－66.

后的两百多年中，西方世界逐渐兴起。到18世纪，中国的科学技术水平也不逊于西欧[①]，甚至在一些重要领域还领先于西方世界。但在英国工业革命的催生下，西方世界只用了不到一百年的时间，无论是科技发展和经济水平都迅速超越中国。

一、传统手工业走向机器大工业的技术阻隔

明代后期，资本主义生产的萌芽虽已显现，但直到鸦片战争，中国社会的经济结构并无大的变化[②]。延续了几千年之久的小农业和家庭工业的结合体，仍是我国经济结构的基本形式。而西方世界已经在工业革命的催生下，建立起机器大工业生产为主的现代生产和组织形式，推动了欧洲国家社会财富的爆炸式增长。根据麦迪逊的研究，1500—1820年，西欧人均GDP增长率达89.4%[③]；而同时段内，我国的人均GDP增长率几近于零[④]。

为什么中国从宋朝以来的强盛迅速转入下坠的发展模式，这也被学界称为"李约瑟问题"。根据学界对这一历史问题的研究，1820年前的300多年中，我国都没有出现长期的经济增长，这主要源于中国不具备欧洲国家现代经济增长所必需的要素优势（黄宗智，1992[⑤]；彭慕兰，2003[⑥]），特别是技术创新要素具有明显缺失。英国工业革命的直接动力，源自较高的技术创新率[⑦]，而技术创新空间的扩展和技术发明的线性推进又得益于15—16世纪欧洲的科学革命。中国没有像欧洲那样发

---

① 张宇燕、高程：《海外白银、初始制度条件与东方世界的停滞——关于晚明中国何以"错过"经济起飞历史机遇的猜想》，《经济学（季刊）》2005年第2期。

② 范西成、陆保珍：《中国近代工业发展史：1840—1927》，陕西人民出版社1991年版，第6页。

③ Madison Angus，*Monitoring the World Economy*，1820—1992. *Paris*：*Development Centre of the Organisation for Economic Cooperation and Development*，1995.

④ 〔美〕麦迪逊著，楚序平、吴湘松译：《中国经济的长远未来》，新华出版社1999年版。

⑤ 黄宗智：《中国农村的过密化与现代化》，上海社会科学院出版社1992年版。

⑥ 彭慕兰：《大分流》，江苏人民出版社2003年版。

⑦ 张宇燕、高程：《海外白银、初始制度条件与东方世界的停滞——关于晚明中国何以"错过"经济起飞历史机遇的猜想》，《经济学（季刊）》2005年第2期。

生科学革命，难以突破原有经验式技术发明的瓶颈[①]（林毅夫，1994），导致技术进步空间收敛、技术创新率低，这是中国近代落后于西方的重要原因。工业革命并非社会发展过程中的孤立现象，它根植于一系列的社会经济变革之中。中国传统的社会结构未能内生出一套有效的制度安排（李约瑟，2001），无法激励“科学革命—技术创新—工业革命”逻辑的实然发生，是工业革命在西欧而不是中国爆发的根本原因。

二、技术阻隔下我国近代工业的产生

起步于19世纪后半叶的工业化，是近代中国社会变革的主旋律。西方近代工业的发生发展，一般都经历了简单小商品生产、简单协作、工厂手工业等发展阶段，而后在产业革命的催生下发展到机器大工业阶段。显著区别于西方资本主义国家传统的工业化路径，中国近代机器工业的创生，由于存在传统手工业向机器大工业的技术阻隔，并非国家内部传统手工业内生发展的自然结果，而是在西方列强武力侵略的背景下，从西方国家引进技术和机器设备，逐步创建起机器大工业的生产模式。鸦片战争后，西方资本主义的武力入侵和经济掠夺，在破坏中国封建自然经济体系的同时，也将资本主义的生产方式嵌入我国社会经济结构之中，客观上为中国近代机器工业的发展提供了仿效榜样和外部条件[②]（刘国良，1992）。1860年，清政府开始引进西方的科学技术、机器和管理经验，将欧美国家的机器工业移植到中国，揭开了中国近代工业发展的序幕。由于近代以来，不断遭受西方帝国主义的经济侵略和长年战乱影响，我国近代工业化发展程度和工业技术同西方国家相比，处于极低的发展水平[③]。

三、当代中国制造业的快速发展

新中国成立时，我国工业基础极端落后，工业技术处于停滞状态，

① 林毅夫：《李约瑟之谜、韦伯疑问和中国的奇迹：自宋以来的长期经济发展》，《北京大学学报（哲学社会科学版）》2007年第4期。

② 刘国良：《中国工业史（近代卷）》，江苏科学技术出版社1992年版，第6—7页。

③ 祝慈寿：《中国现代工业史》，重庆出版社1990年版，第5—22页。

生产机器及其制造方法的发明创造更是极为罕见[①]（祝慈寿，1990）。改革开放前的 30 年间，我国基本上建立起独立的、比较完整的工业体系和国民经济体系。改革开放后，又进行了工业经济体制改革和产业结构、产业组织调整，推动了社会主义市场经济体制的逐步建立。特别是实行了制造业出口导向发展战略，选择符合本国资源禀赋的产业区段，从加工环节嵌入国际产业链，利用国内资源禀赋和劳动力优势，参与国际分工和市场竞争，极大地促进了我国制造业的快速发展。2009 年，中国制造业增加值超越美国，产值 110118.5 亿元[②]，居全球第一位，1978—2010 年，中国制造业增加值年均增长速度达 10.9%[③]。在制造业规模突飞猛进的同时，我国制造业门类更加齐全，产业体系也趋向完整。按照国际标准工业分类，在 22 个大类中，我国在 7 个大类中名列第一，钢铁、水泥、汽车等 220 多种工业品产量居世界第一位[④]。从我国近代工业化发轫迄今，历经近 150 多年的时间，中国制造规模又跃居全球第一，成为当代制造业大国。

第二节　中国制造业当前存在的结构性矛盾

由于历史原因和低成本的赶超战略，长期重视生产规模而忽视产品质量的发展模式，致使我国制造业发展至今，仍呈现出“大而不强”的发展状态。我国制造业在长期的发展过程中，由于体制局限和经济理性过度扩张等原因，特别是工匠精神缺失，导致产能过剩、技术进步缓慢及资金“脱实向虚”等一系列问题，并呈现出一定的结构性问题和矛盾，在相当大的程度上影响了我国制造业转型升级和快速发展。

---

① 技术水平甚至低于半殖民地半封建条件下的进口工业技术。自 1912 年（实施专利制度）到 1936 年，有案可查的专利注册不超过 275 件。参见祝慈寿：《中国现代工业史》，重庆出版社 1990 年版，第 7 页。

② 刘军、程中华、李廉水：《中国制造业发展：现状、困境与趋势》，《阅江学刊》2015 年第 4 期。

③ 李平、李晓华：《中国制造业发展的成就、经验与问题研究》，《中国工程科学》2015 年第 7 期。

④ 马建堂：《六十五载奋进路　砥砺前行谱华章——庆祝中华人民共和国成立 65 周年》，《人民日报》2014 年 9 月 24 日。

一、制造业结构性产能过剩与需求不足

产能过剩，是现代市场经济发展过程中的固有现象。根据马克思主义政治经济学理论，产能过剩是在社会生产过程中总供给与总需求不平衡的现实表现，催生产能过剩的根本原因是社会总资本再生产过程比例失调[①]。从我国社会主义市场经济体制建立以来，产能过剩现象在实体经济发展过程中已发生多次。2008 年世界金融危机后，我国拉动内需增长的产业投资计划，使大量本应为市场淘汰的落后产能苟延生存，导致产能过剩现象更加凸显，并呈现出全面性、绝对性和长期性的特点。2011 年以来，中国大多数工业行业，特别是金属冶炼、建筑材料、机械装备、基础化工等重化工行业产能过剩问题尤为严重。在 2012—2013 年，电解铝、汽车、太阳能电池组件等工业行业的生产能力利用率一般不超过 70%，远低于发达国家高达 80%～90%的工业生产能力利用率。[②] 根据 OECD 的估算，2014 年我国产能过剩占全球的 37%，是 GDP 占全球比重的三倍左右[③]。随着经济下行压力逐渐增大，产能过剩问题已经开始向战略性新兴制造业蔓延[④]，并已成为当前最重要的宏观经济风险之一[⑤]（钟春平等，2014）。2015 年，产能过剩问题成为中央经济工作会议研究的重要内容，并将“去产能”列为我国供给侧结构性改革的首要任务。2016 年，中央经济工作会议继续将“去产能”作为下一年我国供给侧结构性改革的重要抓手。

关于产能过剩问题，西方学者一般从市场因素角度来研究非市场出清的产生原因，如从垄断竞争[⑥]（Chamberlin，1961）、经济波动和需求

---

① 《资本论》第 2 卷，人民出版社 2004 年版，第 442—445 页。

② 吕政：《中国经济新常态与制造业升级》，《财经问题研究》2015 年第 10 期。

③ 程俊杰：《产能过剩的研究进展：一个综述视角》，《产业经济评论》2017 年第 5 期。

④ 孙焱林、温湖炜：《我国制造业产能过剩问题研究》，《统计研究》2017 年第 3 期。

⑤ 钟春平、潘黎：《“产能过剩”的误区——产能利用率及产能过剩的进展、争议及现实判断》，《经济学动态》2014 年第 3 期。

⑥ Chamberlin，“The Origin and Early Development of Monopolistic Competition Theory,” *The Quarterly Journal of Economics*，No. 4（1961）：515－543.

变化的不确定性[①]（Balanchandran et al.，2007）、成本及信息传递[②]（Crotty，2013）等维度分析非市场出清的原因。而国内学界对产能过剩问题一般认为是由政府干预和市场外力随机冲击的共同作用导致。除宏观经济波动影响外，政策性补贴扭曲了要素市场价格，降低了企业生产成本[③]。因扭曲成本并未完全反映到商品价格中，使过剩产能企业在一定程度上拥有了“比较优势”，并获得“利润空间”[④]（熊华文，2010）。然而，除深层次体制性和市场周期性影响外，还存在结构性影响，即经济增长高度依赖投资，而制造业自主创新能力不足[⑤]（李晓华，2013），低水平的结构性过剩与技术创新经费投入、研发能力存在现实缺口直接相关。由于政策性补贴驱动，在信息不对称的情况下，短期内形成非理性的“同技术同产业”投资“潮涌”[⑥]（林毅夫等，2010），导致“同质性”产品的生产能力大幅超过现有市场容量，催生了低水平的结构性产能过剩。

二、结构性供给缺失与消费需求结构升级

当前，我国经济发展已经进入新常态，面临增速调整和动能转换，经济发展亟须由过度依赖“投资＋出口”增长方式，转向以创新驱动和消费拉动为主的发展模式。根据世界银行统计数据，2000 年我国人均国民总收入（GNI）仅为 940 美元，2015 年上升到 7940 美元，15 年间人均国民总收入上涨 7000 美元，2016 年突破 8000 美元，达到 8260 美

---

① Balanchandran et al. *A Framework for Unused Capacity：Theory and Empirical Analysis*，*Journal of Applied Management Accounting Research*，No. 1（2007）：21－35.

② Crotty. *The Not－So－Special Interests：Interest Groups，Public Representation，and American Governance*，*Political Science Quarterly*，No. 1（2013）.

③ 耿强、江飞涛、傅坦：《政策性补贴、产能过剩与中国的经济波动——引入产能利用率RBC 模型的实证检验》，《中国工业经济》2011 年第 5 期。

④ 熊华文：《淘汰落后产能应合理把握力度和节奏》，《中国经济时报》2010 年 12 月 27 日。

⑤ 李晓华：《后危机时代我国产能过剩研究》，《财经问题研究》2013 年第 6 期。

⑥ 林毅夫、邢亦青等：《“潮涌现象”与产能过剩的形成机制》，《经济研究》2010 年第 10 期。

元[①]，并成为中等偏上收入国家。从“收入—消费”互动机制来看，收入是影响消费需求的重要因素，劳动者收入提高将在一定程度上催生消费结构升级。2017 年 2 月，摩根士丹利的经济长期展望报告认为，在中国产业价值链升级的前提下，未来 10 年中国人均收入将逐步提高，预计在 2027 年达到 1.29 万美元，进入高收入国家行列[②]。随着我国劳动者工资水平不断提高，其消费需求的规模和结构也都产生了一定的变化，特别是对高品质、高附加值的产品消费需求增加。

在经济进入新常态后，消费对我国经济增长的驱动作用尤为重要。当前我国居民消费结构随着工资水平的提高不断升级，产品消费将渐次疏离低质低价的“地摊货”，转而追求品种、品质和品牌等更高层次的消费物品。但由于国内制造业产品供给的结构性缺失，无效和低档供给泛滥市场，而中高端消费品则严重不足，导致国内“产能过剩”和“消费抑制”这一矛盾现象共存，致使大量消费需求外溢。消费结构升级推动产业转型和经济增长的潜能并未完全发挥。2015 年，中国出境购物达 1.2 亿人次，境外消费支出约 1.5 万亿人民币，其中购物消费至少 7000 亿～8000 亿元[③]，从主要购买奢侈和高档品牌转向高质量、性价比高的日用消费品。在经济全球化条件下，我国居民消费规模的扩大和结构的攀升，因消费需求在国外市场的释放，并未完全逻辑地转化为我国经济增长的驱动力量。

根据经济学理论，劳动者工资的提高，会侵蚀企业利润，在一定程度上将形成一种逆向机制，倒逼企业加强技术创新，提高资本有机构成，进而带动产业结构升级[④]（Romer，1986），而高工资产生的消费结构升级效应，也将正向诱导企业根据市场需求的动态变化，通过技术革新生产适销对路的产品，推动产业转型升级。但当下我国居民收入水平

---

① 我国人均国民总收入数据为当天汇率现价美元。参见：世界银行按图表集法衡量的人均国民总收入（GNI），世界银行网站，http：//data. worldbank. org. cn/country/china? view=chart；2017 年 8 月 3 日。

② 《摩根士丹利预言中国新“黄金时代”》，《参考消息》2017 年 2 月 16 日。

③ 《国内消费升级有赖供给侧改革》，《经济参考报》2016 年 2 月 23 日。

④ Romer，“Increasing returns and long run growth，” *Journal of Political Economy*，No. 10 (1986)：715－743.

的提高尚未催生明显的“产业转型升级”效应，而因消费结构升级带动的高品质、高层次的需求，在国内制造业不能满足供给的前提下，则通过“消费外溢”机制解决。我国制造业生产规模位居世界第一，但国人却出国大肆购买马桶盖、净化器、奶粉等消费品，而国内生产的粗钢产能过剩但精钢特钢却需大量进口①。由于产品供给结构并未与消费需求结构同级递进，技术含量高、品牌影响大的新产品供给与需求呈现出结构性失衡发展状态。这种供需结构失衡，凸显了我国从改革开放以来，建立起的出口导向的粗放型工业发展模式至今并未完全收敛，国内工业消费品与发达国家相比，在品种、品质和品牌结构上仍存较大差距，也折射出了我国制造业总体上在技术创新和品牌塑造方面存在巨大的能力缺口。

三、制造业资金短缺与金融资本的繁荣

毋庸置疑，物质资料生产是人类社会存在和发展的基础，而制造业是经济产业中最重要的物质资料生产部门。纵观世界经济发展史，制造业强国的崛起都离不开金融的强有力支撑。当今时代，金融俨然已成为现代经济的核心，金融资本担负着要素资源集聚的重要功能，是制造业快速发展的驱动力量。然而，近年来，由于经济增速下滑，传统产业产能过剩，要素资源“脱实向虚”的趋势明显增强。实体投资越来越冷，金融投资越来越热（相均涌，2017）②，造成实体经济发展资金短缺，工业增速快速下滑。2016年，我国金融业增加值占GDP比重为8.3%，远高于21世纪初4.4%的比重，也高于我国《金融业发展和改革“十二五”规划》中提出的目标值5%，甚至超过了英美等发达国家金融业占GDP的比重③。2014年到2016年，我国货币供应量（M2）平均增长率为12.27%，而GDP增长率仅为6.97%。无论从金融增加值占

① 毛中根、杨丽姣：《经济全球化背景下供给侧改革与居民消费结构升级》，《财经科学》2017年第1期。

② 相均涌：《遏制资金脱实向虚需解决这四个问题》，中国新闻网，http：//www.chinanews.com/cj/2017/04－11/8196487.shtml.

③ 董涛：《如何遏制资金“脱实向虚”》，《中国经济报告》2017年第7期。

GDP 比重，还是货币供应速度与 GDP 增长率比较，都表明金融资本在快速增长的同时，并未完全同步进入实体经济，导致企业融资困难。根据国家统计局调查，2017 年 3 月，发展资金趋紧的企业升至 41.1%，而超过半数的小型企业反映出融资难、融资贵[①]的问题。

金融资本的产生与发展缘于实体经济发展的内生诉求。但其一旦形成，就会存在一定的独立性，甚至脱离实体经济而自我发展。根据调查，在世界金融危机爆发不久的 2010 年左右，国资委分管的中央直属企业（共 128 家）逾七成涉足房地产业；而 2010 年的 500 强民营企业中，涉足房地产的企业已达 26 家，并有近 45%的企业计划进入[②]。资本逐利性是金融资本“脱实向虚”的重要原因。据测算，我国工业平均利润率仅为 6%左右，而证券、银行业的利润率在 30%左右[③]。同时，在制造业生产要素成本不断上升的背景下，房地产市场却持续升温，房产价格也强势走高，对实体经济产生了“虹吸效应”，致使制造业中的大量资金流入房地产市场。当前，世界经济的深刻变化，使我国经济进入新常态，低成本赶超战略下的制造业粗放式发展模式已逐步终结。实体经济资金“脱实向虚”除了金融业利润诱使外，也凸显了在新的国际经济形势下，我国企业家推动制造业转型升级信心和意愿的匮乏。

制造业技术创新和品牌价值衍生的市场竞争力弱化，是实体经济发展的最大障碍，也是冲击企业家信心和销蚀其意愿的重要原因。由于经济体制约束，国有企业缺乏科技创新的动力和积累能力，而民营企业则热衷于投向短期能够获得高回报的房地产行业，尚未成为科技创新的主体；支持科技创新及其成果转化的风险投资机制并未形成，社会资本普遍存在短期炒作的投机行为[④]。彼得·德鲁克（Peter F. Drucker，1985）[⑤] 提出，企业家精神的本质是创新。企业家精神，是工匠精神随

---

① 董涛：《如何遏制资金“脱实向虚”》，《中国经济报告》2017 年第 7 期。

② 李佩珈、梁婧：《资金“脱实向虚”的微观路径及影响研究》，《国际金融》2017 年第 3 期。

③ 费洪平：《促进实体经济与虚拟经济协调发展》，《人民日报》2017 年 2 月 16 日。

④ 吕政：《中国经济新常态与制造业升级》，《财经问题研究》2015 年第 10 期。

⑤ Peter F：Drucker. *Innovation and entrepreneurship*：*practice and principles*，Harper & Row Press，1985.

着经济发展和时代变迁在企业家层面的现实体现，是工匠精神的创新内涵在企业家阶层的当代表征。长期只重视生产规模而忽视产品质量的制造业发展模式，会导致传承和发扬工匠精神的环境和制度基础逐渐被忽视[①]，使企业家本应具有并不懈追求的创新精神严重衰退。企业家精神的缺乏，是企业家追求金融领域“快钱”，不深耕实业，通过技术创新提供优质产品的重要原因。

第三节 制造业发展中工匠精神失落的原因

中国历史上的工匠精神，孕育了灿烂辉煌的制造文明。中国制造业当前表现出的结构性矛盾和问题，以及呈现出“大而不强”的发展状态，折射出制造业发展过程中工匠精神的缺失。在我国当代制造业发展过程中，忽视工匠精神的价值，并非当下才出现，而是长期存在的社会现象。这与我国孕育工匠精神的社会经济制度缺失、低成本发展模式、经济理性扩张以及社会轻视工匠的社会文化等因素直接相关。

一、孕育工匠精神的社会经济制度缺失

工匠精神内涵的传承创新、专注坚守和精益求精理念，并非凭空产生，也不是外生给定，而是在经济社会体制系统的长期运行中内生而出(刘志彪，2016[②])。中国历史上衍生于传统手工业的工匠精神，离不开当时社会制度的约束和文化环境的孕育。传统手工业社会中，工匠职业世袭、手工业行业技术标准、物勒工名及工师检查等社会管理制度，为彼时工匠精神的产生奠定了制度基础。而在当时的农业经济时代，生产力水平低，从事手工业生产的民间工匠只有追求产品质量的精益求精，才可能在狭小的手工业市场竞争中立足。在我国计划经济时代，激发企业精益生产和创新精神的内生机制消失，再加上供给短缺，缺少了工匠精神产生的社会土壤和市场竞争环境。改革开放后，社会主义市场经济

---

① 黄群慧：《工匠精神的失落与重塑》，《光明日报》2016 年 6 月 29 日。

② 刘志彪：《要“工匠精神”，更要“工匠文化”》，《新华日报》2017 年 7 月 8 日。

体制逐步确立，但我国在很长一段时间内，由于生产水平低，仍处于卖方市场的格局之下，市场竞争不足，催生工匠精神产生的市场环境弱化。特别是在我国制造业领域，在产品质量监督、知识产权保护等方面存在制度性缺失，导致众多制造业企业忽视产品质量，缺少技术研发投入，严重缺乏精益求精的生产态度和发展理念。

二、低成本战略下的制造业发展模式

劳动力和自然资源充裕，而资本和技术稀缺，是我国改革开放之初要素禀赋结构的主要特征。根据新结构经济学，发展劳动或资源密集型产业，是我国参与国际竞争的最优产业选择。在资本稀缺、技术匮乏的要素禀赋结构中，劳动力、资源消耗和环境污染的低成本，是我国制造业获取国际竞争优势的主要源泉。利用低成本优势，我国制造业从低端制造环节嵌入国际产业分工，参与国际市场竞争。胡鞍钢（2005）认为，中国的发展模式本质上是一个追赶模式，即作为工业化和现代化的后进国家，追赶先行的工业化发达国家[①]。在跨越式赶超发展的背景下，用经济发展的数量指标取代质量指标，追求经济的增长速度和发展规模，是低成本发展模式的必然逻辑。低成本发展模式，为中国经济在国际经济竞争格局中带来了比较优势，创造了经济增长的“中国奇迹”[②]。但粗放式发展带来的长时间经济高速增长，使企业放松了技术创新、产品升级和提高效率的努力[③]（吴敬琏，2006），导致我国制造业在研发投入、技术更新及人力资源积累方面严重不足，重视产品质量和技术创新的工匠精神失去了生存空气和土壤。随着劳动力成本和资源价格的不断上升，我国显然已经进入高成本时代，低成本优势已经开始逐渐丧失[④]（魏杰，2010），亟须弘扬精益求精的工匠精神，培植技术优势和品牌竞争力，推进我国制造业向中高端迈进。

---

① 胡鞍钢：《关于中国发展模式的思考》，《天津社会科学》2005年第4期。

② 林毅夫、蔡方、李周：《中国的奇迹》，上海人民出版社1999年版。

③ 吴敬琏：《经济增长模式与技术进步》，《中国科技产业》2006年第1期。

④ 魏杰：《中国经济发展模式的转型》，《政治经济学评论》2010年第4期。

三、经济理性的非理性扩张

亚当·斯密（1776）在《国民财富的性质和原因的研究》中提出“理性经济人”假设，认为人的自利倾向是经济发展的动力①。卢卡奇认为，人本主义和科学精神始终是人类文明的两种张力②。可计算可量化的科学精神，在现代经济社会中，与经济结合衍生出了经济理性和技术理性。追求利益最大化是经济理性的重要特征之一。在我国制造业发展过程中，追求自利的经济理性，因市场监管制度缺位，一度呈现出非理性的无限扩张状态，导致粗制滥造、假冒伪劣的商品充斥市场，生产者的质量意识荡然无存。制造业领域经济理性的非理性扩张，使企业现实的“快钱”利益遮蔽了坚守实业、追求精益求精和创新的生产理念。一方面，制造业企业在粗放式生产仍可获利的条件下，回避技术创新和品牌塑造存在的风险和不确定性，通过降低生产成本和产品质量，实现企业利益最大化。另一方面，在实体经济利润率下降，又无法通过创新提高效益的前提下，大量制造业企业存在急功近利和浮躁的社会心理，在利益驱动下资本“脱实向虚”，到资本市场追逐短期利润，致使制造业领域发展资金严重匮乏，进而在一定程度上弱化了制造业的知识和能力建设，阻碍了制造业向更高层次发展。代表人本主义的工匠精神，在与经济理性的博弈和冲突中逐渐失落，在一定程度上影响了当前我国制造业转型升级的步伐，亟须恢复被经济理性遮蔽的工匠精神，推动我国制造业向产业价值链中高端迈进。

四、轻视工匠的社会心理定势

众所周知，我国的传统文化之于工匠一直是贬抑和歧视。“君子不器”“劳力者治于人”等耳熟能详的词句，无不向现代人述说着古代文化对工匠的轻蔑和不屑。在农业经济社会中，社会分工有限，生产水平低下，手工劳动是工匠安家立命的重要手段。而工匠技艺的家族传承制

---

① 〔英〕亚当·斯密著，郭大力、王亚南译：《国民财富的性质与原因的研究（上卷）》，商务印书馆1972年版，第13—14页。

② 史巍、韩秋红：《马克思现代性批判的双重维度》，《马克思主义研究》2010年第1期。

度，在深具家族意识和祖先崇拜传统的中国，为工匠的职业认同赋予了更为深刻的社会意义①（刘建军，2016）。另外，古代社会的手工产品市场狭小、竞争激烈，打造精品和改进技艺是民间工匠赢得市场的不二选择。古代工匠即使被社会文化掷于贬抑和歧视的社会网格之中，由于生产力、家族传承和市场因素，仍然为手工业时代工匠精神的孕育提供了丰裕的社会土壤。

历史积淀形成的传统文化，具有一定的稳定性。在当代中国文化的价值观念和意识中，轻视工匠的社会心理，在一定程度上仍广泛存在。当下，我国已然进入互联网信息时代，社会分工越来越细，专业化程度越来越高，人们的职业选择范围相比于古代中国，不可同日而语。职业技术的传承方式，也主要从家族或师徒传承，走向现代职业技术教育培训。由于轻视工匠的社会心理定势的存在，将技术工人作为职业选项的人凤毛麟角，而职业教育更是很多人无法进入优质综合性大学后，“无奈”和迫不得已的被动选择。特别是近年来，技术工人群体的社会地位一直没有得到应有的提升②。在歧视和贬抑社会文化下，职业技术工人缺失，在很大程度上成为我国制造业技术创新遭遇瓶颈和工匠精神失落的重要原因。

第四节　中国制造业升级呼唤工匠精神

中国经济经历了40多年的快速增长后，国内资源和环境约束日益趋紧，居民消费需求层次不断提高。在全球金融危机的影响下，我国制造业又面临着发达国家和发展中国家的“双向挤压”。低成本的粗放式发展模式，已不能适应急剧变化的国内外经济发展形势。要想提升制造业的国际竞争力，解决当前制造业发展过程中存在的结构性矛盾，亟须培育和弘扬工匠精神，推动我国制造业转型升级。

① 刘建军：《工匠精神及其当代价值》，《思想教育研究》2016年第10期。

② 黄群慧：《中国制造业有能力创造新辉煌》，《人民日报》2017年3月13日。

一、制造业发展的严峻形势与《中国制造 2025》战略

由于我国工业化的历史起点和制造业发展特点，当前我国制造业发展质量和西方发达国家相比，仍存在一定差距，属于“大而不强”，并深处于世界产业价值链的低端环节。特别是传统的制造业发展模式已经达到资源和环境承载力的临界点，亟须由要素驱动转向创新驱动，加快转变经济发展方式。2008 年肇始于美国的世界金融危机，强力冲击着实体经济日趋弱化而虚拟经济不断庞大的欧美发达国家。“再工业化”成为众多发达国家重振本国经济、摆脱经济衰退的战略性举措，一度被边缘化的制造业再获新生。而不少发展中国家也正在利用本国资源禀赋，承接来自发达国家的资本和产业转移，新的国际产业格局正在构建。当前，我国制造业发展面临着严峻的国际形势。

在国内国际多极因素的叠加影响下，为应对全球产业变革和调整，实现把我国建设成为引领世界制造业发展的制造强国的目标，2015 年 5 月国务院颁布了《中国制造 2025》发展战略，提出到 2025 年，我国制造业整体素质大幅提升，创新能力显著增强，全员劳动生产率明显提高，两化（工业化和信息化）融合迈上新台阶，重点行业单位工业增加值能耗、物耗及污染物排放达到世界先进水平①。落实《中国制造 2025》战略，亟须培育和弘扬工匠精神，突破制造业的原有发展方式的束缚，提升制造业在全球产业分工和价值链中的地位，形成一批具有较强国际竞争力的跨国公司和产业集群。改革开放以来，我国充分发挥资源、劳动力等要素优势发展制造业，积极参与国际产业分工和市场竞争，使得我国制造业发展规模突飞猛进，并孕育出了众多像“华为”这样独具国际竞争优势的高科技企业。但由于历史和现实条件的限制，我国制造业发展过程中长期忽视了工匠精神的作用，致使我国制造业在当前仍处于全球产业价值链中低端，与发达国家相比产品附加值不高，技术水平偏低，呈现出“大而不强”的发展状态，影响了我国制造业的高质量发展。2016—2019 年我国政府工作报告从推进制造业高质量发展

① 《国务院关于印发〈中国制造 2025〉的通知》，《人民日报》2015 年 5 月 20 日。

的角度，连续提出培育和弘扬工匠精神的相关内容，工匠精神从行业话语转化为政策话语，逐渐成为国家发展战略的重要组成部分。当前，在制造业高质量发展的背景下，亟须持续深入探究由于工匠精神缺失对制造业发展产生的现实影响，特别是挖掘特定历史阶段中工匠精神缺失的深层次原因，寻求工匠精神推进制造业高质量发展内在机制，并大力培育和弘扬工匠精神，切实发挥工匠精神在我国制造业高质量发展中的驱动效应。

二、制造业发展方式转换亟须工匠精神

一国最具有竞争力的最优产业结构，由该国的要素禀赋结构内生决定。拥有充裕劳动力或自然资源，但资本稀缺的低收入国家在劳动或资源密集型产业具有比较优势和竞争力[①]（林毅夫，2012）。改革开放之初，我国的产业基础、技术水平和资源禀赋特点，决定了我国制造业的产业区段选择。在资本短缺、收入低下、技术匮乏的生产背景下，利用资源、环境、劳动力要素成本优势，建立起了符合我国要素禀赋结构的劳动密集型产业，极大地推动了我国制造业的快速发展。然而，经济发展是一个动态过程，制造业发展至今，生产要素结构也在不断变化。当下，劳动力成本随经济增长不断攀升；长期高耗能、低技术的发展模式，导致我国环境承载力逐步到达临界点，资源约束也日益趋紧。传统工业化道路导致了经济失衡和资源环境的过度损耗，只有转变发展方式，才能实现可持续发展[②]（金碚，2011）。我国生产要素禀赋结构的嬗变，也使建立在原结构之上的产业选择偏离了最优状态，比较优势日渐式微。特别是面临资源和环境的刚性约束，制造业的粗放式发展模式已然难以为继，亟须根据要素禀赋结构的变化，动态调整产业结构，从依靠资源、环境的粗放式发展转向以信息、知识投入为主的内涵式发展，推进制造业发展模式转型。

劳动力密集型产业的粗放式发展模式，注重资源投入而疏于技术创

① 林毅夫著，苏剑译：《新结构经济学》，北京大学出版社 2012 年版，第 121 页。
② 金碚：《中国工业的转型升级》，《中国工业经济》2011 年第 7 期。

新，重视规模而忽视质量，靠价格竞争而不是产品档次。在低成本赶超战略下发展的中国制造业，切合要素禀赋结构，取得了巨大的发展成就。但由于长期忽视工匠精神的存在和价值，也使我国长期陷入产业价值链低端制造加工环节，并在一定程度上形成了固化的发展思维、模式和惯性。这也是我国制造业发展迄今，仍靠要素成本衍生的价格优势，而非技术、品牌或服务立足于世界的重要原因。我国制造业发展模式转换，需要工匠精神的支撑。精益求精的工匠精神，是制造业从粗放式向内涵式转换的文化驱动和制度保障，通过培育和弘扬工匠精神，激发企业家的创新精神，改变制造业发展的“粗放”生产意识，强化研发投入和质量意识，优化要素投入结构，推进我国制造业发展模式转换和产业升级。

三、提升制造业自主创新能力离不开工匠精神

根据内生增长理论，技术创新是经济持续增长的动力和原因[①]（Grossman and Helpman，1994）。引进、消化和吸收发达国家的先进技术，是技术后进国家快速增进技术水平，实现技术跨越式发展的有效途径（Amsden，1989[②]；林毅夫等，2005[③]），并为实践证实。从近代机器大工业创生至今，引进国外技术一直是我国技术进步方式的重要方式。技术引进及其外溢效应，在一定程度上缩小了我国与发达国家的技术差距，提升了我国自主创新能力。特别是近年来，我国在核高基、集成电路，高档数控机床、天然气、核电、新药创制、转基因育种等领域取得了重大技术突破。以核电为例，截至 2016 年底，已形成知识产权 2894 项，实现了我国三代核电技术研发、工程设计、设备制造、试验

① Gene M，“Grossman，Elhanan Helpman. Endogenous Innovation in the Theory of Growth，” *Journal of Economic Perspectives*，NO. 1（1994）：23—44.

② Amsden H，“Asia's Next Giant：How Korea Competes in the World Economy，” *Technology Review*，NO. 4（1989）：46—53.

③ 林毅夫、张鹏飞：《后发优势、技术引进和落后国家的经济增长》，《经济学季刊》2005 年第 1 期。

验证的自主化[①]。但与发达国家相比，我国制造业的自主创新能力仍显薄弱，如制造业关键装备、核心零部件和基础软件还依赖进口和外资企业[②]。由于经济体制和管理机制问题，我国企业的创新主体地位尚未形成，自主创新能力弱化，深陷于全球产业链低端。

欠发达国家引进技术，可以获得高于发达国家的技术变迁速度[③]（林毅夫等，2005）。改革开放以来，我国通过技术"引进—消化—吸收"学习机制，积累了一定的自主创新能力，但相对于制造业的升级需求，仍然差距甚大。特别是发达国家为保持技术垄断，不断加强对核心技术和关键技术的转移限制和封锁，因此要实现对发达国家的技术赶超，推进我国制造业升级，只有靠自主创新。由于技术创新的市场风险和不确定性，再加上社会"浮躁逐利"的心态，制造业企业从事技术创新的意愿和能力严重不足，企业已积累的技术创新能力有限。提升自主创新能力，亟须弘扬工匠精神，依靠工匠精神内涵的"匠心"和"创新"机制，激发企业家坚守实业和勇于创新的内在潜质，提升企业自主创新能力，推进我国制造业转型升级。

四、品质升级与品牌塑造期待工匠精神

随着全球制造业生产与需求重心向新兴经济体的渐次转移，我国经济的快速发展使劳动者的收入水平有了显著提高，居民消费结构也随之升级。消费者追逐更高品质的商品，是居民消费结构升级的重要体现[④]（毛中根等，2017），消费需求从功能型、大众化转向体验型、个性化。但我国制造业优质产品供给乏力，产品供给结构与消费者需求结构呈现出了一定的偏离现象。在互联网日益普及的今天，越来越多的消费者通过"海淘"等网络路径购买自需商品。这类商品相比于国内商品，在质

① 赵永新：《自主创新彰显中国力量——国家科技重大专项实施综述》，《人民日报》2017年6月2日。

② 黄群慧：《中国制造业有能力创造新辉煌》，《人民日报》2017年3月13日。

③ 林毅夫、张鹏飞：《后发优势、技术引进和落后国家的经济增长》，《经济学季刊》2005年第1期。

④ 毛中根、杨丽姣：《经济全球化背景下供给侧改革与居民消费结构升级》，《财经科学》2017年第1期。

量、工艺等方面都显著区别于国内同类商品，技术含量明显偏高。根据淘宝全球购发布的《十年海淘报告》，从2005年到2015年，国人海淘足迹已超100个国家和地区，海淘品类从奢侈品向护肤品、电饭煲、马桶盖等日用品扩展，总共超过200万款①。在我国经济供给与需求的动态发展过程中，由于制造业供给能力和技术缺口的存在，产品供给结构并未与需求结构同级递进，技术含量高、品质好的新产品供给与需求呈现出结构性失衡的发展状态。

制造业供需结构失衡，是我国粗放式经济发展方式的惯性使然。低成本的粗放式生产方式，契合了我国历史上供给短缺的市场和低收入劳动者的现实需求，推动了我国经济的快速增长，但同时也限制了产品质量、技术水平的提升和企业品牌的塑造。因收入提高催生的中产阶层正在形成，其消费需求悄然提高，对于品质、品牌更为向往。而供给结构则因低成本赶超战略长期忽视工匠精神的价值，和粗放式生产方式的惯性，并未与消费结构实现同步攀升，导致供需结构失衡。提升品质、塑造品牌，是供给侧结构性改革的重要内容，也是供给结构改革的重要方向。国内外经济发展实践表明，传承和发扬工匠精神，是提升产品质量和品牌影响的根本途径。据统计，全球共有5586家企业具有超过200年的历史，其中最具工匠精神的日本和德国占比超过71%，分别有3146家和837家②，荷兰有222家，法国有196家③。当前，提升品质、塑造品牌，亟须大力提倡精益求精的工匠精神，注重产品和服务细节，重新发掘产品价值，提升产品质量，创造富有特色的口碑与品牌，满足消费者个性化和多样化的社会需求。

---

① 王晋：《以品质革命促转型升级》，《经济日报》2016年5月17日。

② 张鑫：《制造强国品牌大国迫切需要工匠精神》，《上海证券报》2017年2月13日。

③ 胡洪江、田丰：《“工匠精神”首次登上政府工作报告为何总理如此看重》，《人民日报》2016年3月7日。

附录 2：关于工匠型高技能人才的培养建议

党的十九大报告提出："建设知识型、技能型、创新型劳动者大军"，"大规模开展职业技能培训"。这是党中央在我国由"制造大国"向"制造强国"转变过程中，提出的关于人才培养的战略性部署。根据相关统计，到 2020 年，我国高技能人才缺口将达 2200 万人。高技能人才供给不足，已经成为制约我国创新型强国建设的重要因素。虽然针对高技能人才严重缺乏的现状，我国制定并出台了多项激励和培养高技能人才的重大举措，但由于在高技能人才培养机制、激励手段和评价机制等方面仍存在深层次的问题，现特提出如下关于工匠型高技能人才的培养建议，以供参阅。

一、改革职业教育培训机制，为工匠型高技能人才供给提供机制保障

职业教育是高技能人才培养的重要途径。但现实是，我国当前职业教育培养的学生存在技能水平低和所学技能落后的现象，导致职业教育供给与制造业企业需求存在脱节性矛盾。这主要缘于大多职业院校缺乏优秀的实际操作的老师，甚至不少教授的知识技能都落后于企业和市场，而且学校的实操场所和材料与现实生活差距较大，不能满足高技能人才培养的需求。另外，虽然当前职业教育中产教融合问题正在逐步解决，但产学结合机制的不健全仍是我国职业教育发展的短板，并在很大程度上影响着高技能人才供给。改革职业教育培训机制：

一是改善职业院校办学条件，加强师资队伍建设，优化生源质量；根据市场需求革新职业教育办学模式，创新专业设置，把企业的标准和要求植入高技能人才培养过程，将理论学习与技能训练有机融合，从根

本上解决职业教育与企业需求的现实矛盾。二是加大财政资金对职业院校高技能人才培养的支持力度，设立高技能人才培养的专项基金，为经济发展亟须的高技能人才培训提供经费补贴。三是建立健全校企合作机制，树立企业在校企合作中的主体地位，提高企业参与校企合作的积极性，充分发挥企业在高技能人才培养中实际操作的场景优势。四是制定更开放合理的办学资质规定和激励政策，鼓励企业和其他社会主体通过参股、入股等多种方式参与职业教育，释放多元办学主体的积极性；整合社会优质资源，建立区域性高技能人才培训基地和共享型公共实习实训基地，促进产教融合，夯实高技能人才培训源头。

二、完善职业技能评价体系，提高工匠型高技能人才经济待遇

职业技能评价体系和经济待遇是劳动者选择职业的重要考量，也是其社会地位的重要体现。当前，我国职业技能评价体系中还存在按学历、资历和身份等条件为基础的评价和选拔制度，高技能人才的经济待遇不高，成为制约我国工匠型高技能人才培养的关键原因。加快工匠型高技能人才培养，亟须进一步完善职业技能评价体系，提高工匠型高技能人才的经济待遇：一是健全高技能人才评价和选拔制度，突破人为设定的非技能因素对人才评价的限制，建立以技能水平为核心的评价体系，为高技能人才脱颖而出提供机制保证。二是突破高技能人才的职称评定限制，贯通其与工程类专业技术人才职称评定的界限，拓宽高技能人才的职业发展空间和社会认同感；逐步改变以学历为标准设定高技能人才薪酬等级的传统做法，推行其比照并享受中高层管理人员和高级专业技术人才的薪酬待遇。三是鼓励企业开展高技能人才培训，探索设立技能专家、首席技师、特级技师等岗位，提高岗位待遇水平，构建代际传承的技能人才培养机制，发挥企业在高技能人才培养上的主体作用。

三、打造推崇工匠的社会观念和氛围，建立高技能人才的社会保障机制

当前，职业差异及其社会认同度，仍在一定程度上广泛存在。由于

社会上对技能人才及其职业的贬抑观念，极大地影响了职业教育生源质量和技能型人才的现实供给。加快工匠型高技能人才的培养，亟须打造推崇工匠的社会观念和氛围：一是大力弘扬劳模精神和工匠精神，广泛宣传高技能人才的劳动成果、个人事迹，利用现代传媒的传播形式，举办高技能人才知识竞赛，营造推崇工匠的社会观念和氛围，提高工匠型高技能人才的社会地位，为高素质生源进入技能人才领域提供环境保障。二是建立健全高技能人才的社会保障机制，坚持利于人才培养和流动的原则，出台较为完整的全国性法规或政策，为高技能人才在教育、培训和福利待遇方面提供特殊的人才保障制度，规范高技能人才社会保障工作的管理机制、代理机制和争端解决机制，提升高技能人才的保障水平，为加快工匠型高技能人才培养提供社会保障机制。

附录 3：中国制造业高质量发展的战略重点

为促进中国制造业升级战略的顺利实施并取得成效，应在制造业升级总战略部署的基础上进一步实施制造业技术创新战略、智能制造战略、质量品牌建设战略和工匠战略等重点发展战略，推进我国制造业向全球价值链中高端迈进。

一、技术创新战略

根据马克思主义唯物史观，生产力是人类社会前进的动力，是社会形态变革的决定性因素。而科学技术是生产力的第一要素，是人类工业化的推动力量。随着经济全球化的不断深入和社会信息化的快速发展，制造业的国际竞争愈发激烈，推进制造业技术创新成为世界各国发展的战略目标。当前，我国已经成为制造大国，但制造业创新能力和水平仍和创新型大国有一定差距。世界上现有的 20 个创新型大国，在创新能力方面领先于其他国家，这些国家的研发投入占 GDP 的比重通常在 2%以上，科技对经济增长的贡献率在 70%以上，而对外技术依存度一般低于 30%。我国与世界创新型大国相比，科技在经济增长中的贡献率仅为 39%，而对外技术依存度大于 40%，技术创新能力仍然处于落后地位[①]。根据《国家创新指数报告 2016—2017》数据，我国创新指数排名已提升至第 17 位，但仍处于第二集团[②]。当前，我国制造业转型升级已迫在眉睫，对先进制造技术的需求极为迫切，亟须抓住以新一代

① 李建平等：《中国省域竞争力蓝皮书》，社会科学文献出版社 2016 年版，第 505 页。
② 余惠敏：《中国国家创新指数升至世界第 17 位》，《经济日报》2017 年 8 月 19 日。

信息技术为代表的新一轮产业变革和技术革命的发展机遇，实施技术创新战略，提升我国制造业技术创新能力。

实施技术创新战略，是提升我国制造业技术创新能力的重要支撑，是落实《中国制造 2025》发展战略的重要支撑点。党的十九大指出，创新是引领发展的第一动力，是建设现代化经济体系的战略支撑。想要实施技术创新战略，着力解决我国制造业发展过程中的技术瓶颈和制约，一是深化科技体制改革，建立以企业为主体、市场为导向、产学研深度融合的技术创新体系，加强对中小企业创新的支持，促进科技成果转化。二是强化基础研究，实现前瞻性基础研究、引领原创成果的重大突破，提升自主创新能力，加大重点领域科技创新力度，实现关键技术和核心技术的突破发展。三是加强应用基础研究，拓展实施国家重大科技项目，积极寻求国际协同创新的合作途径，突破单个创新主体难以实现的难点技术创新。

二、智能制造战略

智能制造，是在现代信息技术革命的基础上，将信息技术与人工智能运用于制造业生产的全过程，实现资源数据共享和信息服务畅通的智能化运营模式①。在当今制造业中，人工智能技术的突破性发展，不断释放其对社会各个领域发展的推动作用，逐步改变着制造领域的生产方式，也为满足消费者潜在的多样化和个性化的定制需求提供了生产基础。美国、德国及法国等发达国家已将智能制造作为制造业发展和变革的重要方向。和发达国家相比，我国制造业基础总体薄弱，生产模式粗放，劳动力成本的快速上升使我国制造业国际竞争的传统优势日渐式微。根据世界制造业发展趋势和国内经济发展形势，推进制造业智能化水平、实施智能制造战略是我国制造业发展的必然选择。

《中国制造 2025》根据我国制造业现状和生产方式的演化趋势，将“智能发展”作为战略目标，并把“智能化”设计作为制造业的发展方

① 穆良平、姬振天：《中国抢占智能经济发展先机的战略要素及重点领域》，《理论探讨》2017 年第 4 期。

向。为明确“十三五”期间我国智能制造发展的路径思路，工信部和财政部联合编制《智能制造发展规划（2016—2020）》，以推进我国智能制造支撑体系的建立和重点产业的智能转型[①]。根据 2016 年相关数据，我国进入智能制造应用阶段的企业仅为总数的 16%，而近 60%的企业智能制造的利润贡献率一般不超过 10%[②]。当前，我国技术创新政策、行业标准化体系、金融财税和法律等方面仍存在一定的制度障碍，亟须在以下方面做出制度调整：一是完善我国技术创新的政策体系，特别是突出智能技术创新的协同性和开放性，为智能技术的快速发展提供良好的外部环境和政策保障。二是充分发挥政府、协会和企业相关主体在标准化体系构建中的主体作用，制定符合智能制造发展需求的标准化运营体系。三是强化金融财税体系支撑和法律保障，加大对智能制造领域的融资支持力度，实施智能制造技术创新的财税优惠政策，完善智能制造发展亟须的法律制度，推进智能制造战略的有效实施。

三、质量品牌建设战略

当今时代，质量和品牌已经成为国家核心竞争力的重要标志。2010 年我国经济规模已高居世界第二位，在之前的三十多年里，我国经济平均增长速度达到了 9.8%。经济的快速增长动力，主要来自经济赶超战略下大规模的要素投入形成的投资驱动和低成本要素投入形成的外贸出口驱动。长期以来的粗放式发展模式，忽视了经济发展过程中制造业的供给质量和品牌建设，导致我国制造业当前的供给质量不高、品牌建设滞后。然而，随着我国经济发展水平的不断提高，消费者在收入效应的催生下消费结构逐步升级，对多样化、个性化和高品质产品的市场需求持续增加。根据相关调查，中国制造品牌存在一定的感知壁垒，33%的国外消费者认为中国品牌“档次低”，71.4%的国内消费者因产品质量

① 《工业和信息化部、财政部关于印发智能制造发展规划（2016—2020 年）的通知》（工信部联规〔2016〕349 号），2016 年 12 月 8 日。

② 杨志波：《我国智能制造发展趋势及政策支持体系研究》，《中州学刊》2017 年第 5 期。

原因而从国外购买同类产品[①]。特别是世界经济格局深刻变化，我国原有粗放式发展模式形成的国际竞争优势日渐式微，亟须通过供给侧结构性改革，从追求规模的赶超战略向质量品牌战略转向，在新一轮的全球产业分工中，抢占制造业发展的制高点，提升我国制造业的国际竞争力。

提升制造业供给质量，塑造制造业品牌，是制造业强国生成的重要路径。德国和日本的制造业发展过程充分印证了这一逻辑。实施质量品牌战略，是在当前国内外经济形势下的必然选择，也是推进我国经济转型、满足国内消费升级需求和建设制造强国的重要基础。推进质量品牌建设，一是要积极培育和弘扬工匠精神，牢固树立制造业发展的质量和品牌意识，强化质量监管和责任追究机制，优化品牌创建环境。二是加强基础技术创新，充分发挥制造技术突破对产品质量和品牌影响的促进作用。制造技术是产品质量和附加值提升的关键因素，也是培育制造业品牌的重要内容，赋予了质量和品牌更大的发展空间。三是深入落实《质量品牌提升行动计划（2016）》，强化质量品牌的宣传力度，开展重点领域质量品牌提升专项行动，以企业为主体，推进企业品牌和产业集群区域品牌建设，提升制造业产品质量和品牌影响。

四、工匠战略

制造业升级是我国经济转型发展面临的严峻课题，《中国制造2025》为我国制造业升级绘制了宏伟的发展蓝图。然而，制造业升级战略的执行和蓝图的实践，终究离不开人才的推动，特别是承担制造业技术研发和产品创新的技能人才，是我国由制造业大国向制造业强国迈进的重要推动力量。改革开放至今，劳动密集型产业仍是我国经济发展的重要结构组成部分，大量的低素质劳动力也与其相伴相生，在推动我国低效能经济规模不断攀升的同时，也成为我国经济转型和制造业升级的核心症结之一。根据教育部、人力资源和社会保障部、工业和信息化部

① 林忠钦：《中国制造2025与提升制造业质量品牌战略》，《国家行政学院学报》2016年第4期。

在 2016 年联合发布的《制造业人才发展规划指南》，制造业十大重点领域人才缺口巨大（见表 7—3），难以满足建设制造强国的人才需求，亟须推进制造业人才供给侧结构改革，实施“工匠战略”，加快培育制造业技术人才，为我国制造业向全球价值链中高端迈进提供人才基础。

进入机器大工业时代，原来作为劳动主体的工匠逐渐从繁重的劳动中解放出来，转型为技术工人或技术专家，主要承担标准生产线流程再造、工艺提升、技术创新的生产任务。在当今的互联网信息时代，技术工人或技术专家更是承担着推进个性化定制和智能化生产的重要任务。工匠战略，是在国家战略层面，以供给侧结构性改革为契机，以精致生产和技术创新为牵引，以工匠精神为动力，实施的工匠培育工程①，建设支撑中国经济转型和制造业升级的新型技术人才队伍。根据发达国家发展经验，高级技术工人在技工中的比例一般为 20%～40%，而我国占比不到 4%。建设制造强国，离不开“工匠”式的制造业高精尖技术人才，实施工匠战略，是培育我国制造业高端人才的重要策略，也是实施创新驱动战略、推进制造业向产业链中高端迈进的重要前提。实施工匠战略，要加大制造业人才培养制度改革，推进产业发展和职业教育深度融合发展；优化制造业人才发展环境，建立有效的人才评价与激励机制，促进人才合理流动，建设高素质的制造业技术人才队伍，打造适合制造业人才成长和发展的社会环境。

① 潘晓燕：《实施“工匠战略” 制造中国完美》，《红旗文稿》2016 年第 11 期。

参考文献

一、马克思主义经典著作及重要文献

［1］马克思，恩格斯．马克思恩格斯选集（第1—4卷）［M］．中共中央马克思恩格斯列宁斯大林著作编译局，译．北京：人民出版社，1995.

［2］马克思，恩格斯．马克思恩格斯全集（第12卷）［M］．中共中央马克思恩格斯列宁斯大林著作编译局，译．北京：人民出版社，1998.

［3］马克思，恩格斯．马克思恩格斯全集（第32卷）［M］．中共中央马克思恩格斯列宁斯大林著作编译局，译．北京：人民出版社，1998.

［4］马克思．1844年经济学哲学手稿［M］．中共中央马克思恩格斯列宁斯大林著作编译局，译．北京：人民出版社，2000.

［5］马克思，恩格斯．马克思恩格斯全集（第44卷）［M］．中共中央马克思恩格斯列宁斯大林著作编译局，译．北京：人民出版社，2001.

［6］马克思，恩格斯．德意志意识形态（节选本）［M］．北京：人民出版社，2003.

［7］马克思．资本论（第1—3卷）［M］．中共中央马克思恩格斯列宁斯大林著作编译局，译．北京：人民出版社，2004.

［8］马克思，恩格斯．共产党宣言［M］．中共中央编译局，译．北京：中央编译出版社，2005.

［9］马克思．资本论（节选本）［M］．中共中央马克思恩格斯列宁

斯大林著作编译局，译．北京：人民出版社，2018.

［10］恩格斯．路德维希·费尔巴哈和德国古典哲学的终结［M］．中共中央马克思恩格斯列宁斯大林著作编译局，译．北京：人民出版社，2018.

［11］恩格斯．社会主义从空想到科学的发展［M］．中共中央马克思恩格斯列宁斯大林著作编译局，译．北京：人民出版社，2018.

［12］马克思，恩格斯．马克思恩格斯论中国［M］．中共中央马克思恩格斯列宁斯大林著作编译局，译．北京：人民出版社，2018.

［13］恩格斯．家庭、私有制和国家的起源［M］．中共中央马克思恩格斯列宁斯大林著作编译局，译．北京：人民出版社，2018.

［14］马克思，恩格斯．德意志意识形态（节选本）［M］．中共中央马克思恩格斯列宁斯大林著作编译局，译．北京：人民出版社，2018.

［15］马克思．雇佣劳动与资本［M］．中共中央马克思恩格斯列宁斯大林著作编译局，译．北京：人民出版社，2019.

［16］中共中央马克思恩格斯列宁斯大林著作编译局．列宁专题文集（第2卷）［M］．北京：人民出版社，2009.

［17］列宁．列宁选集（第1—4卷）［M］．中共中央马克思恩格斯列宁斯大林著作编译局，译．北京：人民出版社，2012.

［18］毛泽东．毛泽东选集（第1—4卷）［M］．北京：人民出版社，1991.

［19］中共中央文献研究室．毛泽东文集（第1—3卷）［M］．北京：人民出版社，1993.

［20］邓小平．邓小平文选（第1—3卷）［M］．北京：人民出版社，1993—1994.

［21］中共中央文献研究室．邓小平文集（第1—3卷）［M］．北京：人民出版社，2014.

［22］《邓小平讲话实录》编写组．邓小平讲话实录（第1—3卷）［M］．北京：红旗出版社，2018.

［23］江泽民．江泽民文选（第1—3卷）［M］．北京：人民出版社，

2006.

［24］江泽民．论社会主义市场经济［M］．北京：中央文献出版社，2006.

［25］胡锦涛．坚持走中国特色自主创新道路　为建设创新型国家而努力奋斗——在全国科学技术大会上的讲话［M］．北京：人民出版社，2006.

［26］胡锦涛．胡锦涛文选（第1—3卷）［M］．北京：人民出版社，2016.

［27］习近平．习近平谈"一带一路"［M］．北京：中央文献出版社，2017.

［28］习近平．决胜全面建成小康社会　夺取新时代中国特色社会主义伟大胜利［M］．北京：人民出版社，2017.

［29］中央宣传部（国务院新闻办公室），中共中央文献研究室，中国外文局．习近平谈治国理政［M］．北京：外文出版社，2014.

［30］中央宣传部（国务院新闻办公室），中共中央文献研究室，中国外文局．习近平谈治国理政（第2卷）［M］．北京：外文出版社，2017.

［31］习近平．在哲学社会科学工作座谈会上的讲话［M］．北京：人民出版社，2016.

［32］李克强．政府工作报告（2016—2019）［M］．北京：人民出版社，2016—2019.

［33］中共中央国务院关于实施科技规划纲要增强自主创新能力的决定［M］．北京：人民出版社，2006.

［34］国务院关于加快发展现代职业教育的决定［M］．北京：人民出版社，2014.

［35］中共中央关于制定国民经济和社会发展第十三个五年规划的建议［M］．北京：人民出版社，2015.

［36］中共中央国务院关于构建开放型经济新体制的若干意见［M］．北京：人民出版社，2015.

［37］中共中央国务院关于深化体制机制改革加快实施创新驱动发

展战略的若干意见［M］. 北京：人民出版社，2015.

［38］中华人民共和国国民经济和社会发展第十三个五年规划纲要［M］. 北京：人民出版社，2016.

［39］国务院关于深化制造业与互联网融合发展的指导意见［M］. 北京：人民出版社，2016.

［40］中共中央宣传部．习近平总书记系列重要讲话读本［M］. 北京：学习出版社，人民出版社，2016.

［41］质检总局贯彻落实质量提升行动指导意见领导小组办公室．《中共中央国务院关于开展质量提升行动的指导意见》学习辅导读本［M］. 北京：中国质检出版社，2018.

［42］习近平新时代中国特色社会主义思想三十讲［M］. 北京：学习出版社，2018.

［43］中共中央国务院关于营造更好发展环境支持民营企业改革发展的意见［M］. 北京：人民出版社，2019.

［44］中共中央宣传部．习近平新时代中国特色社会主义思想学习纲要［M］. 北京：学习出版社，2019.

［45］中国共产党第十九届中央委员会第四次全体会议公报［M］. 北京：人民出版社，2019.

［46］《中共中央关于坚持和完善中国特色社会主义制度、推进国家治理体系和治理能力现代化若干重大问题的决定》辅导读本［M］. 北京：人民出版社，2019.

二、学术著作

［47］约翰·R. 康芒斯．制度经济学［M］. 于树生，译．北京：商务印书馆，1962.

［48］大卫·李嘉图．政治经济学及赋税原理［M］. 郭大力，王亚南，译．北京：商务印书馆，1962.

［49］亚当·斯密．国民财富的性质与原因的研究（上卷）［M］. 郭大力，王亚南，译．北京：商务印书馆，1972.

［50］细谷俊夫．技术教育概论［M］. 管永和，王立精，译．北京：

清华大学出版社，1984.

[51] 柏拉图．理想国［M］．郭斌和，张竹明，译．北京：商务印书馆，1986.

[52] 筱原三代平．产业结构论［M］．北京：中国人民大学出版社，1990.

[53] 约瑟夫·熊彼特．经济发展理论［M］．何畏，易家详，张军扩，胡和文，叶虎，译．北京：商务印书馆，1990.

[54] 道格拉斯·C．诺斯．制度、制度变迁与经济绩效［M］．杭行，译．上海：格致出版社，2008.

[55] 安格斯·麦迪森．中国经济的长远未来［M］．楚序平，吴湘松，译．北京：新华出版社，1999.

[56] 道格拉斯·C．诺斯．制度、制度变迁和经济绩效［M］．上海：上海三联书店，2000.

[57] 亚里士多德．尼各马可伦理学［M］．廖申白，译．北京：商务印书馆，2003.

[58] 迈克尔·波特．竞争优势［M］．陈小悦，译．北京：华夏出版社．2005.

[59] 爱德华．卢西·史密斯．世界工艺史：手工艺人在社会中的作用［M］．朱淳，译．杭州：中国美术学院出版社，2006.

[60] 罗贝尔·福西耶．中世纪劳动史［M］．陈青谣，译．上海：上海人民出版社，2007.

[61] 大卫·李嘉图．政治经济学及赋税原理［M］．丰俊功，译．北京：光明日报出版社，2009.

[62] 马克斯·韦伯．经济与社会（第1卷）［M］．阎克文，译．上海：上海人民出版社，2010.

[63] 凯瑟琳·西伦．制度是如何演化的［M］．王星，译．上海：上海人民出版社，2010.

[64] 马克斯·韦伯．新教伦理与资本主义精神［M］．马奇炎，陈婧，译．北京：北京大学出版社，2012.

[65] 迈克尔·波特．国家竞争优势（下）［M］．李明轩，邱如美，

译．北京：中信出版社，2012.

[66] 理查德·桑内特．匠人［M］．李继宏，译．上海：上海译文出版社，2018.

[67] 奥利弗·威廉姆森．契约、治理与交易成本经济学［M］．陈耿宣，译．北京：中国人民大学出版社，2020.

[68] 保罗·克鲁格曼．克鲁格曼的预言：美国新世纪经济迷航［M］．张碧琼，译．北京：机械工业出版社，2020.

[69] 陈征．《资本论》解说（第1—3卷）［M］．福州：福建人民出版社，1997.

[70] 陈征．《资本论》和中国特色社会主义经济研究［M］．太原：山西经济出版社，2005.

[71] 陈征，李建平，李建建，等．《资本论》与中国当代经济［M］．北京：社会科学文献出版社，2008.

[72] 李建平．科技进步与经济增长［M］．北京：中国经济出版社，2005.

[73] 李建平．《资本论》第一卷辩证法探索［M］．北京：社会科学文献出版社，2006.

[74] 李建平，李建建，黄茂兴．马克思主义经济学的创新与发展［M］．北京：社会科学文献出版社，2008.

[75] 李建平，李建建，等．政治经济学（第五版）［M］．北京：高等教育出版社，2014.

[76] 李建平，黄茂兴，黄瑾．《资本论》与中国特色社会主义政治经济学［M］．福州：福建人民出版社，2017.

[77] 李建平，黄茂兴，黄瑾．对《资本论》若干理论问题争论的看法［M］．福州：福建人民出版社，2017.

[78] 李建平，李闽榕，赵新力．世界创新竞争力黄皮书：世界创新竞争力发展报告（2011—2017）［M］．北京：社会科学文献出版社，2018.

[79] 李建平，李闽榕．中国省域竞争力蓝皮书：中国省域经济综合竞争力发展报告（2017—2018）［M］．北京：社会科学文献出版

社，2019.

[80] 李建平，李闽榕，赵新力，周天勇 .G20 国家创新竞争力黄皮书：二十国集团（G20）国家创新竞争力发展报告（2017—2018）[M]. 北京：社会科学文献出版社，2019.

[81] 黄茂兴，冯湖华 . 技术选择与产业结构升级——基于海峡西岸经济区的实证研究 [M]. 北京：社会科学文献出版社，2007.

[82] 黄茂兴 . 论技术选择与经济增长 [M]. 北京：社会科学文献出版社，2010.

[83] 黄茂兴 ."一带一路"建设的绿色发展探究——机遇、挑战与未来 [M]. 北京：经济科学出版社，2018.

[84] 黄茂兴，等 . 经济科学实验方法及应用 [M]. 北京：经济科学出版社，2019.

[85] 祝慈寿 . 中国现代工业史 [M]. 重庆：重庆出版社，1990.

[86] 范西成，陆保珍 . 中国近代工业发展史：1840－1927 [M]. 西安：陕西人民出版社，1991.

[87] 刘国良 . 中国工业史（近代卷）[M]. 南京：江苏科学技术出版社，1992.

[88] 黄宗智 . 中国农村的过密化与现代化 [M]. 上海：上海社会科学院出版社，1992.

[89] 周振华 . 产业结构优化论 [M]. 上海：上海人民出版社，1992.

[90] 彭泽益 . 中国近代工商行会史料集（上册）[M]. 北京：中华书局，1995.

[91] 李耀新 . 生产要素密集型产业论 [M]. 北京：中国计划出版社，1995.

[92] 曹焕旭 . 中国古代的工匠 [M]. 北京：商务印书馆，1996.

[93] 傅家骥 . 技术创新学 [M]. 北京：清华大学出版社，1998.

[94] 潘乃谷，潘光旦 . 潘光旦选集Ⅲ [M]. 北京：光明日报出版社，1999.

[95] 魏明孔 . 隋唐手工业研究 [M]. 兰州：甘肃人民出版

社，1999.

[96] 李兆友．技术创新主体论［M］．沈阳：东北大学出版社，2001.

[97] 吾淳．古代中国科学范型［M］. 北京：中华书局，2002.

[98] 张五常．经济解释卷一：科学说需求［M］. 香港：花千树出版有限公司，2001.

[99] 乔瑞金．马克思技术哲学纲要［M］．北京：人民出版社，2002.

[100] 林毅夫，蔡方，李周．中国的奇迹［M］. 上海：上海人民出版社，1999.

[101] 彭慕兰．大分流［M］. 史建云，译．南京：江苏人民出版社，2003.

[102] 张军．中国的工业改革与经济增长——问题与解释［M］. 上海：三联书店，上海人民出版社，2003.

[103] 韩小谦．技术发展的必然性与社会控制［M］. 北京：中国财政经济出版社，2004.

[104] 李工真．德意志道路——现代化进程研究［M］. 武汉：武汉大学出版社，2005.

[105] 华民，韦森，等．制度变迁与长期经济发展［M］. 上海：复旦大学出版社，2006.

[106] 惠新．工匠精神：伟大公司的驱动力［M］. 北京：中国商业出版社，2016.

[107] 钱穆．中国历史精神［M］. 北京：九州出版社，2012.

[108] 林毅夫．新结构经济学［M］. 苏剑，译．北京：北京大学出版社，2012.

[109] 梅新育．中国制造业向何处去［M］. 昆明：云南教育出版社，2013.

[110] 旬子．荀子［M］. 方勇，李波，译．北京：中华书局，2015.

[111] 韩保江．新常态下中国经济的难题与出路［M］. 北京：人民出版社，2016.

[112] 贾康，欧纯智．创新制度供给理论考察与求实探索 [M]. 北京：商务印书馆，2016.

[113] 工业和信息化部工业文化发展中心．工匠精神——中国制造品质革命之魂 [M]. 北京：人民出版社，2016.

[114] 制造质量强国战略研究课题组．制造质量强国战略研究 [M]. 北京：中国标准出版社，2016.

[115] 国家制造强国建设战略咨询委员会．中国制造 2025 蓝皮书（2017）[M]. 北京：电子工业出版社，2017.

[116] 中国电子信息产业发展研究院．2016—2017 年中国服务型制造发展蓝皮书 [M]. 北京：人民出版社，2018.

[117] 李廉水．中国制造业发展研究报告 2019 [M]. 北京：科学出版社，2019.

[118] 苏宏伟．日本制造业产业结构合理化与高级化研究 [M]. 北京：人民出版社，2019.

三、期刊文献

[119] 林刚．再论中国现代化道路的民族性特征——对近代长江三角洲农民家庭纺织业与机器大工业相互关系的分析 [J]. 近代中国（第七辑），1997.

[120] 刘尧庭．试论西周到鸦片战争我国手工业发展的几个阶段 [J]. 新史学通讯，1955（2）.

[121] 何河．评陈诗启：明代官手工业的研究，[J]. 理论战线，1958（5）.

[122] 吴崇伯．论东盟国家的产业升级 [J]. 亚太经济，1988（1）.

[123] 李志生．唐代工商业者婚姻状况初探 [J]. 人文杂志，1997（3）.

[124] 范楚玉．儒学与中国古代科学技术 [J]. 大自然探索，1991（4）.

[125] 魏明孔．浅论唐代官府工匠的身份变化 [J]. 中国经济史研

究，1991（4）.

[126] 何兹全.中国社会发展史中的元代社会[J].北京师范大学学报，1992（5）.

[127] 王辰.主导产业的选择理论及其实际运用[J].经济学动态，1994（11）.

[128] 王秦俊.技术主体的历史变迁[J].山西农业大学学报，1998（18）.

[129] 张继焦.非正式制度、资源配置与制度变迁[J].社会科学战线，1999（1）.

[130] 刘志彪.产业升级的发展效应及其动因分析[J].南京师大学报（社会科学版），2000（2）.

[131] 柳卸林.不连续创新的第四代研究开发兼论跨越发展[J].中国工业经济，2000（9）.

[132] 王昭凤.论德国企业性银企关系制度[J].南开经济研究，2000（3）.

[133] 洪银兴.WTO条件下贸易结构调整和产业升级[J].管理世界，2001（2）.

[134] 王秀华.论技术主体社会角色的发展[J].东北大学学报（社会科学版），2001（10）.

[135] 吉光瑜.战后日本的职业教育及其特点[J].日本研究，2002（1）.

[136] 关爱萍，王瑜.区域主导产业的选择基准研究[J].统计研究，2002（12）.

[137] 林毅夫，张鹏飞.后发优势、技术引进和落后国家的经济增长[J].经济学（季刊），2005（1）.

[138] 张宇燕，高程.海外白银、初始制度条件与东方世界的停滞——关于晚明中国何以“错过”经济起飞历史机遇的猜想[J].经济学（季刊），2005（2）.

[139] 涂正革，肖耿.中国的工业生产力革命——用随机前沿生产模型对中国大中型工业企业全要素生产率增长的分解及分析[J].经济

研究，2005（3）.

[140] 胡鞍钢．关于中国发展模式的思考［J］．天津社会科学，2005（4）.

[141] 刘志彪．全球化背景下中国制造业升级的路径与品牌战略［J］．财经问题研究，2005（5）.

[142] 高燕．产业升级的测定及制约因素分析［J］．统计研究，2006（4）.

[143] 夏光，陆珍珍．中日两国人力资源管理特点的比较研究［J］．东北亚论坛，2006（5）.

[144] 郑美珍，李兆友．论我国古代技术创新主体［J］．东北大学学报（社会科学版），2006（1）.

[145] 吴敬琏．经济增长模式与技术进步［J］．中国科技产业，2006（1）.

[146] 张明兰．德国标准化战略［J］．上海标准化，2006（8）.

[147] 厉无畏，王慧敏．创意产业促进经济增长方式转变——机理·模式·路径［J］．中国工业经济，2006（11）.

[148] 林毅夫．李约瑟之谜、韦伯疑问和中国的奇迹：自宋以来的长期经济发展［J］．北京大学学报哲学社会科学版，2007（4）.

[149] 中国经济增长与宏观稳定课题组．金融发展与经济增长：从动员性扩张向市场配置的转变［J］．经济研究，2007（4）.

[150] 韩可卫．欧盟、美国、日本标准化战略模式比较分析及启示［J］．武汉工程大学学报，2007（5）.

[151] 张其仔．比较优势的演化与中国产业升级路径的选择［J］．中国工业经济，2008（9）.

[152] 冯根福，刘志勇，王新霞．股权分置改革、产权属性、竞争环境与公司绩效——来自2005～2007年中国上市公司的证据［J］．当代经济科学，2008（15）.

[153] 刘金友，胡黎明，赵瑞霞．创意产业与城市发展的互动关系及其耦合演化过程研究［J］．中国软科学，2009（1）.

[154] 金碚．国际金融危机下中国产业经济发展的思考［J］．东北

财经大学学报，2009（5）.

[155] 陈羽，邝国良."产业升级"的理论内核及研究思路述评[J]. 改革，2009（10）.

[156] 史巍，韩秋红．马克思现代性批判的双重维度 [J]. 马克思主义研究，2010（1）.

[157] 魏杰．中国经济发展模式的转型 [J]. 政治经济学评论，2010（4）.

[158] 宋继承．区域主导产业选择的新思维 [J]. 审计与经济研究，2010（9）.

[159] 李贤珠．中韩产业结构高度化的比较分析——以两国制造业为例 [J]. 世界经济研究，2010（10）.

[160] 林毅夫，巫和懋，邢亦青."潮涌现象"与产能过剩的形成机制 [J]. 经济研究，2010（10）.

[161] 胡化凯．先秦儒家对于工匠技术活动的认识 [J]. 孔子研究，2011（1）.

[162] 蔡旺春，李光明．中国制造业升级路径的新视角：文化产业与制造业融合 [J]. 商业经济与管理，2011（2）.

[163] 耿强，江飞涛，傅坦．政策性补贴、产能过剩与中国的经济波动——引入产能利用率 RBC 模型的实证检验 [J]. 中国工业经济，2011（5）.

[164] 金碚．中国工业的转型升级 [J]. 中国工业经济，2011（7）.

[165] 过常宝．论先秦工匠的文化形象 [J] 北京师范大学学报（社会科学版），2012（1）.

[166] 刘奕．文化创意产业：内涵、效应与政策 [J]. 中共中央党校学报，2012（3）.

[167] 谭晶荣，颜敏霞，邓强等．产业转型升级水平测度及劳动生产效率影响因素估测——以长三角地区 16 个城市为例 [J]. 商业经济与管理，2012（5）.

[168] 周华林，李雪松．Tobit 模型估计方法与应用 [J]. 经济学动

态，2012（5）.

[169] 龚强，李涵，张彤．经济转型下的产业经济与公共政策——“2012产业经济与公共政策论坛”综述 [J]. 经济研究，2012（6）.

[170] 窦军生．默会知识研究的缘起、困惑与出路 [J]. 自然辩证法通讯，2012（6）.

[171] 宁凌，张玲玲，杜军．海洋战略性新兴产业选择基本准则体系研究 [J]. 经济问题探索，2012（9）.

[172] 冯兴元．社会市场经济：德国的经验与意蕴 [J]. 公共管理与政策评论，2013（1）.

[173] 李晓华．后危机时代我国产能过剩研究 [J]. 财经问题研究，2013（6）.

[174] 周大鹏．制造业服务化对产业转型升级的影响 [J]. 世界经济研究，2013（9）.

[175] 顾昕．产业政策的是是非非——林毅夫“新结构经济学”评论之三 [J]. 读书，2013（12）.

[176] 彭丽华．唐五代工匠研究述评 [J]. 井冈山大学学报（社会科学版），2014（2）.

[177] 钟春平，潘黎．“产能过剩”的误区——产能利用率及产能过剩的进展、争议及现实判断 [J]. 经济学动态，2014（3）.

[178] 刘仕国，吴海英，马涛等．利用全球价值链促进产业升级 [J]. 国际经济评论，2015（1）.

[179] 王星．技能形成的社会建构——德国学徒制现代化转型的社会学分析 [J]. 社会，2015（1）.

[180] 谢冬慧．从民族性格看德国的潘德克顿法学 [J]. 法学评论，2015（2）.

[181] 王柏玲，李慧．关于区域产业升级内涵及发展路径的思考 [J]. 辽宁大学学报（哲学社会科学版），2015（3）.

[182] 杜传忠，郭美晨．我国创意产业促进制造业升级的作用机理及效应分析 [J]. 江淮论坛，2015（4）.

[183] 刘军，程中华，李廉水．中国制造业发展：现状、困境与趋

势［J］. 阅江学刊，2015（4）.

［184］肖群忠，刘永春. 工匠精神及其当代价值［J］. 湖南社会科学，2015（6）.

［185］李平，李晓华. 中国制造业发展的成就、经验与问题研究［J］. 中国工程科学，2015（7）.

［186］刘三江，刘辉. 中国标准化体制改革思路与路径［J］. 中国软科学，2015（7）.

［187］杨芷晴. 世界主要国家制造业的质量竞争力测评［J］. 财政研究，2015（9）.

［188］吕政. 中国经济新常态与制造业升级［J］. 财经问题研究，2015（10）.

［189］郭朝先，王宏霞. 中国制造业发展与"中国制造 2025"规划［J］. 经济研究参考，2015（31）.

［190］苗圩. 世界制造业发展趋势和我国装备制造业状况［J］. 时事报告（党委中心组学习），2016（1）.

［191］黄浩，黄阳平. 福建省现代服务业发展的重点领域选择研究［J］. 福建论坛（人文社会科学版），2016（1）.

［192］彭圣芳. 晚明文人工匠观探析［J］. 南京艺术学院学报（美术与设计），2016（2）.

［193］刘斌，魏倩，吕越等. 制造业服务化与价值链升级［J］. 经济研究，2016（3）.

［194］王建成，周过，高顺升. 突围：中国制造业品牌的现状与出路［J］. 中国工业评论，2016（4）.

［195］林忠钦. 中国制造 2025 与提升制造业质量品牌战略［J］. 国家行政学院学报，2016（4）.

［196］王建成. 突围：中国制造业品牌的现状与出路［J］. 中国工业评论，2016（4）.

［197］邹其昌.《考工记》与中华工匠文化体系之建构——中华工匠文化体系研究系列之三［J］. 武汉理工大学学报（社会科学版），2016（5）.

［198］蔡秀玲，余照．德日工匠精神形成的制度基础及其启示［J］．亚太经济，2016（5）．

［199］唐林涛．设计与工匠精神——以德国为镜［J］．装饰，2016（5）．

［200］姚先国．德国人的“工匠精神”是怎样炼成的［J］．人民论坛，2016（6）．

［201］付向核，孙星．解读德国工匠精神 创新中国工业文化［J］．中国工业评论，2016（6）．

［202］栾群，郭灵康．弘扬“工匠精神” 呼唤有效制度供给［J］．前线，2016（7）．

［203］陈漫，张新国．经济周期下的中国制造企业服务转型：嵌入还是混入［J］．中国工业经济，2016（8）．

［204］周菲菲．试论日本工匠精神的中国起源［J］．自然辩证法研究，2016（9）．

［205］韩凤芹，于雯杰．德国“工匠精神”培养及对我国的启示——基于职业教育管理模式的视角［J］．地方财政研究，2016（9）．

［206］徐振鑫，莫长炜，陈其林．制造业服务化：我国制造业升级的一个现实性选择［J］．经济学家，2016（9）．

［207］邹其昌．论中华工匠文化体系——中华工匠文体体系研究系列之一［J］．艺术探索，2016（10）．

［208］潘天波．工匠精神的社会学批判：存在与遮蔽［J］．民族艺术，2016（10）．

［209］张迪．中国的工匠精神及其历史演变［J］．思想教育研究，2016（10）．

［210］刘建军．工匠精神及其当代价值［J］．思想教育研究，2016（10）．

［211］潘晓燕．实施“工匠战略” 制造中国完美［J］．红旗文稿，2016（11）．

［212］徐振鑫．制造业服务化：我国制造业升级的一个现实性选择［J］．经济学家，2016（9）．

[213] 苗圩．弘扬工匠精神　打造中国制造新名片 [J]．电气时代，2016（11）．

[214] 毛中根，杨丽姣．经济全球化背景下供给侧改革与居民消费结构升级 [J]．财经科学，2017（1）．

[215] 潘天波．工匠文化的周边及其核心展开：一种分析框架 [J]．民族艺术，2017（1）．

[216] 张培培．互联网时代工匠精神回归的内在逻辑 [J]．浙江社会科学，2017（1）．

[217] 张其仔，李蕾．制造业转型升级与地区经济增长 [J]．经济与管理研究，2017（2）．

[218] 潘竟男．从时代需求看"工匠精神"的培育路径 [J]．国家治理，2017（2）．

[219] 李晓华．中国制造业国际竞争力的转变与重构 [J]．青海社会科学，2017（2）．

[220] 孙焱林，温湖炜．我国制造业产能过剩问题研究 [J]．统计研究，2017（3）．

[221] 李佩珈，梁婧．资金"脱实向虚"的微观路径及影响研究 [J]．国际金融，2017（3）．

[222] 穆良平，姬振天．中国抢占智能经济发展先机战略要素及重点领域 [J]．理论探讨，2017（4）．

[223] 杨佩昌．德国工匠精神的摇篮 [J]．企业管理，2017（4）．

[224] 杨志波．我国智能制造发展趋势及政策支持体系研究 [J]．中州学刊，2017（5）．

[225] 程俊杰．产能过剩的研究进展：一个综述视角 [J]．产业经济评论，2017（5）．

[226] 李珂．中国制造业转型升级呼唤工匠精神 [J]．人民论坛，2017（6）．

[227] 董涛．如何遏制资金"脱实向虚" [J]．中国经济报告，2017（7）．

[228] 贺俊，杨超．质量强国战略的内涵与实施路径 [J]．产业经

济评论，2018（6）.

［229］魏旭．马克思的产业升级思想及其对当代中国结构转型的指导意义［J］．毛泽东邓小平理论研究，2018（6）.

［230］李国泉，周向军．异化劳动与历史的三重维度——对《1844年经济学哲学手稿》理论地位的再评价［J］．马克思主义理论学科研究，2018（10）.

［231］郭朝先．当前中国工业发展问题与未来高质量发展对策［J］．北京工业大学学报（社会科学版），2019（2）.

［232］李培楠，张苏雁．面向科技强国的科技评价制度需要科技体制的结构性变革［J］．中国科学院院刊，2019（5）.

［233］刘钒，彭虎，易晓波等．新时代科技体制的结构性矛盾：逻辑、表征与改革路径［J］．中国科技论坛，2019（6）.

［234］苗圩．大力推动制造业高质量发展［J］．现代企业，2019（11）.

［235］陈和生．创新引领重大科技基础设施建设，孕育新科学发现［J］．中国科学院院刊，2019，34（Z2）.

四、报刊文章

［236］熊华文．淘汰落后产能应合理把握力度和节奏［N］．中国经济时报，2010—12—27.

［237］胡立彪．日本企业的“职人精神”［N］．中国质量报，2012—8—13.

［238］王研．理性精神是中国文化的基本精神［N］．辽宁日报，2012—10—22.

［239］马建堂．六十五载奋进路 砥砺前行谱华章——庆祝中华人民共和国成立65周年［N］．人民日报，214—9—24.

［240］钟经文．迅速兴起大众创业万众创新热潮［N］．经济日报，2015—3—3.

［241］管克江．德国的百年老店与工匠精神［N］．人民日报，2015—3—24（21）.

[242] 国务院关于印发《中国制造2025》的通知 [N]. 人民日报，2015—5—20.

[243] 张晓强，徐占枕．关于大众创业万众创新的理论思考 [N]. 人民日报，2015—11—13.

[244] 杨忠阳．品牌培育需要良好营商环境 [N]. 经济日报，2015—12—17.

[245] 国内消费升级有赖供给侧改革 [N]. 经济参考报，2016—2—23.

[246] 胡洪江．“工匠精神”首次登上政府工作报告为何总理如此看重 [N]. 人民日报，2016—3—7.

[247] 史丹，江飞涛．多方发力提升质量和效率——国外经济转型升级的经验启示 [N]. 人民日报，2016—3—28.

[248] 王晋．以“品质革命”促转型升级 [N]. 经济日报，2016—5—17.

[249] 李金华．“工匠精神”的理性思辨 [N]. 文汇报，2016—6—1.

[250] 田园．创新推动德国制造业发展 [N]. 光明日报，2016—6—6.

[251] 黄群慧．工匠精神的失落与重塑 [N]. 光明日报，2016—6—29.

[252] 任小璋．倡导“工匠精神”，要给技能人才体面的收入 [N]. 第一财经日报，2016—10—25.

[253] 杨国民．以智能制造引领船舶行业变革 [N]. 经济日报，2016—11—2.

[254] 李书沛．古代工匠为何难做官 [N]. 华西都市报，2016—11—27.

[255] 张鑫．制造强国品牌大国迫切需要工匠精神 [N]. 上海证券报，2017—3—13.

[256] 费洪平．促进实体经济与虚拟经济协调发展 [N]. 人民日报，2017—2—16.

[257] 人民日报时评．把优秀人才吸引到制造业来［N］．人民日报，2017—2—17.

[258] 黄群慧．中国制造业有能力创造新辉煌［N］．人民日报，2017—3—13.

[259] 姬泰然．阿里研究院发布“品质消费指数报告”：未来品质消费将呈现六大趋势［N］．光明日报，2017—5—11.

[260] 赵永新．自主创新彰显中国力量——国家科技重大专项实施综述［N］．人民日报，2017—6—2.

[261] 刘志彪．要“工匠精神”，更要“工匠文化”［N］．新华日报，2017—7—8.

[262] 黄鑫．制造业转型重点在提升供给质量［N］．经济日报，2017—7—13.

[263] 封凯栋．工匠精神对于实施制造强国战略意义重大［N］．人民日报，2017—8—14.

[264] 佘惠敏．中国国家创新指数升至世界第 17 位［N］．经济日报，2017—8—19.

[265] 中共中央国务院关于营造企业家健康成长环境弘扬优秀企业家精神更好发挥企业家作用的意见［N］．人民日报，2017—9—26.

[266] 王星．我们需要怎么样的工匠精神［N］．光明日报，2018—6—9.

[267] 张润君．弘扬工匠精神的时代意义［N］．中国社会科学报，2018—9—13.

[268] 国务院印发《国家职业教育改革实施方案》［N］．人民日报，2019—2—14.

[269] 郑若玲．扩招百万，高职可试点“开放入学”［N］．光明日报，2019—5—14.

[270] 黄汉权．先进制造业：落实高质量发展的关键［N］．中国经济时报，2019—10—1.

[271] 中共中央关于坚持和完善中国特色社会主义制度　推进国家治理体系和治理能力现代化若干重大问题的决定［N］．人民日报，

2019—11—6.

[272] 吴乐珺．强化多边合作，推动世界经济增长 [N]. 人民日报，2020—1—22.

五、硕博学位论文

[273] 余同元．中国传统工匠现代转型问题研究——以江南早期工业化过程中工匠技术转型与角色转换为中心（1520—1920）[D]. 上海：复旦大学，2005.

[274] 叶安宁．主导产业选择基准研究 [D]. 厦门：厦门大学，2007.

[275] 周艳春．制造企业服务化战略实施及其对绩效的影响研究 [D]. 西安：西北大学，2010.

[276] 邓丽娜．FDI、国际技术溢出与中国制造业产业升级研究 [D]. 济南：山东大学，2015.

[277] 张亚斌．“一带一路”经贸合作促进全球价值链升级研究 [D]. 西安：西北大学，2017.

[278] 苏晶蕾．生产性服务业集聚对我国制造业升级的影响研究 [D]. 长春：东北师范大学，2018.

[279] 高宁广．工匠精神对中国制造业竞争力影响的实证分析 [D]. 北京：北京邮电大学，2018.

六、外文著作和期刊文献

[280] Rostow，W. （1952）. *The process of economic growth*. New york：Norton.

[281] Polanyi，M. （1957）. *The study of man*. London：Rout—ledge & Kegan，Paul.

[282] Hirschman，A. O. （1959）. *The strategy of economic development*. Yale University Press.

[283] Emile Durkheim. （1961）. *Moral education*. NewYork：The Free Press.

[284] Machlup，F. （1962）. *The production and distribution of*

knowledge in the United States. Princeton University Press.

[285] Peter，F. D.（1985）. *Innovation and entrepreneurship: Practice and principles*. Harper&Row Press.

[286] Chenery，H.（1986）. *Industrialization and growth: A comparative study*. NewYork：Oxford University Press.

[287] Porter，M.（1990）. *The competitive advantage of nations*. New York：Free Press.

[288] Gereffli，G.（1994）. *and Korzeniewicz M. Commodity chains and global capitalism*. London：Praeger Press.

[289] Madison，A.（1995）. *Monitoring the world economy: 1820—1992*. Paris：Development Centre of the Organisation for Economic Co—operation and Development.

[290] Alasdair Macintyre.（2007）. *After virtue（third edition）*. the University of Notre Dame Press.

[291] Tsoukas，H.（2003）. *Do we really understand tacit knowledge. Easterby—Smith*，*M.* and Lyles，M. A.（eds），the Black well Handbook of Organizational Learning A and Knowledge Management. Cambridge，M. A.：Black well Publishing，2003.

[292] Gereffi，G.（2003）. *Memedovic. The global apparel value chain: What prospects for Upgrading by developing countries*. Vienna：United Nations Industrial Development Organization.

[293] Potts，J.（2011）. *Creative industries and economic evolution*. London：Edward Elgar Publishing Limited.

[294] Wright，T.（1936）. *Factors affecting the cost of airplanes*. Journal of Aerona—utical Sciences，3，4.

[295] W. Rostow.（1959）. *The Stage of economic growth*. The Economic History Review，12，3.

[296] Chamberlin.（1961）. *The origin and early development of monopolistic competi—tion theory*. The Quarterly Journal of Economics，4.

[297] Arrow.（1962）. *Economic implication of learning by do-*

ing. Review of Economic Studies, 29, 3.

[298] Krugman R. (1979). *Increasing returns, monopolistic competition and international trade*. Journal of International Economics, 9, 4.

[299] Sivin N. (1982). *Why the scientific revolution did not take place in China or didn't it*. Chinese Science, (5).

[300] Brander J. and Krugman R. (1983). *A reciprocal dumping model of international trade*. WorkingPapers, 15, 3—4.

[301] Kogut B. (1985). *Designing global strategies: Comparative and competitive value added chains*. Sloan Managanent Review, 26, 4.

[302] Romer. (1986). *Increasing returns and long run growth*. Journal of Political Economy, 10.

[303] Vandermerwe S. and Rada J. (1988). *Servitization of business: Adding value by adding services*. European Management Journal, 6, 4.

[304] Amsden H. (1989). *Asia's next giant: How Korea competes in the world economy*. Technology Review, 4.

[305] Aderson P. and Tushman M. (1990). *Technological discontinuities and dominant designs: A cyclical model of technological change*. Administrative Science Quarterly, 35.

[306] Krugman P. (1991). *Increasing returns and economic geography*. Journal of Political Economy, 99, 3.

[307] Porter. (1991). *America's green strategy*. Scientific American, 264, 4.

[308] Gene M. (1994). *Grossman and Elhanan Helpman. Endogenous innovation in the theory of growth*. Journal of Economic Perspectives, 1.

[309] Romer M. (1990). *Endogenous technological change*. Journal of Political Economy, 5.

[310] Arndt. (1997). *Globalization and the open economy*. North

American Journal of Economics and Finance, 8, 1.

[311] Baldwin Carliss Y. and Kim B. (1997) . *Clark. Managing in an age of modularity*. Harvard Business Review, 75, 5.

[312] Gereffi G. (1999) . *International trade and industrial upgrading in the apparel commodity chain*. Journal of International Economics, 48.

[313] Gereffi G. (2001) . *Beyond the producer—driven/buyer—driven dichotomy the evolutionof global value chains in the internet era*. IDS Bulletin, 32, 3.

[314] Sturgeon J. (2001) . *How do we define value chains and production networks*. IDS Bulletin, 32, 3.

[315] Deardorff A. (2001) . *Rich and poor countries in neoclassical trade and growth*. The Economic Journal, 111.

[316] Humphrey J. and Schmitz H. (2002) . *How does insertion in global value chains affectupgrading in industrial clusters*. Regional Studies, 36, 3.

[317] Poon T. (2004) . *Beyond the global production net — works: A case of further upgrading of Taiwan's information technology industry*. International Journal of Technology and Globalization, 1, 1.

[318] Zwemuller J. and Brunner K. (2005) . *Innovation and growth with rich and poor consumers*. Metroeconomica, 56.

[319] Balanchandran. (2007) . *A framework for unused capacity: Theory and empirical analysis*. Journal of Applied Management Accounting Research, 1.

[320] Baines S. and Lightfoot W. (2009) . *The servitization of manufacturing: A review of literature and reflection on future challenges*. Journal of Manu facturing Technolog Management, 5.

[321] Ulaga W. (2011) . *Hybrid offerings: How manufacturing firms combine goods and services successfully*. Journal of Market-

ing，75，6.

［322］Crotty.（2013）. *The Not—So—Special interests：Interest groups public representation and American governance*. Political Science Quarterly，1.

［323］Aoyama R.（2015）. *Global journeymen：Re—inventing Japanese craftsman spirit in Hong Kong*. AsianAnthropology，14，3.

［324］Brenner T. and Murmann JP.（2016）. *Using simulation experiment to test historical explanations：The development of the German dye industry*，1857—1913. Journal of Evolutionary Ecomomics，26，4.

［325］Heiniger M. and Imdorf C.（2018）. *The role of vocational education in the transmission of gender segregation from education to employment：Switzerland，Bulgaria compared*. Journal for Labour Market Research，52，1.

［326］Distanont A. and Khongmalai O.（2018）. *The role of innovation in creating a competitive advantage*. The Kasetsart Journal Social Sciences，5.

［327］Bert D. Munck.（2019）. *Artisans as knowledge workers：Craft and creativity in a long term perspective*. Geoforum，99，2.

［328］Cherisse Hoyte.（2019）. *Artisan entrepreneurship：A question of personality structure*. International Journal of Entrepreneurial Behaviour and Research，25，4.

［329］Caren Crowley.（2019）. *Artisan entrepreneurial behavior：A research agenda*. Entrepreneurial Behaviour，2.